吐鲁番

考古手记

王炳华 著

生活·讀書·新知 三联书店

Copyright © 2024 by SDX Joint Publishing Company.
All Rights Reserved.

本作品版权由生活·读书·新知三联书店所有。
未经许可，不得翻印。

图书在版编目（CIP）数据

吐鲁番考古手记 / 王炳华著. —北京：生活·读书·新知三联书店, 2024.8
ISBN 978-7-108-07780-6

Ⅰ.①吐… Ⅱ.①王… Ⅲ.①吐鲁番地区－考古调查 Ⅳ.① K872.45

中国国家版本馆 CIP 数据核字 (2024) 第 039891 号

特邀编辑	吴　彬	
责任编辑	张静芳	
装帧设计	康　健	
责任校对	陈　明	
责任印制	卢　岳	
出版发行	生活·讀書·新知 三联书店	
	（北京市东城区美术馆东街 22 号 100010）	
网　　址	www.sdxjpc.com	
经　　销	新华书店	
制　　作	北京印艺启航文化发展有限公司	
印　　刷	北京启航东方印刷有限公司	
版　　次	2024 年 8 月北京第 1 版	
	2024 年 8 月北京第 1 次印刷	
开　　本	880 毫米 × 1230 毫米　1/32　印张 11.75	
字　　数	230 千字　图 186 幅	
印　　数	0,001－5,000 册	
定　　价	75.00 元	

（印装查询：01064002715；邮购查询：01084010542）

1961年5月，与吐鲁番县文化馆的马衣提、任冠志一道认真踏查交河故城。疲劳，席地安坐在城北部回鹘大寺前。（左为王炳华）

骑马考古调查,是上世纪六七十年代的常态。

1976年，偕同事尼加提，在吐鲁番托克逊县调查。路畔食肆中的手抓饭，是向往的佳肴。其乐融融情态，想起来十分亲切。(左为王炳华)

1979年夏,陪同季羡林、任继愈老师考察交河故城,所在地点为故城南门。

与季羡林、任继愈老师等在吐鲁番葡萄园座谈。

1979年12月主持发掘了古墓沟,见古尸,判定遗存为青铜时代,却未见大型青铜工具,但胡杨木上留有十分光洁的金属工具砍痕。在办公室内仔细观察、测量道道刀痕。

与日本友人、考古学家樱井清彦、早稻田大学教授长泽和俊,在吐鲁番交河沟西发掘工地。

1996年,在交河沟西发掘竖穴墓,出土多量金器。收获总在不经意间。(右二为王炳华)

2004年,与冯其庸先生在高昌故城回鹘小寺前。

2023年，参观刘文锁教授发掘的吐鲁番西旁景教寺院遗址。

目　录

前　言 ·· 1

吐鲁番古迹分布示意图 ·· 8

一　沧海桑田吐鲁番 ·· 1
　　世界上最富有的遗址博物馆 ································· 2
　　吐鲁番盆地的自然地理环境 ································· 12
　　吐鲁番大地上的古生物 ······································ 22
　　人类历史的第一页 ·· 34

二　考古揭示的车师、塞人 ···································· 45
　　车师人的乐园 ··· 46
　　涉足吐鲁番的塞人 ·· 64

三　千年土城：交河 ·· 75
　　交河故城巡礼 ··· 76
　　交河历史风云 ··· 93

四 西域名城：高昌 ... 103
高昌岁月痕迹 ... 104
故城残垣"三重" ... 119
高昌故实：张雄、玄奘、裴行俭 ... 124
高昌商业与丝路交通 ... 136
文物与文献中的高昌土特产 ... 151
高昌城考古的遗憾 ... 161

五 地下博物馆：阿斯塔那古墓群 ... 167
值得珍视的"历史档案库" ... 168
阿斯塔那古墓瑰宝：古代文书 ... 179
漫话高昌王陵 ... 188

六 话说火焰山 ... 199
火焰山面面观 ... 200
火焰山前绿洲——吐峪沟 ... 208
通向敦煌的重镇——柳中城 ... 222
火焰山中名胜——柏孜克里克石窟 ... 232

七 吐鲁番文物血泪史 ... 245
    吐鲁番文物失落在世界 ... 246
    大谷探险队天价贩卖新疆文物 ... 259

八 火洲与水 ... 273
    坎儿井：别具特色的灌溉事业 ... 274
    克尔碱祈水岩画 ... 285
    消失中的艾丁湖 ... 291
    古道白水涧 ... 299

九 吐鲁番风情 ... 309
    话说额敏塔 ... 310
    沙疗：特殊的医疗手段 ... 318
    吐鲁番古代饮食文化 ... 322

弹指一挥近百年 ... 337

附　记 ... 348

参考文献 ... 351

前　言

　　三联友人邀约，说我在新疆考古工作上完成的一些文字，认真审视，不少还有再读的价值，可以再版。这自然是我既感到欣慰，也愿意配合、做好的一件事。

　　《吐鲁番考古手记》，是这计划中的一本小书。

　　20世纪80年代，我曾经写过《吐鲁番的古代文明》（新疆人民出版社，1987年）。改革开放的春风，那时也吹醒了新疆大地。进入新疆旅游、参观的国内外友人日多，与乌鲁木齐相距不远、抬脚即到的吐鲁番，是人们来新疆后往往必到的处所。但可资介绍、让人们方便了解它的读物，却实在太少，几乎难以寻觅。有鉴于此，有友人坚嘱：作为考古人，已步入新疆20多年，在吐鲁番也做过不少工作，一定要挤点时间，写写吐鲁番的前世今生、地理人文。这本《文明》就是在这一背景下，交出的急就章。说是"吐鲁番的古代文明"，细想，其实内容是完全承担不起这一题目的：小书，虽涉及了不少吐鲁番地史、人文史的碎片，但距系统认识吐鲁番古代文明，还是差得太远。可是，小书问世后，读者们十分宽容，没有细究它的不足，新版6000册，很快销售一空，显示了初步的肯定。出版社因应市场需求，又印过两次，避开"古代文明"这顶比较严肃、专业的大帽，用了"访古吐鲁番""解密吐鲁番"等与书的内容有关联、伸缩空间很大的定语，反响也还不错。市场有需，出版自然跟进。甘肃，在"丝路文化丛书"的名义下，也将之吸纳其中，印过一次。这过程中，有点遗憾的是，台湾一家出版社，同样是因应读者愿望，希望可以在宝岛印上一版。但这件好事竟没有实现，内情说来有点好笑。台湾的出版社与新疆人民出版社联系，新疆方面希望台湾转印之相关费用，以美元支付，而由他们向作者支付人民币，但又没有告诉我他们的这一意愿。其实，这在当年、当地，也是可以理解的，台湾出版社比较谨慎，又转过来要我同意，并签名认可。当时，不知怎么，这就碰上了我那根不痛快的神经，我没有认可这件事。现在想，真有点可笑。这是应该由我承担责任、没有处理好的一件事。

说了这么多，并不是吹嘘这本小书有怎么了不得的好。真意，是当年曾经因此反思：总结一些什么经验？吸取什么教训？这还真让我想过不少。

1960年夏，离开学习、生活了5年的燕园，几乎立即奔向了遥远的新疆。那时，乌鲁木齐还没有通火车，兰新铁路刚刚修到吐鲁番最东的鄯善县。那里也没有意念中应该有的火车站，下客、上客的地方，就摆在县城北面的戈壁滩上。我在硬座车上挤了四五天，脑袋还昏昏沉沉的，随着客流，站在了光秃秃的戈壁滩上的终点站。在新鲜空气的冲击下，我立即清醒过来。映入眼帘的是雄伟的天山、冰莹的雪峰，脚下的戈壁虽不见花草林木，但还真没有让人感到荒凉：一排排帐篷整齐布列，门口倚着、挂着各方、各处不同单位的"接待站"标牌。车上下来的人群，脸上都满溢激情地找寻各自的接待站点；帐篷中拿出来的早点，摆在简易的木桌上，热气腾腾；那种奔向新生活的炽热、希望的情绪，绽放在人们的脸上，光彩动人。那景象，至今仍在心头，不能忘怀。

1960年的新疆考古所，并没有自己的办公室。办公室是借用新疆印刷厂的两间房子。住宿，则租用印刷厂对面的一处民居土房。还没有来得及想什么方便不方便，立即受命到"新疆文物干部培训班"授课，讲"考古学通论"。实际也就是转述了一些课本上的考古学概念而已。至于如何从事新疆考古，新疆考古具有怎样的个性、特点，一个字、一句话也没有涉及，因为当年的北大考古专业，也没有一点这方面的内容。训练班学员虽然没有提出这方面的问题，但我讲课时，总感受到这后面存在着的巨大空白。几个月后，课程告一段落，就又领着这十几位由各县选调来的干部学员，到吐鲁番进行"考古实习"。

考古实习，也有当年的特点：在高昌故城西南角回鹘大寺门东，布设了一个探方，虽只是一处不大的探方，却是中国考古学者在高昌城中进行的第一次考古实践。在高昌城北阿斯塔那晋–唐墓区，选了8座看去保存还好的墓葬。发掘、动土，全都是自己动手，因要体会发掘遗址、清理墓葬的全过程。

20世纪60年代，粮食定量，发掘、挖土是重体力活。主食是高粱馕，油水少，肚子不饱，成了摆在领队面前的大问题。

遗址中清出的唐代房基、土墙，唐代钱币，墓穴中保存完好的衣物、文书，虽曾让我产生一阵又一阵的兴奋，但体力难支，终使这场实习草草收兵，回到了已经雪盖冰封的乌鲁木齐。

对考古还完全陌生的学生们，饥肠辘辘受着煎熬，并没有就吐鲁番考古、新疆文物保护有什么思考或关注。但这与新疆考古密切关联的第一课,却让我满脑子都是问题。真要步入新疆考古殿堂,发掘吐鲁番、认识吐鲁番文明,是我必须补上的大课。

第二次进入吐鲁番,是在半年后的5月。带着进入新疆近一年中考虑的种种问题,我到吐鲁番做高昌、交河故城调查。

那时在吐鲁番工作,最好的条件是有拖拉机、马车、毛驴车代步,但大多数时间要步行。身上背一个蓝布资料包、一个军用水壶,住宿在老乡家中。那次调查印象较深,每天踯躅在交河故城中,满眼新鲜,满脑子问题。我的新疆考古生涯第一页,就是这样在吐鲁番大地上展开的。也就是从这一天开始,我与吐鲁番结下了难解之缘,断断续续走过了吐鲁番大地的不少山峦、沟谷、戈壁、绿洲。高昌、交河、柳中城、七克台古堡、大阿萨遗址、阿拉沟峡谷、鸜鹆镇故垒、阿斯塔那、交河沟西、艾丁湖、鲁克沁北郊古代墓地,都曾留下我或多或少、或深或浅的脚印。在胜金口、吐峪沟、柏孜克里克、奇康湖、小桃儿沟等佛教胜地,我也曾一次又一次虔心细察,力求在已经十分破败的残迹中,寻觅、感受其中的文化精神。

为了弥补北大5年学习中留下的不足,这段时间里,我日以继夜、夜以继日,在各处图书馆中穷搜、苦读可以见到的有关新疆的种种著录:考古、历史、地理,甚至古生物等,亟望快一点、再快一点,填补相关领域知识的空白,早一天在吐鲁番、西域大地的历史海洋中自由遨游!

我60年的新疆考古生涯,相当一部分岁月是在吐鲁番大地上度过的。对吐鲁番,我曾倾注过深深的感情,洒下过不少汗水,也一天天较为深入地感受到了吐鲁番的古代文明精神:两亿年来,存留在吐鲁番大地岩层中的地球演化轨迹,沧海化成了火洲；两万年前，人类开始步入吐鲁番大地，筚路蓝缕、步步艰辛，荒漠中一点点绽放出绿洲；远征战士们疗病养伤的小小高昌壁，一步步发展成高昌郡、高昌国、西州城，东西方物质、精神文明交相辉耀的中心；萨满、道、佛、拜火、摩尼、景、伊斯兰教，形形色色的宗教理念，祈求渡人走出苦难世界、臻于光明，都曾在这片大地上一展其智慧，最后也无一不是依附在现实的权势前，随政治的起落而沉浮；吐鲁番大地文明的脉动，每一步都深深依随着华夏大地行进的呼吸。一个考古工作者通过自己的手铲、脚步而得到的认识，让我懂得应该怎样生活、看世界。这个认识，不同于许多历史学家从古代文献的字里行间获得感悟，而是既在古文献里感受、理解，又更具体地品味那些古城、古烽、古冢及一件件残篇断简、破陶碎瓦，吮吸其上凝集、寄托的不同时代的历史文化精神。

现在回忆，第一次的吐鲁番考古实践，是并不完满的，但对我与吐鲁番考古结缘，却有重大价值。不长时间的阿斯塔那晋－唐古冢发掘，墓穴中亲手的清理、直接的观察、琐细的记录，对墓葬主人们浓烈的儒家文化情结，有了十分清晰的感受：头盖覆面，手持"握手"，夫妇合葬，男尊女卑，在保存完好的干尸上，清楚可见。时见武伯纶先生在《文物》杂志（1961年第6期）上发表的《唐代的覆面和胡部新声》，作为呼应，就以所见资料为据，草成了《覆面、眼罩及其他》，为1962年《文物》第7、8期接受、刊布。这是很小的一篇文章，还用了笔名。但还是犯了忌，竟曾被视为"追求个人名利"，面临批判。那种威压、对思想十分愚蠢的禁锢，让人心寒。这样做，任何新想法的嫩芽都会被扼杀的。在今天，这已是难以想象的事情了。几十年的思想文化领域里的进步，还是让人欣慰。

我之所以愿意以吐鲁番大地为舞台，叙说、介绍对它的认识，不仅是因为它与我曾有上面说过的种种因缘，自己在这片土地上洒下过汗水、心血，有了厚重的感情；也因为这片不大的土地上，集中、良好地保存了十分丰富的地球史迹、人类史迹，在这些史迹中，我确曾受到了太多的教育。面对桃树园子化石地点展示的沧海桑田地球史，到保存还算完好、仍可具体触摸的人类史迹，林林总总，虔心静想，总可以使自己从浮躁中，变得沉静，面对种种难以预料的变化而不惊。它们也教会了我，对十分短暂、确如弹指一挥的数十年生命，应该珍惜，积极做有益于地球、有益于环境、有益于社会、有益于人类的事。其他的人、其他的事，管不了，但自己这样去做，却是可以安心面对一生的。

这本书，如果说有什么特点，那就是当年新疆社会科学院院长谷苞教授曾经指出过的：它并不只是从文献出发，而主要是以考古为据认识的历史。作为考古人，一定要遵循这一精神，不断前行。

考古，本应是与人们联系得最为密切的学问，它研究的，不过是既往人们的实际生活遗存。但是好像从一开始，考古学科就成了与人们距离十分遥远的殿堂。这实在是一个须要认真检讨、分析的现象。考古学者往往习惯于用十分专业的语言，介绍自己工作的过程和发掘的文物特征；文字是规范的，规范得普通人多苦于其烦琐、刻板，而少愿问津；专业人员不太习惯做出进一步的努力，脱出同行间交流的框子，走到普通人中间来，具体、清晰地介绍自己的发掘对象及出土文物中所积淀的历史文化。

记得还是在北大历史系学习时，翦伯赞先生曾经深情地告诉我们这些年轻人:一个好的历史学者,一定要认真努力学会用优美的、人们喜爱的、读来亲切的文字,去表达自己的思想。我在这本小书中,力图遵从蒉老的教诲。希望在吐鲁番大地上工作几十年的心得,能以一种较好的方式,告诉给希望了解吐鲁番的人们。当然,愿望如斯,能否完满实现,还得听读者阅后的评说了。

2022 年 8 月
上海 泰康之家 申园

一 沧海桑田吐鲁番

世界上最富有的遗址博物馆

两亿多年来的地球演化轨迹，一两万年来人类发展的历史印痕，全都浓缩、镌刻在了小小的吐鲁番盆地上。举目四顾，在在都可以寻觅到虽然冰冷、却可让人热血沸腾的史实。

当之无愧，吐鲁番大地，可以算得上是世界最丰富的遗址博物馆。

这自然不会是我一个人的感受。贡纳尔·雅林在走过吐鲁番后，就曾有过类似的慨叹。贡纳尔·雅林，见多识广，是世界知名的外交家。1929年，作为一个普通青年，他曾访问过新疆，研究过维吾尔族语言，对这块境域广袤、但人们还了解得十分不够的土地，倾注过十分深厚的感情。1978年，作为对新中国怀有友好感情的世界名人，他接受了中国政府的邀请，再访中国，重点访问了50年中他深深萦怀的新疆，并在返国的次年发表了记录这次访华印象的《重返喀什噶尔》。在这本1979年初版于斯德哥尔摩、1986年再版于美国的访问记中，他向西方世界认真地推荐吐鲁番，说它是"世界上最低的盆地之一"，"但它又不仅仅是个盆地，而且还是世界上最富有的露天考古博物馆之一"。"世界上最富有的露天考古博物馆"，这确实是一个有着丰富阅历、见识的智者对吐鲁番大地的极好概括。

今天的吐鲁番大地，干燥酷热，水贵如油。但在两亿多年前，这里却是烟波浩渺的海洋，准噶尔、吐鲁番、塔里木，都还是与古地中海彼此连接的一片大水。时光流逝，沧海桑田，在两亿年前的古生代后期，相当于吐鲁番的这一片地域才逐渐成陆。古人认为万无可能的"江水为竭"，硬是变成了现实。再后一点，地质史上的"华力西运动"使天山兀然耸起，准噶尔与吐鲁番被分割在了两边。到了去今7000万年前，又一次巨大的地壳变动，即俗称的"喜马拉雅造山运动"，使天山更加高耸，但库鲁克塔格山却升幅很小，于是，我们今天见到的吐鲁番盆地地貌基本成形。这一页地球史，当然不是空穴来风，它的证明就在盆地北缘的桃树园子、胜金口、苏巴什、连木沁、七克台及十三间房等处的岩层之中。古生物学家曾在这些地点的二叠纪到三叠纪、第三纪等不同地质年代的岩层中，寻觅到了各种地质年代的古生物化石标本，清楚而生动地展现了吐鲁番大地的沧桑。在这些化石标本里，人们可以见到两亿多年前遨游在海水中的群群鳕鱼，海水消退、陆地初显后的爬行动物"吐鲁番兽"，适宜在沼泽地带活动的"水龙兽""袁氏加斯马吐龙"，更晚一点的"肯氏兽""曲耳龙""吐鲁番鳄"。自7000万年至2500万年前，哺乳类、鸟类、被子植物类，又在这片地区繁荣生长。20世纪90年代发现并成功复原在吐鲁番博物馆里的巨犀，正是这一系列变化中的一个链环，可以帮助我们感受吐鲁番大地曾经经历的变迁。

这些各具特征的化石标本，还告诉我们一个科学事实：在地质年代的早始新世时期，亚洲和北美洲，彼此曾经联系在一起，如今隔阻这两块大陆的白令海峡天堑，当年是陆生哺乳动物可以自由来去的通途。在吐鲁番见到的不少化石标本，在同时期的北美大陆一样可以见到。在生命短暂的世人眼中岿然不动的悠悠大地，同样是一个时时在变化、发展中的世界！

与不见人类活动的地球史比较，自人类出现在吐鲁番盆地，吐鲁番的发展变化进入了一个全新的、速度更快的时期。据现有资料，人类最迟在1万多年前已涉足吐鲁番盆地。这1万多年，与吐鲁番可以检视的2.3亿年地史比较，真如沧海一粟，但对我们而言，却更为亲切，值得细说。

在交河故城西南台地，考古工作者见到了旧石器时代晚期遗留的打制石器。作为万物之灵的人类，有别于其他动物之关键，就在于能够制造工具。在交河西南台地上所见石器十分原始，一块普通砾石，在多面击打后显出了尖端、刃面，既可以敲砸动物的骨髓，也可以切割其皮肉，它是一种在任何情况下都可以使用的万能工具，虽极简单，却是一个了不得的成果，人们因为有了它而获得了更强大的与自然作斗争的武器。在吐鲁番阿斯塔那村北戈壁、交河故城沟西台地、吐峪沟前的洋海、鲁克沁近郊荒漠等许多地点，考古学者觅到了大量的细石核、细石片、小石镞、锯齿形刮削器等，表明去今不足1万至6000年前的吐鲁番人，经过相当年月的实践、摸索、改进，在制作石器工具时已掌握比较进步的间接打制技术，可以打制出十分细小的、适合不同用途的工具。

新石器时代及其以前的吐鲁番盆地居民，他们来自何方，具有怎样的种族特点，现在还没有直接的人类学标本可以说明。但对于去今2500年的吐鲁番居民的容貌特征，考古学者经过不断努力，已有了大概的认识：其中一部分人眉弓发育、狭面、浅色头发，具有比较明显的印欧人种特征。通过稍后的汉代汉文史籍，还知道他们自称为"车师"人。

车师，是我们目前了解的最早期吐鲁番居民，这一时期的车师人，已经知道使用金属工具。盆地中目前适宜人类垦殖的绿洲，如艾丁湖、交河故城所在的沟西台地、火焰山中的苏巴什、吐峪沟村南的洋海、三个桥、鲁克沁绿洲周围，几乎都保留着他们活动的足迹。他们混沌初开，虔信人死后有灵魂，有一个与现实世界相差不大的冥国世界，因此死者入土不仅要有衣服鞋帽，还要有食品、用器。极度干燥的吐鲁番气候，很好地保存下了他们的干尸。可以看到男子身材魁伟，头戴毡盔，使用弓箭；女子辫发，头戴各式尖帽。毛纺织、皮革制造、制陶、木器各业都达到了一定水平。他们钻木取火，畜养羊、马、骆驼，随身佩刀，已经使用马鞍，只是还不知道马镫。除畜牧业外，他们还种麦、粟、黑豆、葡萄等。吐鲁番盆地这片沃土，是他们生活的乐园，他们参与谱写了吐鲁番文明史的第一章。

在苏贝希墓地出土的一具男性干尸，胸部至今还可见到当年因外伤动过手术，再用马鬃毛缝合的伤口。这是目前世界上少见的外科手术资料，说明2500年前车师人的医疗观念迥异于同时期的中原大地，不是使用药物敷贴或内部调理，而是操刀一割，缝合待愈。

当年的车师人崇尚黄金，而且掌握了不少的黄金财富。在交河沟北、沟西车师墓地，见到了小件金鹿、金驼、鹰虎相搏金饰牌、动物纹金箔饰片、虎纹金颈饰与足腕饰等，社会地位稍高、掌握财富较多的人，从头到脚，均有金质饰物闪烁光彩。写到这里，想起一个有趣的插曲：1981年我带几位北京友人考察艾丁湖竖穴墓地，随意用脚在地上轻轻拨了拨土，不意

双联金牛头
艾丁湖古墓出土

竟拨出一个小小的金质牛头,随即成了目前不少文物图录上反复使用、刊布的精品。车师人崇尚黄金,并流行欧亚大草原上游牧民族喜好的野兽纹图像,牛也曾是他们崇拜的圣物之一。

交河故城沟西、沟北发现过黄金饰物的墓地,与车师人经营的身后世界相关。交河故城,则是他们保留至今的现实世界遗存,为现实生活而奋斗的历史纪念碑。现在仍傲然耸立的交河故城,虽然保存着不少后期高昌、唐、高昌回鹘王朝时期的遗迹,显示着吐鲁番历史发展的轨迹,但它的始建,最初的规划、设计,却不能不归功于车师人。在去今2200年前,这里已经是车师前部王国首都,车师语称它为"兜訾"。张骞公元前139年衔命西使,就曾关注并报道过车师王国这一城池的存在。

公元前2世纪的西域大地,表面还是平静、安详,有着田园牧歌式的传统生活,但一场不以他们的意志为转移的社会矛盾,正在激烈地展开,而且,他们还不能不被卷入这场风暴之中。雄才大略,继承了祖、父统治伟业的西汉武帝刘彻,上台不久即一改祖、父退缩保守的策略,再不容忍北部草原上匈奴铁骑的侵扰、掠夺,采取了反击、进攻的战略。进攻,在特定情况下是最好的防卫,为此,他派张骞出使西域,联络匈奴宿敌月氏,意图使匈奴腹背受敌。实施这一战略,汉王朝必须首先取得已在匈奴统治下的西域大地。车师、交河立即从亚洲历史舞台不为人关注的一个角落,变成了中心,成为矛盾的焦点:

匈奴征骑，自准噶尔草原越天山、南下塔里木，这里是最为便捷的隘道；汉王朝要联络月氏、乌孙，将匈奴势力逐出西域，吐鲁番盆地交河是必须首先控制的桥头堡。交河这一重要的战略地位，使它成了汉王朝与匈奴争夺的焦点。自公元前108年至公元前60年，不长的48年中，汉、匈在交河城下较大的军事冲突即达五次，每次动员的兵力都有数千、上万。弹丸之地的交河，刀光剑影、人喊马嘶，再也没有平静的生活可言。反复的争夺、较量，最后以汉王朝的完全胜利而终结。

交河故城，实际并没有一般概念上的高墙、壕堑，它只是奠基在一处危崖上的军事据点。危崖陡立，高达20—30米，周围河谷抱拥，这较任何人工的城墙都更为坚固。凿岩成门，掘地为道，南北、东西向的三条干道把全城建筑串连在一起。主要也是军事防卫的要求，交河居民住室均不与干道直接通联，而必须通过一条狭长的小巷，才能走到干道、通向城门。古城虽有河谷环绕，但一旦有警，出城取水就十分危险，所以城内居民院落中，在在均见深井。直到今天，还可以见到古井400多口。深到30米后，井水清凉洁净，可以成为夏日人们寻求的沁人心脾的甘泉。

公元前60年，汉王朝完全控制吐鲁番后，汉戊己校尉一度驻节交河，承担屯田及军事防卫的责任。民事管理仍由已经归附了汉王朝的车师王廷负责。直到公元450年，以高昌为基地的沮渠无讳，对难以强攻的交河实施了军事围困。坚持八年，城内粮尽，无法再守，车师王歇才弃城而走，率领车师族人撤到了焉耆。交河，成了高昌王国的一郡。失掉了统治地位的车师人，部分成了高昌王国的普通子民，相当大部分迁徙他乡，其中有少部分，一直到了河南洛阳。1931年，在洛阳北邙山发现一座墓葬，出土了一方墓志，志文说"大魏正始二年（505）岁次乙酉十一月戊辰朔廿七日甲午前部王故车伯生息妻鄯月光墓铭"。"前部王"者，车师前部王也，他的名字叫"车伯生"。汉文史家的规矩，是以所在王国为他本人的姓，因为是车师王，所以姓"车"；他的媳妇是鄯善国人，所以姓"鄯"，他们居家则在洛阳。这方小墓志实际揭明了汉魏都城洛阳，最后成了一支车师王族的归宿地。中华民族的血脉中，至今也还流淌着车师民族的血液，有着他们的遗传因子！

公元640年，唐王朝在吐鲁番地区设西州，西突厥一度还进行对抗，短时期内唐王朝曾将戍守西域的最高军镇机构——安西都护府，置于交河。随着西突厥敌对势力瓦解，才将安西都护府迁到了龟兹。9世纪中叶以后，回鹘民族自漠北草原大规模西迁，交河又成为高昌回鹘王朝的军事要镇。高昌回鹘王朝都城在西州，夏日酷热；又以准噶尔南缘的北庭为夏都，求得清凉。交河城，是王族权贵们来去天山南北时的重要隘道。公元13世纪初，成吉思汗称王于漠北，高昌回鹘立即脱离西辽，投奔到成吉思汗之麾下，受到了特别的优待。吐鲁番，因此一点也没有在蒙古西征中受到军事侵扰。直到公元1383年，察合台汗黑的儿火者作为一个虔诚的穆斯林，亲自率军对吐鲁番地区的佛教徒回鹘展开"圣战"。交河故城，才在这次惨烈的军事冲突中走完了它最后的一步，渐渐沉沦为废墟。

交河故城中不同风格的建筑，挖地成室、夯筑、版筑，显示着不同时代风貌；巨大的佛教寺院及在烈火中烧得通红的院墙，考古工作者发掘中常有所见的汉文、回鹘文佛典，佛教塑像，都可以向今天的参观者们诉说：在交河，实际也是在吐鲁番，曾经展开过的一幅幅历史的画面。

庄园生活图,公元4—5世纪,吐鲁番阿斯塔那墓出土。这是我国目前出土年代最早且保存完好的一幅纸本画。朴拙的线条、清晰的画面,表现了墓主人对故土的记忆,对禾谷丰收、安逸生活的追求

与交河相去约50公里的高昌,有过与交河既相近似又并不完全相同的历史命运。高昌城诞生的第一页,是作为李广利远征大宛军中病弱者的后方收容站:行动不便的伤病战士,在这里边养身体边屯田。它只不过是一片不大的城堡,取了个吉利字眼为"高昌",称之为"高昌壁"。东汉以后,中原离乱,河西地区大族百姓纷纷避祸于西域,高昌成了他们最理想的居息地,所以史称这里的居民主要为"汉魏遗黎"。历代中原王朝,也一直关注对这片富庶之区的直接统治。三国时,曹魏政权在此设戊己校尉。东晋十六国时期,河西地区前凉小王朝在新疆设西域长史、戊己校尉,并于咸和二年(327)在此置高昌郡、田地县。与内地一样,县下置乡、里。其中最重要的基础,就是这里汉族居民比重很大,汉文化是占主体

地位的文化，这便于政令的直接贯彻、实施。5世纪后，建立高昌王国，政治制度也一同于中原，它的都城就是今天高昌故城的"中城"。640年，唐王朝平定高昌，设立了中央直接统辖、管理的西州。唐代西州，在丝绸之路上的地位举足轻重。原高昌都城这一空间，已不能适应大大扩展了的社会政治经济生活需要，于是扩建了今天所见的周围达5公里的"外城"。自此，高昌历史步入了一个新的阶段。

高昌与交河最大的不同，是交河在军事上的地位重要，而高昌则是一个政治、经济、交通中心。古城的断垣残壁，经历1000多年的自然、人为破坏，从中已难以觅见当年高昌曾经有过的光彩与繁荣。但古城北郊鳞次栉比的墓地，入葬主人曾带入供冥世生活的物资，虽经盗扰，不少还可以折射当年高昌曾有过的物质、精神文明。来自中原大地山东、江淮、四川各地的锦绸、绫罗丝绣、粗细麻布，仍然显示光泽的漆器，还有藤器、绢花、围棋，甚至处置痛病的汉文药方，充分显示了一个中世纪边疆古城的荣华。与这些黄河流域物质文明相辉映，西来的香料、黄铜、地产的骏马、骆驼，丝、毛线混织的锦，细软的棉布，葡萄、梨、杏等各种干果，都是日常生活、贸易中可见的物品。丝路畅通，作为丝路上重要的贸易中心，欧亚大陆各地的优良物产，当年西州市民都不难见识，也可以享受。公元9世纪中叶，高昌回鹘王朝建都在高昌，400多年中，高昌城保持着西域名城的地位。高昌城、郊，佛寺林立，景教教堂、火祆祠、摩尼寺掺杂其间，彼此共存并立。街道两旁，商肆、作坊栉比，往来商旅不断。高昌，保持着它往昔曾有的荣光。

高昌故城最后被毁，先是13世纪晚期元朝宗王海都、都

高昌城北郊古墓出土的唐代绢花、弈棋图绢画

哇叛乱,围攻忠于忽必烈的高昌回鹘;再是黑的儿火者的"圣战",攻占了高昌。吐鲁番地区的政治中心,此后逐渐移到了今天的吐鲁番市(高昌区)。作为新疆及中亚政治、经济、交通中心,在历史上活跃过1500多年的高昌城,终于退出了历史舞台。

在干燥的吐鲁番大地,类似高昌、交河的古代城镇还有不少:柳中、赤亭、阿萨、安乐城、乌江不拉克、沙衣布隆、毕占土拉、让布工商……它们的命运轨迹虽大略近似,但具体个性却并不相同。步入吐鲁番深藏在火焰山峡谷中的丛丛佛寺,是另一类文化的遗迹。公元7、8世纪前,黄河流域灿烂的物质文明、科技发明如养蚕缫丝、造纸、印刷、火药等通过丝路,经吐鲁番盆地,一步步进入西亚、欧洲的同时,西亚、南亚的哲人们也送来了他们有关佛教、景教、火祆教、摩尼教的思想,以及伴随着这些宗教思想而来的绘画艺术。据研究,摩尼教后期的东方教区布教中心,最后的居留地就在吐鲁番。如今这一切已经化成为历史。柏孜克里克、胜金口、吐峪沟、交河沟西、奇康湖等处的佛教寺院,当年的金碧也大多失落,不少洞窟岩壁上,只留有刀砍斧凿的痕迹。这些,都是历史的印痕。

吐鲁番盆地的自然地理环境

一个地区的自然地理环境,不能决定这片地区的历史命运;但对它的历史命运,却一定会产生重大的影响。

吐鲁番绿洲,是东部天山中间一块不算太大的山间盆地。它的北面,是举世闻名的博格达山、巴尔库里山;它的南面,是地势不高的库鲁克塔格(维吾尔语称山为"塔格");西部山脉,名喀拉乌成;东境,止于七角井峡谷西口。它的地形受地势影响,北高而南低,西宽而东窄,好像一个两头稍尖、中腰粗圆的纺锤,是一种不对称的盆地地形。东西长而南北狭,东西长度,差不多300公里,南北宽度,大概240公里。整个面积,有5万平方公里以上。因为行政区划并不完全以盆地为限,所以,以吐鲁番绿洲为基本范围的吐鲁番市,它的行政面积有7万平方公里。*

提到吐鲁番盆地,人们即会联想到它是全国地势最低的地区,这是一点不错的。据统计,在吐鲁番盆地内,低于海平面以下的面积就有4000多平方公里,差不多占整个盆地面积的8%。而在这4000多平方公里土地中,又有2000多平方公里是低于海平面100米以下的低地。整个盆地的最低处,在盆地南

吐鲁番盆地地形剖面示意图

缘的艾丁湖，湖水平面低于海平面 154 米。而湖底，据一些点的测量数据，要低于海平面 161 米。这些测量数字说明，吐鲁番盆地是全国地势最低凹处；而从全世界范围看，这里的地势仅次于海平面以下 392 米的约旦死海，是当之无愧的世界第二低地。

因为盆地四周高山环绕，地势特别低凹，所以酷热、干燥，成了吐鲁番地区引人注目的气候特点。如果拿盆地的最低凹处与天山、喀拉乌成山比较，地势高差达到 4000—5000 米。这样低凹的地形，使炽烈日光照射后迅速产生的地面辐射热量，很不容易散发。盆地内空气受热上升，使外来稍冷气流下沉时受热也迅速增温，这就使盆地内夏天气温更高。根据统计资料，吐鲁番地区的吐鲁番市（今高昌区）和托克逊县，夏季 6—8 月间，平均最高气温都在 38℃ 以上。位于盆地东部火焰山以北、地势比较高的鄯善县，气温稍低一点，但夏日平均气温也在 35—37℃ 之间。而在吐鲁番市附近的风蚀沙地上，地表光裸，夏天烈日高照，气温就更加高于他处，绝对温度可达

一 沧海桑田吐鲁番

50℃左右，地表温度大多在70℃以上。在吐鲁番市以西一处沙地上，曾经测得最高温度达82.3℃，是盆地内最高的气温记录。

这么酷热的气候，怎么可能进行生活、生产活动？这个顾虑，是不谙内情的人们常常产生的疑问。奥秘何在？原来，这片地区夏日气温虽十分酷热，但相对湿度却比较低。大部分时间内湿度都在3%左右，或者还要稍低。这就形成了吐鲁番气候的又一特点：高温低湿，虽热而不闷。人们即使白天在高温下活动，也难有大汗淋漓、浑身湿腻的感觉。加上昼夜温差很大（一般可达20℃），尤其春、秋两季，一天中的温差更加明显。正午，朗日高照，炎热如夏；早晚则清凉宜人，相当舒适。

在吐鲁番盆地内，一个显著的气候特点是降水量极少，空气十分干燥。据气象统计资料，在盆地西南部的托克逊县，年平均降水量仅为3.9毫米。降水稍多的鄯善县，年平均降水量也不过25.5毫米。三县之中，吐鲁番县（今吐鲁番市高昌区，下同）降水量居中，年平均降水量16.6毫米。这样的降水量，可以说是形同于无。降水主要在夏天。由于雨量小、雨点粗、降雨时间极短，往往人们还没有感觉到降雨，须臾之间，天空又已经转雨为晴。于是人们说，"吐鲁番的雨，不会淋湿衣服"。又有一个习惯用语是"干燥无雨"。一般情况下，这可以说是一个并不过分的形容。

根据常理，既然是这种气候，吐鲁番地区自然应当与"水灾""防洪"无缘了。谁知，这又是人们的错觉。在吐鲁番的历史上，真还有水灾、洪涝的记录，现实生活里，也偶有这方面的见闻。阿斯塔那古墓中出土过一份文书，谈到唐玄宗开元二十二年（734）八月，高昌县水官杨嘉恽、巩虔纯，下令动员民工1400多人，疏通渠道，加固堤堰，以防水患。宋太宗赵匡义在位时，太平兴国七年（982）曾派使臣王延德前来吐鲁番。王延德在吐鲁番就遇到一场大雨，给他留下了十分深刻的印象，说是"雨及五寸""庐舍多坏"。这么大的暴雨，对生土建筑的民房，当然是一场空前的灾难。1958年8月，吐鲁番县也曾留下了一天降雨36毫米的记录。这场雨，来势太猛，随即山洪暴发，于是民房倒塌，农田受灾。1985年，夏日一场暴雨，滚滚而来的山洪，使吐鲁番交河故城稍南一座水库顷刻之间堤破水溢，大水横流。为了方便游人出入交河故城，吐鲁番曾在故城旁的沟谷上修建了一座相当结实的钢筋水泥大桥。1987年的暴雨洪流，把这座水泥大桥一冲两段……

平常降水极少，偶然又有这种异常的暴雨，原因何在？夏季，盆地内温度很高，水分蒸发极为强烈。在天山以北，气候稍凉，夹带水汽的气流被盆地吸引，迅速南下。这时，盆地上空，空气对流会极为强烈，十分容易形成对流性的阵雨。这种对流性的阵雨，一旦稍微强烈，立即就会形成暴雨，对毫无防范措施的吐鲁番盆地形成威胁。尤其是在天山南麓的山前地带，一片光裸的戈壁，暴雨汇成洪水，顷刻之间会形成巨大洪流。这种洪流，以排山倒海之势，冲过戈壁荒滩，直扑绿洲，这就不可避免会有前面提到的种种灾难了。

封闭的盆地、稀薄的云量、强烈的辐射、极高的气温，汇集成吐鲁番地区一种不太为人注意，但却是十分重要的自然资源：极为丰富的热能。这对盆地内农业、园艺业的发展是一个得天独厚的条件，是其他任何地区都难以比匹的。根据气象部门的统计资料，在吐鲁番盆地，低云的晴天，每年平均总

吐鲁番少雨,可一旦下起暴雨便形成洪流,龟裂的淤土是它留下的痕迹

在300天以上,而云量在八成以上的阴天只不过1—3天。这使吐鲁番地区的年日照时数达到3000小时以上。阳光年辐射总量,每平方厘米有139.5卡。阳光普照的盆地,无霜期年平均达到268.6天,最长的年份,达到324天。这么丰富的热量资源,为农作物和瓜果的生长,提供了难得的良好条件。一些喜温作物如棉花、葡萄、瓜果在吐鲁番盆地找到了理想的生长环境。正因为如此,自古以来,吐鲁番盆地一直是历代王朝开发的重要屯垦基地,是棉花、葡萄、瓜果的

种植中心。

虽然吐鲁番是一处适宜于人们劳动、生息的乐园,但是对于盆地内千百年来一直折磨着吐鲁番人民的风沙灾害,一般人难以想象,也很少了解。

既是封闭的盆地,风从哪里来?吐鲁番的风源,来自两个方面。其一,盆地地形低凹,地势高低悬殊。每年入春以后,盆地内辐射加强,增温迅速,形成了地区性的热低压,而毗邻的天山以北地区,还是寒凝大地。这就不能不形成相邻地区间很大的气压差异,盆地内热气流迅速上升,北边的冷气流就急速南下,产生了相当强烈的空气对流。强大的气流,寻找易于通行的道路,自然汇向天山中有限的几处谷道,如盆地西北的白杨沟、盆地东面的十三间房等,扑向吐鲁番盆地,这就形成了盆地内春季多见的西北风。其二,虽然也是源自盆地本身的地形特点,但导致的影响、形成的风势却又表现为另一种特征。形如锅底的盆地,其中心与周围山地之间存在很大高差,从而形成盆地内特有的干热风的风源。说得更加具体一点,每年入春以后,尤其是夏日中午过后,炽烈的辐射阳光使盆地气温急剧升高,而地势稍高的四周山地,增温并没有这么迅速。自然而然,四周山地与盆地中心的这种温差,形成了小范围的气压差异。盆地中热气流上升,四周山地较冷气流下滑,形成了夏天吐鲁番盆地特有的对流风。风温往往高于气温,形成干热风,也称"焚风"。这种热风,给人的印象十分深刻,文人墨客,为它还真留下不少文字。唐代诗人岑参所说的"赤焰烧房云,炎氛蒸塞空";清人萧雄说每年"自四月底始,日光如火,风吹如炮烙""火风一过,毛发欲焦",都是关于吐鲁番热风的感受。夏天,我们在吐鲁番地区观光、旅游,也都可以亲身体验到：如果打开正在盆地内急驰的汽车小窗，迎面扑来的风，灼热烫人。这种干热风，温度高达35℃以上，风速大于5米/秒，一般出现在下午。傍晚，待盆地气温稍低即停止，持续时间并不长。虽时间不长，对农业生产却相当不利，它能使植物水分迅速蒸发，作物被烧灼而受灾。

入春以后的西北风，对人民的生产、生活危害也很大。白杨沟及鄯善县十三间房风口，全年大风日数总有100天以上。这里的"大风"，按气象学概念，是指风速在17.2—20.7米/秒以上的风力，也就是俗话说的8级以上大风。但是，这还不是最强的风。风力更大的"飓风"，风速大于32米/秒，也就是俗称12级以上的大风。吐鲁番盆地内，这种飓风也屡有所见。频繁肆虐的大风，形成了人们的另一个概念：在吐鲁番盆地，有风力异常的"三十里风区"和"百里风区"。

所谓"三十里风区"，是指从天山中的后峡，经白杨沟到三个泉，这是一条狭长的山谷，长约30公里，峡谷中常年大风日数，多在100天以上。而从鄯善县的红旗坎到哈密的瞭墩之间，长达100公里，其中正当天山以北冷气流长驱直入山南的七角井峡口，全年大风日数也总在100天以上。使人谈虎色变的"百里风区"，指的就是这片地区。在"百里风区"内，曾观察、记录到50米/秒的特大风速，究竟算什么风级，气象学上也无法标明。明朝人称这一风区是"黑风川"，清朝人称它为"风戈壁"。左宗棠大军的饷银车，曾在这条路上被刮得不见踪影。

这类大风刮起来，对正常的生产生活秩序会造成直接的破坏。"三十里风区"内，在大河沿到鱼儿沟之间，有一个小地方名叫克尔碱。有一年，大风骤起，硬是掀翻了火车车皮，火车上的玻璃窗，更是无一例外被飞沙走石击碎。在"百里风区"，狂风吹走人、畜、大车，飓风扬起钢板、掀起车皮，这些听后使人咋舌的消息，确不虚妄。清朝诗人萧雄对此也有诗形容，说是"阵阵狂风不可当，漫空沙石乱飞扬。穷川大漠连朝暗，多少征人委异乡"。最后一句话，萧雄曾清楚注明，是说"百里风区"中有清朝官员、幕友受风遇难的事情。

风害对生态环境也造成恶劣的影响。它会破坏土壤的结构，使一些地块成为风蚀沙地、沙沟，在另外一些地方形成小的沙漠。

吐鲁番盆地内，主要是第四纪形成的沉积沙造就的沙质土。大风吹过这种沙质土壤地表时，套用刘邦的《大风歌》，真是"大风起兮沙飞扬"！剧烈的气流运动，松散的沙粒随风而行。据沙漠科学工作者观察记录，如果风速在4—5米/秒左右，可以吹动0.1—0.5毫米直径的沙粒。在吐鲁番盆地内，这种直径的沙土，就占沙质土的40%。而当风速达到8—9米/秒时，盆地周沿的山前戈壁砾石带，较粗的沙粒也会随风而动。到10级以上大风时，直径数毫米到1厘米的石粒都可以飞扬起来。这时的吐鲁番盆地内，"飞沙走石"这个词，就不再是什么文人的形容，而是形象逼真的叙述了。这种风沙，漫天盖地，对地表作物形成很大的破坏，不仅刮走了表层泥土，暴露出作物根系，而且沿着地表疾速飞驰的沙流，如快刀利刃，切割作物的根茎，使农作物难以继续生长、成活。沙流过处，渠道、农舍被掩埋，树木、电杆被刮断，道路被覆盖，形成巨大的灾难。对这种风沙灾难，没有组织的个体农民，是无力抗拒的。他们面对无情的风沙，曾留下忧伤的吟唱："无风满地沙，有风不见家。小风吹来填坎井，大风过后埋掉房。背着儿孙去逃荒，饿死戈壁喂狼鸦。"

风起沙行，当沙粒运动过程中遇到障碍物，或风力减弱、停息，这时，风沙流中的沙粒会立即大量沉降，形成堆积。于是，天长日久的风沙运动，慢慢在绿洲内制造出沙堆、沙丘、小沙漠。

鄯善县城南，差不多逼近县城的库木塔格沙山，面积达2500平方公里，算是盆地内最大一处沙漠景观。由于不同方向的风力作用，它的北部是道道沙垄，而在南部、东北部，却是形如金字塔的丛丛沙丘。沙漠中见不到植被，犹如死亡之海。这区沙漠，记录了绿洲长期受虐于风沙的历史，记录着人民的苦难。由于沙漠逼近县城，自县城南北大道信步而行，即可步入沙漠之中，一览平日难见的瀚海风貌。正是这一独特的自然景观，使其成为一处旅游名胜。

在火焰山南，吐鲁番市火焰山乡以西，风沙还制造了一片西北－东南走向的沙垄，面积虽然也有60平方公里，但比起库木塔格来，就算不得一回事了。这片沙垄，是西北风长期肆虐逞威的结果，条条沙垄，呈西北－东南走向，排列得整整齐齐、井然有序。沙垄内，还可以见到稀疏的植被，如骆驼刺、老鼠爪。

除沙漠、沙垄外，还有风蚀沙地及流沙堆。吐鲁番地区恰特喀勒乡西缘沙地，面积达50平方公里，就是非常典型的风蚀－沙积地貌。它的西部正当风口，狂风吹蚀，风蚀坑槽遍地，地表坎坷不平。坑槽深处可有一两米。东部则是沙积区，西部的风蚀流沙在这里形成了约10平方公里的沙堆。在这片风蚀沙地中，我们发现过一片战国到汉代的古车师人墓地。长期的风蚀作用，把掩埋墓穴的封土刮得无影无踪，墓中人骨或随葬文物，部分暴露于地表。这片曾被车师人视为天国乐土的平静大地，经过2000年的风风雨雨，已经完全改变了面貌。

　　这些沙漠、沙垄、沙地，地貌不同，但表现着吐鲁番盆地生态环境的个性特点，表现着吐鲁番大地的自然地理特征。地理、沙漠学科的工作者们，视它们为观察、研究的理想环境。这些环境，也成为了解吐鲁番盆地的课堂，成为人们学习生态环境变化规律的教室。对戈壁明珠——吐鲁番绿洲缺少了解的人们，在这里会享受到获取新知识的快乐。

　　掌握了这些沙漠、沙垄、沙地的自然规律，也掌握着自身命运的新一代吐鲁番人，正在向它们发动征战，一步步改变着它们的面貌，为建设更为富饶的绿洲而不断努力。

---

*作为行政区域的"吐鲁番地区"成立于1975年，下辖吐鲁番县、鄯善县、托克逊县三县。1984年，吐鲁番县改置为市。2015年，吐鲁番撤销地区建制，设立地级吐鲁番市，辖一区两县，即高昌区、鄯善县、托克逊县。

吐鲁番大地上的古生物

一个人的生命,不足百年。有文字记载的人类文明史不过五六千年。依凭考古实物探寻人类的过去,也只追寻到距今200—300万年前,这和一个人的生命相比较,算得上是十分的遥远了;但是,拿它和地球的历史相比较,差不多只是弹指一挥间。

我们还是回到吐鲁番大地上来。吐鲁番,这片干燥的土地,俗话中的"火洲",刚刚踏上这片土地的人们,感受着热风的烧灼,觉得其热难熬。大概谁也不会想到,在2.25亿年前,这里却是一片烟波浩渺的大海。茫茫海水之中,来往遨游着一群群古代鳕鱼,与它们相伴的,是生活在水中的种种无脊椎动物。

首先打开地球历史巨著这一页的,是我们的古生物学家。

20世纪50年代初,吐鲁番县大河沿东北的桃树园子小村,一些古生物科学工作者在附近的荒山野岭中艰苦地考察,终于在距今2.25亿到1.85亿年前的二叠纪至三叠纪岩层中,发现了一大片鳕鱼群化石,共有70多条。它们有的形体完整;有的缺尾少头,但形体特征还基本清楚。当年,它们曾同嬉共游,自由自在。在一次灾变中,谁也没有能够逃脱临头的厄运,葬身在了水底。沧海桑田,水去陆现,它们又共同化身在岩石之中,成了这段地球发展变化历史的证明。

名从主人,生活在吐鲁番大地上的鳕鱼,被古生物学家命名为"吐鲁番鳕"。它们头部尖锐,身体似梭,浑身披覆的鳞片,与今天的鱼鳞很不一样。我们今天常见的各种鱼鳞,都近圆形,而古代鳕鱼的鳞片,形状却像斜方格,十分坚硬。它的尾鳍也怪,不对称,是一边长一边短,歪斜着,让人费解。满嘴锥形锐齿,锋利异常。这些锐齿,既是觅食的工具,也是防身的武器。古生物学家认真、细致地分析了吐鲁番鳕鱼的全部特点,把它们和地球上曾经存在过的古代鳕鱼家族成员作了比较,得到了一个结论:它们和晚二叠纪时广泛遨游在欧洲大地上的"古鳕"形体非常相似,而与更晚一点的、生活在三叠纪早期的"翼鳕",特征更加相近,其相互之间的关系,自然也更加密切。这类"鳕鱼"需要一片广阔的淡水水域,水还必须达到一定的深度。但是,从没有发现过与这类古鳕鱼化石一道的海生无脊椎动物化石,说明它们不能适应含盐的海水环境。当年,吐鲁番大地上的大水竟是难得的淡水。然而,水域、水量的变化,终于使这类鳕鱼走向了灭亡。

在桃树园子同一处化石采集地点,也就是在发现了古鳕鱼化石岩层上部的地层中,古生物学家找到了古爬行类动物化石标本。这时的吐鲁番

古鳕鱼化石。不对称的尾鳍、菱形鳞片,具显吐鲁番鳕鱼的特征

一 沧海桑田吐鲁番　23

大地，烟波浩渺的大水已消失不见，陆地出现了，不少地方还有沼泽。在辽阔的陆地上，来去爬行着的古兽，如二齿兽、水龙兽、阔口龙等，已经成了这片土地的主人。

在这片大地上来去爬行的二齿兽类中，有被古生物学家称为"吐鲁番兽""吉木萨尔兽"的动物。它们之所以都被戴上"二齿兽"这顶帽子，是因为在它们的上颌上，都生长着一对巨形大牙。这对巨牙特征明显，成了古生物学决定种属的根据之一。

吐鲁番兽、吉木萨尔兽，都有粗大的头、短短的脖子、壮实肥硕的躯体，拖着一条小小的尾巴。外观看去相当笨拙，但四条既短且粗的腿，却结实有力，不仅可以支撑壮实的躯体，而且爬行来去相当灵便。

叠压在二齿兽化石地层上部的岩层中，发现了水龙兽的躯体。这时，已进入地质史上的三叠纪。当年的吐鲁番地区气候温暖湿润，自然地理环境非常适宜于水龙兽的生存、繁衍。只是在桃树园子化石产地，古生物学家们就找到了水龙兽家族中的4个不同品种，至于个体数量，当然就更多了。

水龙兽，是一种适应水陆两栖的爬行类动物，身长约1米。身体壮硕，四足短粗有力。鼻孔的位置很高，嘴的下部折曲。它们喜欢群聚在湖沼旁边活动。这类古代爬行动物，除在我国一些地方及俄罗斯有过发现外，在南非、印度等地也有它们的踪迹，这是地质学上"大陆漂移说"的有力证明。

在水龙兽家族在吐鲁番大地上兴旺发达的时期，与它们共存共处的有阔口龙。这方面最有名的一个代表，就是在吐鲁番和吉木萨尔都有所见的"袁氏加斯马吐龙"。因为发现它的是我国古生物学家袁复礼，所以冠以"袁氏"，以为褒扬。

袁氏加斯马吐龙。槽齿类爬行动物,上颚弯曲如钩,是2亿年前吐鲁番大地的主人之一

"袁氏加斯马吐龙"是最原始的槽齿类爬行动物,个体长达2米。它的上颚弯曲如钩,满嘴利齿。和它共生的水龙兽类动物是它猎食的主要对象。后来的假鳄类动物,就是从它衍变、发展而来的。在同一地层内,除吐鲁番、吉木萨尔外,俄罗斯、西欧直到非洲南部,也都发现过相类似的阔口龙化石标本。这很形象地说明,当年的东半球地理情况多有相似之处,所以非常有利于这类动物的往来迁徙。

新陈代谢,变化发展。古老的动物群不能适应逐渐变化的环境,就被慢慢淘汰;新生的种类适应变化了的环境,而成为大地的新主人。经过相当漫长的生物进化,进入距今1.8亿年前的早三叠纪晚期、中三叠纪初期阶段,在吐鲁番大地上,又出现了以肯氏兽和假鳄类为主体的动物群,诸如曲耳龙、吐鲁番鳄、武氏鳄等,它们成了这片地区的新主人。

吐鲁番鳄的躯体有1米多长。扁平而狭的头骨,呈细瘦的三角形。在不高的头骨上,长着一对很大的眼睛,配着小小的鼻孔,让人感觉很不协调。上颚上支生着11—12颗十分锐利的尖齿，扣合在狭长的下颚上。现代鳄鱼，浑身披覆着硬质甲板，让人感到恐怖；这种吐鲁番鳄倒是好，浑身光溜溜的，见不到一块硬甲。这外貌上的差别，是它们之间最主要的不同之处。

吐鲁番鳄的四条腿，长得也很有特色：前腿短、后腿长，正处在向两条腿转化的过程中。就是这样的四条腿，走动起来倒还是十分敏捷，它们也正是凭借自身迅速的动作，捕食鱼、爬行动物、无脊椎动物，以饱饥肠，维持自身的生存、发展。

和吐鲁番鳄同时生活的还有武氏鳄。比起吐鲁番鳄来，它的形体要大得多，性情也更为凶猛。它有一个尖长的头，满嘴

锐利的牙。从出土的化石标本看，上牙约14颗，下牙约12颗，尖如利刃，没有一点锯齿状构造。这表明了它们以肉食为生的特点。它和吐鲁番鳄，虽同时生存于吐鲁番盆地中，却不是一个祖源，只能算是远缘的兄弟。因为和吐鲁番鳄猎取食物对象不同，竞争自然也就不大，彼此可以同存共处。同时期存在过的肯氏兽、水龙兽、大头龙、曲耳龙等，大概都曾是武氏鳄腹中的美味佳肴。

曾作为武氏鳄果腹食品之一的曲耳龙是大头龙的一种。在桃树园子，古生物学家幸运地采集到了它的完整的化石标本。它是一种喜欢池沼性环境的动物，所见化石标本表明，当年它就是在一片静静的湖水中告别了自己生存的世界。在湖水中，肌肉腐烂了，骨骼却既没有被水流移走，也没有被流水冲散，完好无损地保存到今天。

上面介绍的古生物群落，还显示了一个特点，这就是：它们和山西省二马营化石地点出土的古生物群非常接近，都是少数大头龙类生物和丰富的假鳄类、肯氏兽生活在一起。这表明，它们的生存年代大概相当，不会比地质史上的三叠纪中期更晚。那时候的吐鲁番地区，自然、地理环境也应该和二马营差不多：有水、有陆、池沼连片、空气湿润、植物茂密，为这类古动物的生存、发展提供了理想的空间。

桃树园子化石点，在层层岩石中保留着的各种古生物标本，犹如一页又一页记录着古生物进化发展史的巨著，生动说明了距今2亿年前后，吐鲁番地区的

1 吐鲁番鳄化石
2 武氏鳄化石

地理、气候、生物群落的面貌。

进入距今7000万年到2500万年前的第三纪，吐鲁番大地上哺乳类、鸟类及被子植物大大繁荣。古生物学家们，除在桃树园子，还在柯柯亚、胜金口、苏巴什、连木沁、连坎、红山、七克台、飞跃、大步、十三间房等许多地方，见到了这一时段相当丰富的古生物标本。

经过近20年的艰苦努力，古生物科学工作者在火焰山中的胜金口，鄯善县的苏巴什、连木沁和台子村南，又采获了一批第三纪古新世的哺乳动物化石标本，包括恐角类动物中的原始恐角兽、双尖原恐角兽、柴氏假古蝟、天山兽、似草原古脊齿兽、秀丽双脊齿兽等，共有13种，真算得是硕果累累。

所谓恐角兽，是一种古哺乳动物，属于有蹄类。它们身躯硕大，头部常常隆起一种骨角，多的时候这类骨角可达三对，让人见而生畏。就是因为这样的形体特征，古生物学家给了它们"恐角兽"这么一个大号。这庞然大物，在地质史上的第三纪时期，欧亚大陆及北美地区到处都有它们的身影。在许多地点也都找到了它们的化石标本。吐鲁番地区发现的恐角兽化石，填补了我国的空白。古生物学家对化石标本进行了十分细致的研究，得到了一个很有意思的新结论：古代恐角兽的原产地很可能是在亚洲，而不是过去认为的北美，具体根据就在吐鲁番。在这里的晚古新世地层中，发现的恐角兽化石标本不仅数量丰富，种类也很多。这当然能够说明：古亚洲大陆的西部，是恐角兽生存、繁殖的中心地带，加上过去在蒙古见到的标本，在亚洲古晚新世地层中已见到的恐角兽类，就有三属七种。把它们与北美出土的化石标本进行比较分析，可以清楚看到吐鲁番地区的恐角兽，不仅具有更多的原始性，而且数量多，分化明显。这说明，吐鲁番大地曾经是早期恐角兽的繁衍、活动中心。它们最早出现在亚洲大陆西部，而后逐渐向东移徙。在古新世的时候，也就是在距今7000万年前，它们大概通过了当时还是陆地的白令海峡，慢慢地、一步一步地到了美洲北部大地。

那时的白令海峡地区，虽然露出水面，但却并不是所有哺乳动物都可以畅行来往的坦途，只有适应了高纬度地区气候环境的动物，如恐角兽等，才能在这里通过。来自亚洲大陆的恐角兽们，徙居到北美大陆后，适应着北美的环境，又非常缓慢地、逐渐地进化成了尤他因兽类，在稍后的始新世时期成了北美大陆很有特色的一种兽类。

就是通过大量的这类化石资料，地质学家、古生物学家得到一个明确的结论：在距今7000万年前的古新世时期，古地中海有如一片汪洋，一直延伸到了新疆。今天的喀什地区，当年就处于古地中海中。与喀什相距1000多公里的吐鲁番，受古地中海影响，气候十分湿润，林木繁茂，成为古代哺乳动物繁殖、生息的理想乐园。正是在这么一种比较理想的地理环境中，它们不断繁殖、变异、演化出后来广泛分布的动物新种。

在对相当多数量古哺乳动物化石标本认真分析、比较研究后，科学家们发现了又一个引人注意的现象：在亚洲新生代的各个时期中，共见陆生哺乳动物八个属，其中有半数以上与北美发现的哺乳动物属特征相同或相近。另外一些则十分不同。这个现象说明：亚洲、北美这两块大陆，在地质史上的新生代时期内，曾经有过多次相连，又多次分开。它们彼此联接的地点，一致的结论，就在今天的白令海峡地带。为了说明这个事

吐鲁番博物馆内陈列的巨犀化石

实,通过吐鲁番地区出土的化石,再介绍一些实例。

在吐鲁番盆地稍东一点的十三间房,出土了东方柱兽和冠齿兽化石,起源在亚洲;而在北美相同的地层中,发现了和它们一致或相近的属。同一化石地点,还见到了豕齿兽、貘,它们起源于北美。而在吐鲁番盆地及十三间房,也见到了它们的化石标本。这可以说明,在早始新世时期中,亚洲的东方柱兽、冠齿兽,曾远行到了北美;北美的豕齿兽和貘,则走一条相反的路,到了亚洲,并走到了吐鲁番。在大步见到的"火焰兽",也是这样的例子之一。它起源在亚洲，出现在火焰山脚下，但在北美，却见到了与它有密切亲缘关系的属。在吐鲁番发现的哺乳动物化石标本中，只有菱臼兽、吐鲁番巨犀在北美大陆还没有见到相同或相近的标本。吐鲁番巨犀，标本发现于桃树园子，它身高达到6米，差不多相当于两层楼高，真可以称得上是庞然大物，在陆生兽类中，可能是最大的个头了。只是那时白令海峡陆桥又断，它终于无缘迈步到北美，一睹美洲草原的风光。

　　正是依据这类动物化石资料，科学家们得出结论：在地质时代的早始新世时期，亚洲、北美，彼此曾经联系在一起。今天隔阻这两块大陆的白令海峡天堑，当年却是陆生哺乳动物可以自由往来的通途。而在地质时期的另外阶段，这两块大陆又有彼此分离的情况。什么时候相连，什么情况下分开，曾经有过多少次离合变化，它们的规律是什么，到目前为止，还是一个吸引着不少学者研究的课题。

　　通过吐鲁番大地上这些化石标本，人们也能清楚了解，从距离今天2亿年前的古生代后期开始，在相当于吐鲁番盆地的这片地域中，已经有了非常厚的二叠纪及中、新生代陆相地层的沉积，吐鲁番大地，已经开始在呈显。

　　形成目前这样的吐鲁番地貌特征，决定性的因素，是华力西运动和喜马拉雅造山运动。

　　所谓华力西运动，是英文"Variscian movement"的音译，是对发生在古生代晚期地壳运动的总称。经过华力西运动，古生代晚期及其以前的地层发生褶皱、变质和断裂等不同形式的变化。重峦叠嶂、巍峨雄伟、绵延数千公里的天山山系，就是在华力西运动中产生的褶皱山系。逐渐隆起的天山使本来相联、相系的准噶尔和塔里木被隔绝成两个盆地。至于小小的吐鲁番盆地的形成，当然也直接受到这一地壳运动的影响。

到7000万年前，人类借以生存的地球上，又发生过一次巨大的地壳运动，这就是新生代的地壳运动，也就是大家俗称的"喜马拉雅造山运动"。在这一运动过程中，天山更加强烈地隆起、上升；而在吐鲁番盆地南缘的库鲁克塔格，上升幅度却相对较小。上升幅度的这种明显差异，不仅造就了今天的吐鲁番盆地，而且使吐鲁番盆地形成一种明显的不对称形，地势北高而南低，最低点不在盆地的中心，而在接近南缘的库鲁克塔格山麓，这就是艾丁湖。

1993年，在紧张施工的兰新铁路复线工程吐鲁番飞跃车站工地，炮声隆隆。就在这隆隆的开山炸石炮声中，工人们发现了被炸出来的动物化石碎片。闻讯而至的考古学者，在荒凉得不见一棵小草的沙石山上，工作了3个多月，一点点雕凿、挖掘出基本完整的一具巨犀和与之共生的古代龟鳖类化石。

巨犀，在现在及已经灭绝的陆生哺乳动物群中，是形体最为高大的一种。它食草为生，与它共生的龟鳖，生存环境也是水草丰茂的沼泽地带。这种生存环境与今天的吐鲁番当然没有一点共同之处。这一发现，对我们认识吐鲁番盆地古代地理环境、气候变化，当然又是有说服力的资料。

巨犀及龟鳖类化石出土的地层，是一片棕红色的泥沙岩，地质年代为第三纪渐新世晚期，绝对年代距今约3000万年。因此，我们可以得到的逻辑结论只能是：从去今7000万年前始新世初期开始的喜马拉雅造山运动，由此而导致的地壳隆起，到距今3000万年前的渐新世晚期，还没有对吐鲁番这片土地产生极度的影响。那时的吐鲁番仍是水草茂盛，巨型食草类动物、爬行类动物仍然能够在这里繁衍生长。直到地质年代的第三纪晚期,也就是在距今2400万年前,继续发育、生长的喜马拉雅山系,才最后阻断了印度洋的水汽,吐鲁番大地特有的内陆性干旱环境最终出现,大面积的森林、草地、沼泽完全消失。巨犀、龟鳖们在变化了的大地上走向了灭亡,只留下这长9米、高及6米,森森然的骨架,赫然伫立在吐鲁番博物馆陈列大厅中,向今天的人们诉说着地球史的沧桑。

影响深远的喜马拉雅造山运动,波及地域极为广大。从地中海到高加索山、喜马拉雅山系以至缅甸、印度尼西亚、菲律宾,直到日本列岛,都受到这一运动的强烈影响。直到今天,这持续了7000万年的运动仍然没有停息下来,天山还在缓慢地上升,我们这些生活在天山身边的新疆人,仍不时会感受到这里的地震运动。由于喜马拉雅、帕米尔、天山山系的高高耸起,大西洋、北冰洋的水汽再也不能顺利到达天山以南的大地,使塔里木盆地成了气候特别干燥、沙漠起伏连绵的内陆地区。

沧海桑田!从遥远过去烟波浩渺的泱泱大水,灌木茂林相续的沼泽,到今天极度干燥的盆地,在亿万年的历史长河中,吐鲁番大地经历了多少人们难以想象,也难以叙说的巨大变化。今天的人们已经拥有多种手段、有充分的知识可以去洞悉、了解亿万年前的吐鲁番盆地,也可以比较准确地认识它的现状。但是,当我们站立在桃树园子化石产地前,还需要认真地思考怎样更好地把握现在,去开拓、创造吐鲁番盆地无尽的明天,使它朝着无数可能性中最好的一种可能性、最美好的未来去发展。

人类历史的第一页

人类，不仅适应自己生活的自然环境，而且也能动地改造世界，使大自然更好地为自己所用。从人类出现在大地上的那一天开始，大地就以从未有过的速度改变着自己的面貌。对后代子孙来说，这种改变，有许许多多是积极的；但也确有不少，存在消极的影响，从长远看，甚至会是一种新灾难的开端。

在吐鲁番绿洲，人类的活动已经有了一段相当漫长的历史。让我们认真寻求一下他们走过的足迹。

考古学家曾经付出辛勤的劳动，寻求吐鲁番大地上人类历史的第一页。到目前为止，这个任务还远远没有圆满地完成。寻求到手的早期吐鲁番居民的历史资料，最远不过距今1万多年。他们不大可能是生活在吐鲁番大地最早的居民。最多只能说，他们是我们迄今为止所了解到的早期居民之一，在他们之前，还应该有更早的人群，这些人群的活动遗迹，仍有待今后去发现。

我们今天了解到的吐鲁番盆地内的最早居民，是使用打制石器工具，其中包括细石器工具的狩猎人。从他们在吐鲁番大地上刻印下自己的烙印起，这个小小绿洲世界的面貌，随时都在发生新的变化。作为后来者的我们，对于这些已经消失在历史长河深处的、

1万多年前曾经发生过的一切，总是怀着一种虔诚、一种渴望，希望探寻到他们曾经走过的路，他们在这个绿洲世界中经历过的一切，以及他们的奉献和牺牲，并希望从中得到有益的启示与教训。

从吐鲁番城西行9公里左右，就可以到达世界闻名的车师前部王国的王都——交河故城。最早的有关吐鲁番居民的历史信息，考古学家就是在交河故城西南一处台地上觅取到的。这里，和不少地方的荒漠一样，地表卵石累累，荒冢丛丛；杂生的骆驼刺、红柳，随风摇曳，是一处相当典型的山前荒漠地貌。

吐鲁番盆地中的早期居民，最初在这里留下足迹，并不偶然。在吐鲁番盆地中，东西铺展达100公里的火焰山，走到这里后，没有了踪迹；绵延起伏的盐山，黄沙沉沉，寸草不生，展布在交河故城之南。这种地理形势，对这片地区的开发、发展，产生了明显的影响。

影响之一，每年入冬以后，西风盛行，从交河西北白杨沟风口进入吐鲁番盆地中的冷气流，遇到火焰山、盐山的阻碍，通路不畅，只能从两山之间的豁口夺路而出，一泻而下。天长日久，对这片地区的地貌，产生了深重的影响。它把平展而坚实的第四纪黄土沉积，撕裂得沟沟壑壑，造就了一区区土岗。深沟成谷，陡壁似削，岗上谷底高下相差竟达30米之多。形成这种地貌，除长期的风力作用外，夏日的洪水冲刷也是重要因素。它们使得交河地区土岗成列，景观独特，但对人民的生产和生活，实在是不利因素。

影响之二，天山以北，准噶尔盆地或乌鲁木齐地区的古代游牧人进入吐鲁番盆地最为便捷的交通路线，就是火焰山与盐山中间的这处天然豁口。自然而然,这里形成了一条天山以北与吐鲁番盆地交通往来的通道。为什么考古学家会在这里寻觅到目前吐鲁番地区最早的居民遗迹?为什么2000多年前的车师前部王廷会奠基在厉风长啸的交河土岗上?为什么唐王朝统一吐鲁番地区以后,一度也曾把控制西域军政大局的安西都护府安置在交河城头?这片地区有利的水利条件、重要的地理形势和战略地位,是上述不同时期的吐鲁番居民、不同层级的军政管理层,做出同一抉择的重要根据。

在交河故城沟西的原始社会遗址点,就是这样一区土岗。岗下,是一道深深切入地层的沟谷,顺天山洪水下泻的方向,南北伸展。沟谷底部虽泉水淙淙,绿树成荫,环境清幽宜人,但台地上部却是荒漠白草,少见生命的颜色。交河城西的这一台地,被后来的交河故城的主人们,当作了死者的长眠之处。丛丛列列的墓冢,更增添了环境的落寞、凄凉。交河的主人不知道,他们占用的荒漠,却曾是他们的古老祖先经营、开发交河大地的一处根据地。

最主要的历史信息,来自土岗西南部,距离地表近10米的晚更新世地层。在这里,考古工作者采集到一件旧石器时代老祖先们打制的尖状砍砸器。与它相去不远,在土岗地表采集到了原始的打制石核,如锥状石核、无定形石核,以及刮削器、锯齿状石器、尖状器、钻形器等。它们的打制工艺十分原始,部分石器实际只是选择适当石料使用,边缘保留着深深浅浅的使用迹痕,考古学家据此判定,它们是旧石器时代晚期的遗存。比这类旧石器时代晚期打制石器稍进一步,在交河沟西台地的古代墓冢之间、白草之下的碎石块中,还寻觅到了不少细石核及打制细石片。细石片数量不是很多,它们是人们打

石器。交河故城沟西台地遗址采集,旧石器时代

击细石核时的产物。细石核则形式多样。时代进步的信息,表现在这一阶段石器加工工艺,较前有了不小的进步。主要已不是既往无规则的自由锤击,而是掌握、使用了更能体现人类加工意愿的间接打击工艺。生产工艺的这一进步,是经过漫长的实践、不断的总结才取得的。掌握了这一工艺,人类面对石材才取得了更大的自由。不少石片保留着压制加工、修整的痕迹,使石片可成为更便于刮削、切割的工具,不仅它们的边刃都曾经过很仔细的修打、压剥,整个造型也都比较规整。

这类石器,数量虽不算太多,但却准确无误地说明:这处荒凉的土岗,1万年以来,确也曾充满了盎然的生机。游牧在吐鲁番大地上的古代狩猎人,曾经把这里作为合适的营地,制作用于采集、狩猎的石器、木器工具,刮剥兽皮、切割兽肉。在这片土地上,他们曾经共享着生活的欢乐:少年围簇老人,学习打制石器的技术,听老人讲述围猎的经验;一天的奔波后,猎手们抬着猎获的野猪、山羊,高兴地归来;林间空地上,升腾着篝火;女主人们接过猎物,开始认真地分割、炙烤、烧煮;怡然自乐的歌唱,模仿野兽动作的舞蹈,寄寓着他们对生活的追求……当年的交河地区,比较今天有着更多的树木,林莽中不时野兽窜行。捕猎野兽,采摘林莽中的坚果、植物块茎,是当年人们得以果腹、生存、发展的手段。

这一时段,交河地区的古老居民还不会磨制石器,也不知道生产、使用陶器。简单的石器,因材而用的简单木器、骨角器,是他们主要的生产工具。利用这些工具,获取必要的生活资料,也颇为得心应手。接近水源的河谷台地,附近并不乏丛林,是相当理想的居留地。天然的洞窟,简单架起的棚屋、地穴,是不错的栖身之处。根据生产和生活的要求,在一个地点留居相当时日后,又追逐野兽的足迹、可资采实的果林,不断迁徙、移动到又一处新营地。但在任何营地居住的时日,总不像后来从事农业生产时那么久长。考古工作者在这片遗留着生产工具及制作石器的碎石片的台地上,曾努力寻找他们的居住遗迹,或葬埋死去亲人的墓穴,但都没有收获。

在火焰山脚下,穿越火焰山后进入盆地的河川旁,如斯瑞克普、吐峪沟村前戈壁、喀拉和卓北郊荒漠及阿斯塔那村北,考古学家曾发现多处时代较晚的原始社会时期的遗址。我们这里只取阿斯塔那村北遗址作为一个例子,透视一下当年吐鲁番居民的经济生活情况。遗址位于阿斯塔那村北4—5公里的一片戈壁滩上。这处今天已经沦为戈壁的古代遗址,比起交河沟西来,已经有了很大的进步。在将遗址范围内的各种石器工具标本进行综合的分析、比较、研究以后,有的考古学者估计,它们可能是距离今天4000—5000年前的人类遗存。

遗址所在的戈壁滩西、北边,环有一道古老的干河床。远远看去,它们比起周围地面,稍显低凹。每年入春以后,河床里还可见到稀稀拉拉、不多几根破土而出的芦苇。火焰山前阿斯塔那的老乡们,称呼这条干河床为"越什干",意思是"曾经生长植物的地方"。过河床向西,是一片沙丘。站在遗址上,北望火焰山,层层褶皱,清楚入目。在南北1000多米、东西不足1000米的范围内,考古工作者见到了大量的细石叶、剥制细石叶的石核、形状规整的石矛,大量人工打制的、不规整的石片以及古老的陶片,显示了这处被人遗忘的荒漠,也曾经是祖先们栖身的理想家园。

居住在越什干的古代祖先,制作石器工具的石料,绝大多数都选用天山脚下随手可得的硅质岩,但也使用了质地更佳的燧石、玛瑙、石髓。由于取得燧石、玛瑙有一定困难,所以实际使用也较少。石英岩,从制作石器工具角度要求,比较前面几种石料,材质要差一点,但只要遵循一定操作工艺,也可以打制成合适的用器。这些石材,总的看,石质都比较致密,硬度稍大,易于剥打下细薄的小石叶,压琢出锋利的薄刃,自然就成了他们习惯选用的石料。

遗址区内采集到的石器工具,总数有上千件,基本上都是打制的。根据使用的功能,考古工作者把它们分别冠以刮削器、敲砸器等不同名号。除用石片、石核制作的刮削器、敲砸器和多量石球外,更引人注意的,是相当大量的细石器,包括细长小石叶、细石核,以及通体修整、呈鱼鳞状的桂叶形石矛头等。

压剥这种细石叶，在一个相当长的历史阶段内，是从蒙古高原到新疆大地、欧洲平原上普遍运用的石器制作工艺。制作石器的技师，必须选择适当的石料，修打出便于压剥石叶的平整台面，然后直接剥打。或通过一种坚硬的骨质、角质材料作中介，压剥下来长3—5厘米、宽不到1厘米、厚不过1—2毫米的薄石叶。这种小石叶，它的刃部，可是锋利呢！我曾经取一件遗址中出土的小石叶，试着切割羊肉，真是石叶过处，肉块分开，毫不费力。古代人用它切割兽肉，肯定是绝不困难的。这种细石叶，古代人是把它们整齐地镶嵌在挖了凹槽的骨、木柄中，然后胶合严实，成就为一把锋利的石刀。我们在越什干遗址中，见到大量的细石叶，却没有发现镶嵌这类细石叶的骨、木柄。但在青海、甘肃的古遗址中，曾发掘到仍然装着这类石叶的骨柄石刀，骨缝中，嵌镶一排整整齐齐的细石叶，胶结得牢牢实实，清清楚楚说明了这类小石叶的作用。在欧洲发现的实物标本，也是这个形象，显示着一种很有意思的共同特点。

这类石叶，比较粗厚的，可以加工成石箭头。遗址区内，就采集到这类箭头30多件。有尖有铤，锋刃也相当锐利。对这种小小的石箭头，准确地评价，可算是祖先们一项重大的技术成果。锐利的箭头与皮筋的弹力结合，人的臂力立即取得数十倍的增长，人们得到了一件具有相当威力、相当射程的新武器，弥补了自身力量、行动速度的不足。

压剥石叶的技术，当年可以说是已发展到高峰。今天的人们，不经专门训练，是做不到的，但在原始社会时期却是当时人们普遍掌握的一种生产工艺，技术熟练而精湛。在他们手下，一件较大的石核，经过不断压剥，取下尽可能多的小石叶

1 细石叶。鄯善县迪坎尔遗址采集,为新疆新石器时代典型石器
2 石球。托克逊县小草湖遗址采集,新石器时代
3 刮削器。阿斯塔那遗址采集,新石器时代

后,最后留在阿斯塔那戈壁上的,只不过是直径7毫米的一件小小的多棱形石柱体,就如一支短短的铅笔头。让现代人从事这样的工作,未必能做得如此精巧。其精致、完美,使每个见到它的人都不能不为之惊叹!

遗址区内见到的石矛头,也很有特点。长6—10厘米,外形犹如桂叶,通体两面都经过细心的压修,留下有如鱼鳞状的疤痕。尖部锐利,边刃很薄,安接上木柄,可以做成很有威力的投枪。

遗址内见到了不少石球。许多民族学资料帮助我们打开过思路:利用石球制作成飞石索,是原始人最有效的狩猎工具之一。在50—60米的范围内,利用旋转的势能将石球飞抛出去,可以有效打倒、击伤野兽。将石球拴牢在绳索上,也可以利用旋转的办法,牢牢地捆缚住兽足,捕获野兽。弓箭、飞石索、投矛,是这时期人们猎取野兽、保护自己的主要武器。石刀、刮削器、敲砸器等,则可以用来制作木、骨工具,切割兽皮,敲骨吸髓,采集各种植物籽实。狩猎、采集,仍然是这一阶段吐鲁番人维持生存的主要手段。但是,他们的生产水平,比起在交河沟西生活的那段时日,已经有了很大的提高。狩猎、采集所获,当可以使氏族成员维持温饱。随生产能力提高、生活改善,美化自己自然也成了人们的精神需要。这里发现的穿孔砾石坠,大概曾是当年人们的装饰用品之一,透露了人们注意修饰自己形象的历史消息。

还有一个值得注意的现象。在这片遗址地区内,曾发现过不少彩陶片及篦纹、篮纹陶片，陶土中全部夹砂。彩陶片上的纹饰，是后来新疆地区广泛流行的三角形图案。陶器的出现，是古人类取得的重要科技成果之一：一堆黏土，经过捏塑、火烧，形成预想的各种形状的容器，可以用来取水、炊煮或饮食，这是十分了不起的发明！而且，陶质炊具，使得人们第一次有了蒸煮、加工淀粉类食品的可能。因此，这也往往标志着古代农业的出现。这类陶器，与同时采集到的马鞍形磨谷器一道，更加清楚地表明，制造陶器的吐鲁番人，当时已经知道并掌握了原始农业生产。这些残陶片，很可能较之细石器的主人要晚。但因为都是地面的采集品，它们究竟是与细石器同时存在，还是晚于细石器的遗存，考古工作者有不同的估价。但是，这片荒漠上，也曾经活动过进行原始农业生产的绿洲居民，这是没有什么疑问的。

4000—5000年前曾经人来人往的越什干遗址点，今天已经完全沦落为荒漠。只是地势稍稍低凹的古河道痕迹，入春以后偶然还见到的几株芦苇，启示我们：越过胜金口的木头沟水，当年可能曾经流泻到这片古老的土地。那时的越什干，河边也可能是树影婆娑，提水的少女也曾在河边对"镜"梳洗，她们健美的身影不仅激起自身内心的喜悦，也肯定激发过部落内小伙子们火一样的激情。河水过处，草色青青，林莽片片，垦种的土地上，禾苗随风摇曳。一切，都曾充满了生命的欢乐。是上游的垦发，使河水再也不能流到此处？还是有其他的原因，导致了水源水量的变化，使绿洲成了戈壁？留给我们的，只能是无尽的揣想。

有幸来到这片遗址上凭吊的人们，还应该注意一个重大的历史现象：在这里见到的棱柱状与锥状石核、细长小石叶、石箭头、形如指甲盖的刮削器,它们的造型、制作工艺,不仅与新疆地区其他一些遗址点上所见细石器一样,而且与时代更早的河南灵井、山西下川、陕西大荔沙苑等处的细石器形制、制作工艺相同。再放开眼界,从更大的范围进行观察,我国华北、西北地区这一细石器特点,与蒙古高原、西伯利亚地区、日本、美国西北部的阿拉斯加等处见到的细石器,具有基本相同的文化特征;和欧洲、非洲、澳大利亚及西、南亚洲等处细石器,却见出显著的区别。举一个例子,各处都有细石叶,但是后一地区流行的三角形、梯形、半月形等几何形状的细石叶,在亚洲东部、美洲西部地区就始终没有发现。因此,从世界范围看,明显表现为两个不同的文化系统。从20世纪30年代开始,不少国家的考古学家都曾花费气力对这个现象进行研究。经过多年的努力,目前已经取得了一个比较有说服力的结论:在遥远的旧石器时代后期,世界范围内都见到石器小型化的趋势。在亚洲东、北部,北美洲西部这一地理范围内,石器工艺上的这一重大技术突破,最早发生在我国华北地区。在距今10万年前的山西省阳高县许家窑遗址,已经见到了后来普遍使用的锥状、棱柱状石核。到距今2—3万年前,在山西峙峪、河南安阳小南海、山西下川,已经见到相当典型的细石器。这种石器制作工艺传统,在更晚的陕西大荔沙苑、海拉尔松山遗址中,表现得更为明显。我们新疆地区见到的细石器,时代更晚,但同样具有这种传统特点。这大量的考古资料,用无声的语言说明了一个事实:从旧石器时代晚期到中石器时代形成的这种细石器传统,最早出现在黄河流域,后来逐渐影响到我国广阔地区及亚洲中部和西北美洲一带。它代表了古代人类劳动创造的一种工艺技术,是珍贵的精神财富,表现了这广大地区内曾经存在过的文化技术交流。在那个阶段，亚洲东部通过白令海峡、陆桥与美洲西北相毗连。昔日陆桥，今为大海。历史的发展，真有不少事实，令人无限感慨。

再有一个可以逻辑推知的事理，也应引发关注：在早期先民的经济文化生活中，地缘的力量，曾具有绝难轻估的制约、影响。从华北平原进入西域大地，空间距离远过于跨越帕米尔山系东西来去。但穿行高峻的帕米尔，当然要难于平坦大地上的行进。两种不同的细石器制作工艺，具体而形象地揭明：地理环境对人类文明进步产生过的影响，真是我们绝对不能疏忽的一环。

在火焰山下越什干遗址中见到的桂叶形石矛、石刀，也唤起人们关于古代吐鲁番盆地与罗布淖尔之间关系的联想。从石矛的外形到通体压剥修整的工艺，显示了共同特征。这种制作工艺的相同，当然也并不偶然，而是说明了技术上的交流。罗布淖尔低地与吐鲁番盆地间，翻越库鲁克塔格的多条隘道，就可以彼此往来，互相进行技术交流，并不存在困难。

在遥远过去的岁月中，吐鲁番盆地从来就不是一个孤立的存在。看来，不论什么自然的障碍和困难，都并没有限制古代吐鲁番人对广大周围世界的探索和追求。在这种探索与追求中，肯定有过各种奉献和牺牲，也明显得到了收获和成果。

不知是未能适应大自然发展的规律，还是由于人为灾难，交河沟西、越什干及其他相类的古代聚落遗址，终究无法避免地沦入了灭亡的命运。今天的人们，漫步在这片片戈壁、荒漠之中，追想这片土地上曾经有过的喧闹、生气，曾经发生过的种种欢乐和悲愁，应该吸取到一些什么样的历史教训呢？

二 考古揭示的车师、塞人

车师人的乐园

从2000年前保留至今的汉文史籍中，人们早就了解到，在距今2200年前，雄踞吐鲁番大地的主人，自称为"姑师"，汉文史籍后来又称它为"车师"。当时，他们已经步入文明，建立了自己的小王国，有自己的都城。王国人口不算多，以吐鲁番盆地为舞台的车师前国，人口不过6050人。如果包括车师后国、车师都尉国、车师后城长国，人口也不过1.2万多人。但是它地跨天山南北，影响远及西域内外，势力不可轻估。勤劳、勇敢的车师人民，在开发、建设吐鲁番绿洲的事业中做出的不可磨灭的贡献，也值得我们深深怀念。

关于"姑师"，最早的记录见于司马迁的《史记》。《史记·大宛列传》中说，楼兰、姑师这两个小王国，建有城郭。它们的地理位置，邻近罗布淖尔湖。吐鲁番盆地南缘的库鲁克塔格，正处在罗布淖尔湖北境，又在姑师王国的控制之中。从这个角度分析，说姑师王国邻近罗布淖尔湖，自然也是不错的。

姑师人的种族、语言，还是一个没有完全研究清楚的问题。他们自称的"姑师"或"车师"，只不过是写法稍异的汉文记音。它是什么语言的读音，含义是什么，都是需要语言学家研究的问题。

公元前2世纪张骞出使西域时，车师已经是有了一点名气的小王国。他们在吐鲁番地区居住、活动的历史，自然还要更早。但在史家的著作中，我们还没有见到比《史记》更早的资料。在汉代或汉代以后的文字记录中，除了梗概提及的政治、军事事件外，有关普通车师人的情况，也是难见一字一句。对于活动在吐鲁番绿洲达千年之久的车师人民，以及他们的经济建树和文化成就，人们的了解近同于无。

现在，则完全不同了。通过考古人的手铲，我们对吐鲁番盆地上的车师人，对他们在开发、建设自己家园时曾经取得的种种成就，已有了相当具体的认识，这里，我将把近些年考古学家发掘出来的车师人的历史和文化，呈献在大家面前。

在史无前例的文化灾难笼罩祖国大地的时候，在当时尚不为人知晓的、遥远的天山深处，一支转战南北的铁路大军，正风餐露宿、争分夺秒地为贯通天山、铺设自吐鲁番通往库尔勒的南疆铁路，奉献着自己的一切。1976年的春天，他们在南疆铁路鱼儿沟车站地段施工中，发现了一把兽首铜刀。铜刀弯背弧刃，古色古香，具有浓烈的古代游牧民族文化特色。这件珍贵历史文物的传闻，深深地吸引了我的注意，我随即赶到天山深处这一铁路施工现场。大型的、现代化的筑路机械，在我们赶到现场前，早已改变了这里的地貌。我们渴望追寻的有关考古文化的诸多线索，也已经无可挽回地深埋在了铁路基底。

出土铜刀的遗址地貌，与铜刀共生的其他文化遗物，虽然没有留下任何痕迹，但这一事实却豁然打开了我的思路：这片一直被认为不过是山前戈壁的荒漠，肯定也曾经是古代新疆游牧民族活动的舞台。在这片土地上，埋藏着古代的文明，需要考古工作者去认真踏勘、探求。

功夫不负有心人,在距传说铜刀出土地点不远的阿拉沟、鱼儿沟汇流处,一片临河的台地上,我们终于寻觅到了全新的考古文化消息:目光所及处,是大大小小、丛丛密密的古代石堆墓冢。从各处调集过来的修路民工,为修建临时住处,把墓冢上的卵石,当成了既实用又省钱、取用极方便的建筑材料。鱼儿沟,是南疆铁路上计划构建的一个大站。成千上万的修路大军,一下子使这片山间谷地转化成了不小的集镇:住房、学校、医院、邮电所、银行、商店,一个接着一个拔地而起。随处可见的墓冢卵石,成了人们追逐的理想建材。

铁路,是构造新生活的桥梁;但对古冢下的文明,却又不能不算是一场浩劫。没有文物保护的认知及考古工作人员的参与,转瞬间,文物消失;古代墓冢,成了建筑石料堆。拉取卵石的手推车、骡车、汽车,穿梭来去,古墓被破坏。墓中的人骨、彩陶、毛织物、木器,随着挖取卵石工程的进展,不断被抛撒在地面。赶到阿拉沟时,我注视着这些珍贵文物"出土"的现场,心中五味杂陈。作为考古人,觅求古代遗址的愿望是实现了,但当时那复杂而又遗憾的心情,真难现之于今天的笔墨。

面对已经被破坏,并有可能进一步被破坏的古墓地,我和两位同行的年轻人,立即改变了简单调查的计划。在向铁道兵领导呈述了抢救文物、亟望支持的要求后,真没有遇到一点困难,立即解决了住、吃、提供工人等诸多具体难题。我们,自然也立即配合铁路施工,进行墓地清理。原本只是临时决定的阿拉沟调查,成了让我们全力投入的阿拉沟考古发掘工程。断断续续,工作竟持续了3年多。

3年中,发掘清理了古代墓葬数百座,获取珍贵文物数千件。勘查足迹,及于阿拉沟内外、吐鲁番盆地中的不少绿洲小村,及目前还渺无人烟的荒漠。既调查这类考古文化分布地域,也根据出土文物特点及多组碳十四同位素年代测定数据,推演出一个比较明确的概念:相关古代文物,是距今2000—3000年前,新疆古代民族的遗存;它们的分布地域,不仅在吐鲁番盆地,而且广及天山以北吉木萨尔、奇台、乌鲁木齐南郊。如是活动地域,结合历史文献记录,它们的主人当是古代车师民族!就这样,古代车师人的历史生活画卷,慢慢展示在了我们的面前,对车师民族的古代文明,我们逐渐有了一些新的认识。

具体分析目前已见的,吐鲁番盆地中古代车师墓地的分布特点,获得的一个比较清楚的历史信息就是,早期车师人的活动中心,地及天山南北,不少聚落在山谷深处,而不是远离山地的盆地中心。阿拉沟东口、鱼儿沟车站一处又一处石堆墓冢,就是一区面积相当大、时间延续很久的遗存。从阿拉沟河谷西进,直到乌拉斯台,沿沟两岸的台地,地势稍为开阔一点的高山草场,如当年南山矿区政府、东风厂、胜利厂所在,以至一些今天还不见居民,也说不上称呼的地点,同类的石堆墓冢,也时有可见。这些一直被认为是少见人烟的深山沟谷,原来在距今2000—3000年前,早已是车师人牧放羊、牛的理想天地,是他们建设、眷恋的家园。这个认识,大大开阔了我们的历史眼光,也为我们从事新疆古代文明研究,新添了一把钥匙。

在吐鲁番盆地中发现的古代车师遗存,少量在山前宜于农作的地区;也有不少是在火焰山前,如托克逊县的英亚依拉克,吐鲁番县艾丁湖、交河沟北,鄯善县的吐峪沟、苏贝希、

1 苏贝希墓地发掘现场
2 古尸出穴
3 马鞍及复原图
4 苏贝希墓地车师女尸,着裘皮大衣,
  尖顶帽高40多厘米,死于难产

斯瑞克普、和什场子、奇格曼等处,都见到了车师墓冢、居住遗址。这些地区,大多并不适宜于农耕。看来,在早期车师的社会经济生活中,畜牧业的地位相当重要。

在火焰山腹地的苏贝希,见到了多处生活在约2500年前的普通车师人的墓地。因为环境干燥,入葬的人体及随身衣服、器物大多不朽,为我们展示出古代车师人社会生活的场景。当年生活在苏贝希山村的男性公民,多是骁勇善斗的勇士,他们身材魁伟,头戴毡盔,腰佩皮质箭箙,保存完好的箭箙中满装利箭,箭头则有铁、角、木质之异,功用不会相同。腰带上佩小铁刀、磨刀石及取火钻木,停息后随处可以生起篝火,操刀切肉,一饱饥肠。男子以马代步,并且已经使用了鞍具,只是还没有使用马镫。女性容貌秀美,相当注意形体的修饰:

头戴发套，插配木笄，其上或有高40多厘米的毡体，也有牛角状帽饰；贴身毛布内衣平整、柔软，外套皮裘大衣，细长而小的两个衣袖，实际只是一种装饰，两臂并不能插穿其中。随葬的食品，除了木盆中盛置的羔羊、羊腿、羊肋外，还有粟米、黑豆。

一具出土的男尸，胸腹部有着明显的刀伤。为了拯救生命，开裂的刀口曾经用马鬃进行缝合，但创口未愈就离开了人间。一具女性干尸怀中，发现了已经产出的4个婴儿，最后这位多产的母亲还是和刚刚来到人世的孩子一道，离开了眷恋的世界。

穿过苏巴什沟，在火焰山下吐峪沟村西南荒漠，远近闻名的洋海，是车师人的又一处重要墓地。三区墓地彼此相邻，共见古代墓葬有2000多座。从公元前1200年至汉代，1000多年中，墓地曾一直沿用不衰，是吐峪沟绿洲上古代车师民族的重要墓园。在已经发掘了的500多座墓葬中，留存着远比鱼儿沟、苏贝希更为丰富的历史文化信息。不少传统的历史观点，已经因为洋海的发掘资料而被改写。比如根据汉代史家的记录，人们总认为公元前的张骞西行，使葡萄被引入中国。而在洋海墓地编号为2069号竖穴二层台墓葬中，却见到了保存完好、长达115厘米的葡萄藤枝条。碳十四测定墓穴年代，则在2400多年前。

保留在墓地里的其他文化珍闻还有不少：在一座装束奇异、手持权杖的男性墓室中，发现了一件精巧过人、以皮绳编就的囊袋，袋中竟满盛颜色仍然青绿的大麻叶。大麻，是古代欧亚草原游牧民族的巫师通神作法过程中的兴奋致幻药剂，不意在洋海墓葬中却得见相关实物；箜篌，源自西亚美索不达米亚，而在去今2500年左右的洋海古墓中，就有4座墓葬发现

1 皮囊，公元前4世纪前后，洋海墓地出土。切割的细皮条内夹芨芨草秆，精密编结而成
2 箜篌，公元前5世纪前后，洋海墓地出土。音箱、弦柱、弦丝仍存，弦柱显5道弦痕
3 萨满巫师干尸及复原图。男性，额部绦带饰贝，颈部项链串缀玛瑙、绿松石，右耳金环、左耳铜环。左手持木柄铜斧，右手持绕着铜片的木棍。皮靴、毛织衣裤上分别饰铜泡、铜管铃、三角形毛绣。极显不同寻常的身份

二 考古揭示的车师、塞人

了箜篌,虽弦线已朽、共鸣箱不大,已无法听其悠扬的乐音,但古代亚洲大陆上很早就已存在的东来西走的文化交流景象,却可由此而亲切感受。

因环境干燥,洋海墓地文物保存十分完好。吸引人们广泛注意并产生了强烈兴趣的,是这批墓葬中出土的大量彩陶器皿。有时,一座墓葬中的这类陶器就有十几二十件之多,杯、罐、盆、钵、豆,造型不同,彩色图案却没有大的差别。绝大部分都是在陶胎外表刷一层红色陶衣,上面绘制黑色纹彩。正、倒的三角形,以及涡漩纹、垂幛纹、菱形网格纹等,都是当年流行的图案。陶器制作,说不上精致,陶土中几乎都夹砂,烧制的温度也不太高。纹饰经过2000多年的岁月后已显得浅淡。精心绘制的彩陶,竟然也直接放在烟火上熏烧,烟炱痕迹仍存。这倒是充分显示了主人重实用、并不以欣赏图案为

1 洋海墓地彩陶器皿
2 刻纹木桶。桶上雕刻着人们熟悉的动物：大角羊，彼此斗狠的狼。形体特征显明，是车师人的艺术珍品
3 木雕刺猬。吐鲁番不止一见，是当年车师人崇信的吉祥物

主的质朴文化精神。工匠们昂扬的意气，不拘成例、欢乐向上的风格，尽显于器壁之上。只是，既作炊具，何必绘彩？既精心绘彩，自然意在用彩绘图像彰显其背后的美好。又为什么形之于炊煮器上？几次炊煮，就会使图案难存。至今，这仍是让我困惑的一个问题。

车师人的饮食用具，除陶器外，木质盆、盘、杯也是主要用器之一。不少木盘、木盆中，当年随葬置放的肉块，虽然随岁月流逝已干缩脱水，但形状不变。羊排、羊腿，往往伴以一把小铜刀或小铁刀，甚至刀子就插在羊肉上，置于木盘、木盆之中，安放在死者头侧。古代车师人以肉为食、以酪为浆的日常生活画面，清楚展现在了我们面前。木盆、木盘作为食具的功能，于此也得到说明。这类木器，大多随材料大小，挖掘成或长或圆的形状，不事更多的雕琢，却也极力注意到形式的对称、稳定、完美。尤其值得一说的，是出土不少的木杯、小木桶上刻划的鹿、狼，极为生动、传神。车师匠师们对他们身边常见的动物，观察十分认真，不仅抓住了它们的形体特征，更捕捉到了它们机敏、警惕的神情,确实可以称之为优秀的艺术品。匠师们关注环境、热爱生活、美化生活的积极精神,2000多年后仍跃然在我们面前。它们是很有特点的历史文物,古朴的风貌,使人觉得亲切、自然。

出土的多量木器中,还值得着重介绍一下大量出土的钻木取火用具。在阿拉沟、鱼儿沟发掘的每座墓葬中,几乎都能见到这类标本。大多作长条形,长10—20厘米,宽2—3厘米,厚2厘米上下。其上,都保留着不少取过火的钻孔。孔径也就1厘米左右,孔内多是经过烧灼的焦黑色。这些取火钻木,为我们了解古代车师人取火工艺,提供了直接的依据。汉文献记录说,中华民族的祖先"燧人氏"发明了"钻木取火"。火,神奇地改变过古代人类的生活和命运。钻木取火的方法,顾名思义,就是利用钻木时摩擦生热而取得火种。但这究竟是怎样的工艺、操作,谁也没有见过。吐鲁番盆地中2000—3000年前车师人取火的工具,大量摆在今人面前了,这就解开了一个谜。

把这一文物标本,与20世纪前海南岛黎族地区仍然存在

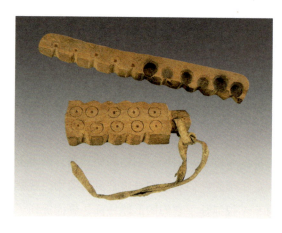

取火钻木

绣花毛布。洋海墓地出土。在匹染成红色的平纹毛布上，贴出淡黄色卷草纹图案

的取火钻木进行比较，就会发现，它们彼此有那么多的共同点。从反映华夏民族起源的"燧人氏"传说，到吐鲁番及整个西域大地上普遍见到的取火钻木实物，到海南黎族、云南佤族不久前仍在使用的钻木取火技艺，我们可以得到一个启示：中华大地，在关系到古代人们重大利益的取火方法上，这种一致的工艺、技术，正表现了根植在长期经济、文化联系基础上的共同传统。这一传统，源远流长，看去平淡无奇，但却造福于每一个人，使他们极大地改善了自己的物质生活，拓展了生存活动的空间。

毛纺织物，是车师人主要的服装材料，也是每个车师家庭中的女主人必须完成的重要手工产品。捻纺毛线的木质纺轮，伴随着女主人走进了坟墓，以便她们进入幽冥世界后，还能为丈夫、孩子们提供衣物。纺轮是简单的，但捻纺出来的毛线却相当细匀。手织毛布组织致密，布面平整。从死者穿着的衣服上，可

二 考古揭示的车师、塞人　57

以观察得清清楚楚：这类毛纺织物，不仅有平纹、斜纹，还有通经断纬的缂织物，真是巧夺天工。

阿拉沟出土的大量毛纺织物，曾被送到上海纺织科学研究院的专业研究人员面前，并使他们大吃一惊：想不到距今2000多年的毛纺织物，已达到这样高的水平。早期先民在物质文明一环曾经取得的成就，少有文字记录；面对保存完好的实物，许多细节，确都超乎我们的想象。考古实物，一次又一次，颠覆着我们贫乏、苍白的认识，它是应该引发注意的研究盲区。这批毛纺织物资料，不仅是研究车师人毛纺织业的珍贵标本，对认识我们祖国的毛纺织历史，也具有重要价值。

畜牧业是车师人经济生活的主体，尤其是在山区的车师墓葬中，这一点表现得尤为明显。但即使是当年生活在天山腹地的车师人，也都有少量的农业生产。在阿拉沟一座车师墓葬中，发现过放在陶罐中的胡麻籽、壳。在乌鲁木齐市南郊乌拉

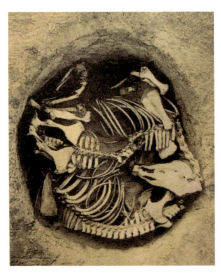

车师王陵殉马坑

泊的车师墓葬中，检查头骨牙齿，发现存在相当普遍的龋齿病。这种病理现象，说明墓主人生前食物品种中，淀粉类食物占有相当比重。

较苏贝希墓地稍晚，在交河城沟北、沟西发现了车师王族的陵寝。已经发掘的两座陵墓，地表巨大的封土堆下，有土坯围砌成的围墙。围墙中，是深达10米的长方形土穴墓室，墓室四周有20多个随殉驼、马的圆坑。深埋、围墙、堆土，并未能换得墓葬的安全。发掘后，除墓坑中失落下一点黄金饰物外，其他随葬品已被早年盗墓人洗劫一空。只有完好保存的驼、马坑，诉说着墓葬主人当年曾经有过的气势，也表明着他们依凭马、驼来去的游牧生活特点。少数几件盗墓人失落未取的金饰片、骨雕，显示了古代车师人与北方草原民族在文化艺术上相同相通的精神。

通过发掘材料，人们可以得到清楚的概念：距今2200年以前的车师人，出没于天山深处、火焰山前后，放牧着羊、驴、驼、牛、马。羊，是占主体地位的牲畜；羊肉，是日常生活中占有重要地位的食品；占有羊只的多少，显示着主人的财富多寡和社会地位的高低。墓葬中，亲人们为死者放进去一个又一个羊头，驴、马的头、蹄，还有牧放畜群时不可缺少的腿绊、鼻栓，希望逝者在另一个世界中，也能有骆驼、驴、马代步，方便牧放畜群。

2200年前的吐鲁番居民，虽然深居在山间谷地、偏僻的绿洲小村，自然条件的局限却并没有隔断他们和广大外部世界的联系。在他们的墓地中，我们发现了相当数量的海贝，被用作衣饰、颈饰。很显然，这珍稀少见的海贝是当年车师人十分珍贵的心爱之物。海贝装饰，成了社会上追求的一种时尚。对

阿拉沟古墓出土的凤鸟
纹绢绣,显楚文化风格

这些墓中出土的海贝,生物学家们鉴定,虽不是什么难觅的、稀见的品种,不过是比较普通的"货贝""环纹货贝"之属,但是在亚洲腹地的新疆,要得到它们倒也相当不易。东走,要到南海、东海、渤海;西走,要到印度洋、波斯湾,才可以寻觅到这类"货贝""环纹货贝"的弟兄。对每一枚贝壳的具体产地,我们今天虽无法考证得十分清楚,但它们都来自千万里外的海洋,却是不必怀疑的。

除了海贝,在车师人墓葬中,我们还见到了铜镜。这种镜子,在直径10多厘米的铜镜片下方,往往有手柄。这种带柄的铜镜,是中亚、西亚游牧民族的习用之物。在阿拉沟古墓中,我们还发现过漆盘、平纹绢、凤鸟纹绢绣。白色绢地上,用墨绿、绛紫、绯红色线锁绣出凤鸟,是公元前3世纪前后,湖湘大地楚文化的流行特点。木胎漆器,黑亮的漆地上,刷朱红色彩,描绘出云气。不论是漆器还是丝绣,这在当时,只能来自祖国东部大地。

这些实例,进一步开拓了我们的思路:当年的吐鲁番大地,活动在这里的车师人民,既和东边的中原地区有着经济、文化的联系,也和西边的广大世界有着文化的交流。这种联系或交流,可能是直接的,也可能是间接而又间接,中间存在不少的媒介和环节。不论实际情况如何,这种积极而健康的联系、交往中,吐鲁番绿洲确是一个重要的链环。在旧史家的笔下,总把丝绸之路的开拓,与公元前2世纪后期张骞出使西域联系在一起;但从考古材料分析,这一联系、交往,实际上远远要比张骞为早。包括吐鲁番在内的新疆大地,作为欧亚大陆交通往来的重要通道,远远要早于公元前2世纪,就已经承担了这一重大的历史使命。

泥塑人头像。车师王国泥塑所见不多。高鼻，颧骨微微高起，双眼闭合，面容安详

人类学家分析了这里出土的大量人骨，认真测量了保存完好的头骨资料，得到不少新的概念。古代车师人的种族特征，简单地说，面型较狭，眉弓比较突出，鼻骨强烈隆起。这种形象，很明显，具有白种人的特征，这是车师人中占主体地位的居民成分；而在另一些头骨上，却显示了比较明显的蒙古人种的特点。这一蒙古人种、欧洲人种互相聚合、互为依存的人类学现象，是古代新疆许多绿洲常见的。形成这一现象，与新疆的地理位置密切相关。由于地处亚洲腹地，作为亚洲居民主体的蒙古人种与西邻的欧罗巴人种，东来西往，都要经过新疆大地，自然而然，就在本地居民的种族成分上留下了深深的印记。

古代车师人，同样虔诚地相信，人死后存在灵魂。因此，他们在处理祖先、亲人遗体时非常慎重，有一定的方式。以阿拉沟春秋、战国时期的车师墓葬作例子。首先要在旷野上挖出一个相当大的土穴，土穴呈袋形，口小底大，深可2—3米。穴底处理得平平实实；穴壁四周选差不多大小的卵石镶嵌，铺砌得十分整齐；东壁留一道狭窄的小门，这是一个家族的墓穴。在亲人逝世后，首先要为其穿好衣服，安置在墓底。头旁、身侧，放进死者生前喜好、必需使用的物品、食具、用器。这样一处墓穴，一般都入葬20人左右，最大的一处洞穴，入葬死者达28人，死者从门道进来，依次排列，层层叠压。墓穴上部用粗实的圆木盖顶，再压上不少石块，形成一个远远可见的圆丘形石堆。这种埋葬方法，表明同穴入葬的死者，生前有密切的血缘关系。而在公元前3、4世纪以后的车师人墓葬中，情况就发生了变化：多人丛葬的形式逐渐不见了，单人葬、男女合葬成了新葬俗，这似乎说明，这个时期更小的家庭组织，已在社会上居于重要地位。墓葬中保存完好、形象丰富的文物资料，可以为我们描绘许许多多车师人家庭的历史画面。

不论是吐鲁番盆地中，还是盆地周围山谷、台地上的一区区古代车师墓葬，带给我们的历史消息是非常丰富的，很难用一篇短短的文字写尽它的全部内容。有兴趣于此的人们，可以在吐鲁番博物馆、新疆博物馆的陈列室中，慢慢审视那些来自车师古墓的实物，体会当年的车师人曾经寄托在它们身上的感情、思想；也可以驱车去到荒漠、戈壁上的车师古冢旁，寻觅2000—3000年前这片土地上的历史烟云。

涉足吐鲁番的塞人

历史前进的脚步,在任何一个方面,都会留下自己的印迹。班固的《汉书》中曾经记载,在新疆不少地区都曾居住过"塞人"。就说这个"塞"字吧,根据语言学家的研究分析,它的古代读音,和今天也有不同,是读成"sak"的。而这个"sak"和古代波斯文献中的"萨迦"、古希腊历史著作中的"萨迦依",又完全一样。因此,从语言学角度可以得到结论,曾经活动在新疆地区的塞人,也就是波斯、希腊文献中记录过的"萨迦"人、"萨迦依"人。

根据《汉书》,塞人在新疆活动的时间,是在战国时期(公元前5世纪至前3世纪),可能也及于战国以前;而活动的地域,主要是在伊犁河流域及西部天山、喀什、帕米尔一带,没有提到吐鲁番盆地。但是,最近一些年的考古工作成果,却以更有力量的文物资料表明,战国时期,塞人的足迹也曾到了吐鲁番。在吐鲁番盆地西缘的阿拉沟东口,天山山前台地上,考古学者打开过塞人贵族的墓穴,为我们了解吐鲁番的历史和文化,增添了更具说服力的实物资料。

失落在历史长河中的多彩的史实,远比保留在历史学家著作中的文字丰富得多。关于古代"塞人"在新疆活动的历史,我们今天还知道得很少。古代史家在著作中只留下了几个字、几句话。今天的史学家，在古文献中爬梳、搜求，自然也难叙说更多的内容。于是，曾经也是新疆大地上的民族一员，演出过不少有声有色历史场面的塞人，慢慢消失在了历史的长河之中。

春秋、战国时期，在广阔的中亚草原、金色的阿尔泰山中，塞人，曾是一个举足轻重的角色。他们，曾经使古代波斯国王感到深重的威胁。古代希腊作家的笔下，留下过不少相关的记录。保存至今的伊朗贝希斯敦刻石上，有古波斯国王大流士向萨迦人征战，萨迦人被征服、缴纳贡赋的形象。他们头戴尖顶毡帽、身着长袍、脚穿高靴，手捧各种贡物，低头臣服在大流士王的面前。它是古波斯王国视为骄傲的一页。相关刻石，使我们多少具体了解到一点萨迦人的形象，是大家研究、认识古代塞人历史时不能忽略的重要素材。

1978年，我们在阿拉沟东口打开的塞人贵族墓葬，为我们了解新疆塞人，了解吐鲁番的开发、建设史，提供了颇为丰富翔实的实物资料。

在配合南疆铁路工程，发掘阿拉沟、鱼儿沟古代车师人墓地时，每天来去都会经过一片建筑工地。这片平展的空地上，中间一块地面，总让人感到与周围有些不同：其他地段卵石、黄土相杂，这里却是纯净的细沙。询问早到这里的工人，又都一口否认曾经在这里堆过沙子。这种土质、土色的差别，明显不是出于自然。考古人的直觉让我判断，地层深处或许埋藏着我们寻求的古远的秘密。我当即决定调集工人，在这让人悬念的沙地上铺开了发掘的队伍。

刚刚动土不久，不少现象就使人吃惊：在长近7米、宽约5米的范围内，纯净的细沙铺垫得整整齐齐，厚达1米多。细沙下面为小块卵石，卵石下面是巨型块石，层层叠叠，厚近6米。下面的石块，用"巨型"两字形容，一点也不过分。随便一块，长、宽都在1米以上，厚度有的也到1米，五六个壮实小伙子也没有办法把它弄到地面上来。它们是土岩下、阿拉沟河床上，不难觅见的大型漂砾，重量有1吨左右。当年的营墓者，如何将这些大块漂砾自河床运取至岩岸，并有序置放入墓穴？这不是小工程，是极费过精力、智慧的。至今，我们也没有完全认识清楚这一取、运过程。为将这些漂砾搬出墓穴，工人们费尽心力，也没能挪动一块。最后，只好请来铁路工程用的大型起重机，才把那些石块一个个吊了出来。经过近一个月的仔细清理、慢慢取土、吊运巨石，这座墓穴的大概面目终于显露：这是一个长6.56米、宽4.22米、深7.1米的巨大长方形竖穴。竖穴底部，是最大直径达30厘米的圆形松木构成的木椁。一位年仅20多岁的女子——这座墓穴的主人，安卧在木椁之中。

经营、建筑这样的墓穴，当年曾花费过很大的力气，也应动用过不能或缺的提升、运输工具。且不说在很难求平取直的卵石台地上，挖出这样方整、规矩的大型竖穴，取出近100立方米的土石，绝非易事；竖穴挖成后，还要从山上砍下既粗且直的松木，运来一块块体积近1立方米的漂砾、比较整齐的小卵石、十分纯净的青沙。在发掘过程中我们听说，早在铁路工程开工时，墓穴所在地段，曾见过一座十分巨大的石堆，石堆四围有整齐的石圈，但由于不知就里，还挖取、使用了这些石料。

构筑这样规模的坟墓，用距今2300多年的生产手段，要动员多少人力，用过怎样的机械？今天已难以作出准确的说明。可以肯定的只有一点，就是这种墓葬规模，毫无疑问表明墓葬主人具有不同寻常的社会地位。当年的营墓者，曾企求用这样的办法，妥善保护逝者地宫的安全，使任何想盗取墓中财富的亡命徒无法施其窃技，使墓葬主人能得到永远的安宁。但我们的发掘表明，那些看上去十分有力的防御措施，虽然不能说完全是事与愿违，但也确实没有能够使墓中主人及随葬财富免于被窃盗、破坏的厄运。

细心刷去椁室内的点点沙土，墓主人及她四周的随葬文物逐渐显露在人们面前。女主人头向西方，平展地仰卧在墓穴中。潮湿的地穴，使她当年安卧的棺已朽烂无存，衣服也已化为泥灰，但曾经附着在衣服上的大量黄金饰片，形式各异，圆形、柳叶形、菱形、螺旋形……都因其不朽的特性，完好如初、金光灿灿地散落在尸体头部周围。这是一个费解的现场。饰片零乱散落，使人强烈地感觉，好像在衣服尚未朽坏时，就曾有人进入过墓穴，撕扯过女主人华丽的衣物，扰乱过她的宁静，致使衣服上的饰片主要堆集在头部周围，而不在身体的上部。应该在腰带上的大型虎纹金牌，散落在椁室内外。除了大量金质牌饰外，墓穴底部还见到银牌、珍珠、玛瑙、车具冥器等。在木椁朽烂、巨石下塌的过程中，它们蒙受了破坏。当日银质箔片包覆的木车冥器，已被砸得四分五裂，难见原来构造。唯一使人庆幸的，是在墓室西头，还向外掏了一个小小的壁龛。安置在龛室中的铜、铁、陶、木、丝、漆器，除因潮湿环境导致的朽损外，都没有受到外来强力的破坏。细察墓室、椁室现场，清楚感到，入葬时，墓室内曾是十分的炫目与辉煌。诱人的财宝，大概是激发盗扰的动力。而盗墓者可能主要着眼于黄金，没有顾及比较普通一点的物品；巨石下塌造成的劫难，也没有波及偏在一边的壁龛。从这些劫余、塌后的文物组合之中，可以感受到墓主人生前非同寻常的尊贵，以及追求逝后享受同样奢华生活的欲望。

稍稍让人遗憾的一点：在发掘过程中，虽曾努力注意墓穴的异常现象，但真没有发现过盗洞痕迹。因此，盗墓者如何进入，至今仍是一个谜团。

除了这座墓葬，在喧闹的铁路施工地段，我们还抢救发掘过这类墓葬3座，只是规模比较小，地表堆石仍存。直径5—6米，高1—2米的石堆外面，还都围着长方形的石垣，周长差不多有150米，彼此排列成一线，煞是整齐。这种堆石、围垣，当然可以使子孙们在一些年后，还能辨别故去亲人的墓穴所在，至于是不是还象征着死者生前居住宅第的形状，由于破坏严重，就说不清楚了。从已掘且保存还好的大型金器墓分析，这类葬制，存在有规律的墓穴结构；深达7米的墓穴下，有序堆置块石、巨石、木椁；死者被安置在木椁中。这给人强烈启示：塞人送葬，有着一套严格的规定，遵循着一定的程式、礼仪习俗。十分令人遗憾的是，填置在墓穴木椁上的那些巨石，不仅没能阻止死者随葬珍宝被盗的厄运，反而把墓葬的木椁压得零落，甚至使死者骨架也遭到破坏，这是他们当年始料未及的。试想一下，在安放好死者，用松木架设好木椁后，向墓穴中放置巨石，花费的心力是何等巨大。这类巨石，搬动已经不易，还必须轻轻放入穴中，才不致压塌松木构成的木椁。在没有起重机械的情况下，要完成这一任务，会是怎样的困难？人们又运用了怎样的技巧？这是现代人很难揣测的。但这一切聪明才智，却并没有实现他们当年的愿望，他们如果知道这一点，必然会有无尽的遗憾。

塞人贵族当年拥有的黄金财富，仅凭墓中的劫余，已使我们十分吃惊。

在那座年仅20多岁贵族女子的墓中，装饰腰带的金牌就见到8块，每块金牌都重20克上下。金牌都是圆形，上面是威武的老虎形象：微昂的头，举至颔下的前腿，曲成半圆形的躯体，翘起的后腿，整个图案显示了强烈的运动感。虎头或向左或向右，当年附着在皮带上时，大概都向中间带扣部分行进，金光耀眼，不同寻常。除这8块金牌外，还有4条箔金带，每条长26.5厘米，重达27—28克，上面也是一对相向踞伏的老虎形象。其他，如长20厘米、高11厘米的狮子形象金箔，形象似熊的金饰片，及作为衣饰的各种小饰片，也有200件之多。仅仅这些劫余，就使用了如此多的黄金，当年掌握在塞人贵族手中的黄金数量，肯定是十分惊人的。希腊历史学家希罗多德在他的名著《历史》中，曾经告诉人们：塞人王族享用着上天赐予的各种黄金用具，腰带上有着黄金饰

1 虎纹圆金牌，阿拉沟塞人贵族墓出土
2 狮形金箔
3 对虎纹金箔饰带

牌，人死后，要用黄金制品入葬。这些文字，就好像是在对阿拉沟东口这些墓葬出土的金器，进行着具体的说明。

阿拉沟出土的这么多金牌，它们的图案母型来自什么地方？有人曾表示不解。因为，今天的新疆，并不见老虎的踪影。这个问题不能说没有道理。实际，我们今天已不太了解2300年前天山及周围地区的自然地理环境状况。阿拉沟的这批老虎图案使人联想，当年的新疆大地，天山山前，老虎可能也曾是称雄的兽王。清人萧雄，在新疆生活10多年，足迹遍及新疆大部分地区，在他留下的《西疆杂述诗》及自作注释中介绍新疆的禽兽，就说过当年塔里木盆地中还存在老虎。"密林遮苇虎狼稠，幽径寻之麋鹿游"，就是这一情景的写照。萧雄在诗后的自注中，说塔里木盆地"南八城水多，或胡桐遍野，而成深林。或芦苇丛生，而隐大泽。动至数十里之广，其中多虎狼熊豕等类。虎之身躯，较南中所见者微小，而凶猛亦杀，不乱伤人"，言之凿凿。从整个注文看，对照今天的地理形势，朴实而无华，不仅可以信从，而且是研究100多年来新疆大地生态环境变化的极好资料。萧雄在新疆时是100多年以前的19世纪中叶，环境改变即如此之大，与2300年前相较改变会如何，就更是难以尽说了。

换一个思路，塞人，是以游牧经济为主体的一个古老民族。他们喜爱、崇尚以野兽纹图案为主体的艺术形象。除了上面说过的金质虎、狮、熊的形象外，银牌上也是以猫科类动物为主题的图案，它们既相似于当年写生的动物原形，但又绝不是生活中动物形象的素描。对称的形式、完整的构图、雄武有力的形象，富有装饰情趣，是艺术成就很高的工艺品。这是他们心目中的神兽，是他们视为保护神的图腾，其实，与当年新疆大地是否存在虎狮,是并无实际关联的。

　　塞人送别死者有一定的方法。尸体周围留有朱红色,骨骼上也见渗透进去的红色。看来当年曾用这类颜色的药物涂抹全身,以求吉祥。在女尸颅骨上,还见到一个十分锐利的钻孔,孔径不过5毫米,孔壁光滑。这一钻孔,是为当年的青年女性权贵解除难忍的头部疼痛,还是因在她逝后取出脑浆,企求尸体能得长时间保存,或是另有医学上的意义?这是我没有完全明白的一个问题。古代塞人,有保存死者尸体的习惯,在邻近的南西伯利亚阿尔泰地区,也见过这种头颅上钻孔的葬俗。这类葬俗,究竟说明了什么具体问题,还必须在今后更多的考古实践中,找寻一个合理的答案。

　　壁龛中出土的一件铜盘,给我们带来了有关塞人历史的更多消息。它高30多厘米,底下是一个喇叭形器座,上面承托一个方盘,方盘上是两只异兽,并列在盘的中央。密卷的鬣毛,圆圆的脑袋,身上长着一对小小的肉翅,翅羽曲卷。小兽旁,出土时还残留着一些燃烧过但又没有烧透的小木棒。这类

承兽铜祭台。出土于战国时期塞人贵族墓,为拜火教祭器

铜器，在中亚地区伊塞克湖周围，2000多年前的塞人墓葬中，曾经见到不少。盘中伫立的异兽，有的不只是两个，而是一群，伫立在铜盘的周沿，人们一般都认为它是琐罗亚斯德教礼拜时燃烧圣火的一种祭祀台。琐罗亚斯德教，公元前7世纪到前6世纪出现在伊朗东部，公元前6世纪时成了古代波斯的国教，传播向四方。它的教义认为，茫茫宇宙之中，存在着善和恶、光明和黑暗两种力量的斗争，善和光明最后会战胜恶和黑暗，而火是善和光明的象征。所以，在我国古代，又曾称它为祆教或拜火教。在古代新疆，这一教派也曾经流行。这类铜质祭祀台，除了在阿拉沟曾经发掘出土外，在伊犁河流域也曾经偶然挖出来过。它们的出土，有力说明古代战国时期的新疆塞人，确是拜火教的虔诚信徒，让我们对古代新疆曾经有过的复杂而多样的宗教思想，多了一层认识和了解。

当年的塞人，是尚武的民族。墓内的尸体骨骼，给人留下很深刻的印象。在巩乃斯河畔出土的一件铜质塞人武士俑，进一步证实了我们的想法。武士头戴高大的尖顶帽，全身鼓凸的肌肉粗壮而有力，威武的神态恰似力量的化身。他引人注目的高帽，尖顶弯向前方。这一造型，使人自然联想起希腊雕塑《比雷埃夫斯的雅典娜》，她头上的战盔，前伸的弯钩与巩乃斯河畔武士的头盔形象可以说如出一辙。这说明，公元前1000年中

1
2 | 3

叶的古代塞人，与古代希腊文化中的塞人英雄，确实存在一定的关联。

当年在亚洲中、西部的草原上称雄的塞人，当然不可能不与东邻黄河流域的古老文明发生一定的关系，遗憾的只是，文献上没有留下更多具体的记录。但是在发掘的塞人墓葬中，却见到了生动的物证。还是在上面介绍的贵族少女墓穴里，在放置为死者陪葬文物的壁龛中见到了一组陶器——大、小不等的红衣陶盆、带流红衣陶杯，置放肉食的木盘，一叠木胎漆器。另外还有一块方泥饼，它代表着什么，我们一直到今天还没有完全理解。这批文物中，需要我们注意的现象有两点。一是那叠漆器，木胎已经朽烂，但朱红色的漆皮上绘着的流畅的云纹、鱼纹图案，却显露得清清楚楚。漆盘直径16厘米，它的图案也正是战国到汉代时期在中原长江流域楚国大地上流行的风格。二是包裹泥饼的丝罗，虽然已朽烂成灰，但泥饼的质地十分细腻，清清楚楚的菱格形罗纹印痕，完好

1 铜制塞人武士俑，巩乃斯河畔出土
2 比雷埃夫斯的雅典娜铜像，公元前4世纪，现藏于希腊比雷埃夫斯考古博物馆
3 漆器，已残毁。公元前3世纪。吐鲁番盆地西缘阿拉沟出土画面

地保留在泥饼上。可以肯定地认为,当年中原大地的物质文明——轻薄柔软的丝绢绫罗、轻巧美观而又实用的漆器,已经是塞人贵族生活中不曾或缺的高级用品。如果女主人的衣服没有朽烂,可以想象,今天,人们当会见到在绢衣锦裳的外面满缀着各式各样金叶的华服,并为之惊叹不已。现存的丝罗,虽只是泥土上的痕迹,但却表明了一种存在,揭示了一种历史的真实。在当年吐鲁番盆地、天山深处活动的塞人,曾经是沟通东亚华夏大地与中亚西部,联结黑海、里海周围的塞人,以及更西的古希腊文明的中介。在他们的生活中,可以清楚看到这两种古老文明联系的迹痕。

阿拉沟东口塞人墓葬中的名贵文物,今天已成为新疆博物馆的珍藏,也是我们国家民族文物珍宝中的一朵奇葩。这里出土的虎纹金牌,曾作为中国新疆古代文化的精华前往世界各地展出,参观者无不惊叹。

不论在新疆博物馆,还是有幸去到当年墓地所在的阿拉沟,我们在心灵深处默默追忆2300年前塞人的岁月时,一定也要想到,在古老的亚欧大陆上,虽然有不同的人种、各别的文化,但是,它们从来都不是一个个孤立的存在。任何一个群体中的优秀创造,都曾对另一些群体的经济、文化、社会,产生过深远的影响。这是与人类共存的一个美好传统,是值得我们继承和发扬的精神。新疆大地,是这一传统鲜活存在的证明,为了推进这一美好的传统,它曾经肩负重任,贡献了一切。

三 千年土城：交河

交河故城巡礼

到吐鲁番旅游,无人不去交河故城。

出吐鲁番市向西,顺着一条笔直的林荫大道前行差不多10公里,就可以看到交河故城所在的土岗了。汽车、自行车、毛驴车,甚至步行,都可以抵达交河故城。距离近,可以算得故城游人络绎不绝的原因之一,但它真正的吸引力却在城中。

当我们把一簇簇绿洲小村留在身后,跨过一条深深的河谷,就来到了故城跟前。顺着一道缓坡步入故城南门,屏列的重重废墟、仍然高10米多的土墙、笔直的大道、整齐如阵排列有序的塔林……顺次展开在我们的眼前,让人应接不暇,啧啧称奇。

交河故城是一座在特定环境下出现、繁荣,也是在特定条件下才得以保存下来的古迹。2300多年前的土城(请注意,是土城!)至今仍然完好地屹立在地面;深深沉入地下的大道,比居民建筑还要低近1米;迷宫似的深院,封闭在高墙后面。庭院内的窖藏、水井,路畔的窨室,鳞次栉比的寺院,曲折而难见规律的小径……都是那么古远的历史遗迹,却又实实在在地呈现在我们的面前,任你巡览。生活的岁月,在这里流逝得似乎特别缓慢,使人在任何一处深

交河城。生土造就的古城,历经两千多年的风雨,至今仍然屹立

院、斗室之中，总觉得还有可能追寻到当年居室主人活动的痕迹，触摸到当年生活的印记，禁不住产生进一步探索的激情，希望可以寻觅到隐匿在高墙深院里的奥秘。

汉文史籍中提到交河，最早是在公元前2世纪的西汉时期。因此，说起交河故城的年龄，很多著作也就从西汉时期算起。但从考古材料看，车师民族进入文明，出现车师王国，最迟也不会迟于战国后期。所以，如果说交河故城最迟出现在距离今天2300多年以前，是不会错的。至于"交河"故城这个名称，自然是中原地区人们的称谓。《汉书·西域传》说："车师前国，王治交河城。河水分流城下，故号交河。"没有留下用车师语称呼这一故城的名词，也没有说到"交河"是汉文的意译，却很像由于直接观察到了故城的形势，"河水分流城下"，便称呼其为"交河"了。

交河故城这种特点独具的地理形势，虽然经过了2300多年的厉风吹蚀、洪水冲刷，却并没有显示出根本的变化。陡峭的橄榄形土岗，仍然傲岸地挺立在两条宽阔的河谷之间。这两条河道，在土岗北部，左右支出，到土岗南端，又交会为一。土岗南北狭长，达1700多米。中腰较宽，但最宽处也不过300

交河城鸟瞰图。城居两河抱拥之中。车师人称其为
"兜訾";入汉,中原士人称它为"交河"

多米。"河水分流城下"的形势，任何人都能目睹。

　　土岗如削的峭壁，高达30米上下。要用一般云梯登攀这样陡峻的峭壁，也会是困难重重。再加上岩壁周围宽达百米的河川，成为故城的又一道天然屏障。确实可以说是形势天成，人工难及。这就形成了交河故城的又一个特点：它虽有"城"的名称，且两汉时期曾贵为车师前部王国的首都，并在唐王朝初平西域之时一度成为唐王朝统治中亚广大地区的安西都护驻节之所，但是，它却并没有古代军政要塞所必备的壁垒森严的城墙。沿土岗断崖边缘，在一些地段，如土岗的西北、西南，至今还可以看到一些断断续续的残墙，厚不过30—40厘米，高不过1米上下。这些，作为守卫者的胸墙，相当合适；在当年人畜来去活动时，也能增加一点防护，使人畜走到崖边，不会因为失足落崖而殒命。但是，如果视它们为古城主要防卫手段的城墙，就比较牵强了。比起宽阔的河、高数十米的崖，这高几十厘米的薄墙，自然承担不起主要的防卫责任。

　　交河故城，为什么选择在这么一个地理位置上？从较大的地理空间观察，交河故城所在的土岗，正当火焰山与盐山交接之处，它控扼了盐山、火焰山之间的天然豁口，位置冲要。自天山阿拉沟、白杨沟、石窑子沟等处要隘、达坂进入吐鲁番盆地的铁骑，穿越这一豁口，就可以方便地到达盆地中的片片绿洲。而从盆地中心的高昌故城，北入吉木萨尔地区的北庭，或西北深入古代游牧民族活动的乌鲁木齐、天山中的尤尔都斯草原、伊犁河谷，经过交河故城所在的盐山、火焰山豁口，也是最为便捷的通道。把交河故城设置于这个地方，也就是在从吐鲁番盆地通向西、北方向的门道上，安设了一把大锁，十分有利于加强盆地的军事防卫，有利于高昌西、北方向的安全。

对外来入侵者，这里有峭壁、深沟、严阵以待的士卒，是难以逾越的壁垒；对发展经济贸易，这里是南来北往的交通枢纽，交流便捷。

如果从公元前3世纪算起，到故城最后毁灭的14世纪中叶，交河故城存在了足足一千六七百年。在这期间，它经历过不知多少次战火的洗礼、社会的动乱。经过无数战争劫难的交河故城，现存的建筑遗迹主要集中在土岗的中、南部。最南端部分的大量建筑，可能因接近故城南门，在战火中曾蒙受过最大的冲击和破坏，所以大都已毁灭无存。现存遗迹，南、北铺展长达1公里，它们是不同形式、规模、工艺的生土、夯土、土坯、版筑建筑物构成的建筑群体，铺盖在土岗上。彼此断续连接，高低相错，早晚交集，使用未断。粗略统计，建筑遗迹总面积仍达38万平方米。

故城南、东、西三面，有劈岩成阙的"城门"，是当年进出城的通道。东门，目前仍相当完整，形制也比较清楚。自东边河谷入城，须经过一条宽4.1米、长约30米的门道，坡陡60—70度，如此才能抵达东大门。自东门至河谷，垂直高度达8米。门关两侧，岩阙耸立。当年安置门额的方洞依然清晰。进入大门后，还有一条长约5米的通道。通道一边设有暗井。这对仰攻入城的少数敌人，会是致命的陷阱。过此门道，为一面积达800平方米的瓮城。不大的瓮城广场上，既有可取得清水的深井，也有满积礌石的窖穴。在高近10米的城楼上，重达数公斤的礌石是杀伤力不小的重兵器。瓮城左右的陡岩上，还有可供戍卫者活动的土室。居高临下，守卫者在那里或射或刺，对可能突入瓮城的敌人，是又一道险关。过瓮城后，通过两条狭道，可以进入故城之中。狭道两旁，为陡然峭立、高

1 交河故城东门
2 交河故城南门

达10米、长达百米以上的生土岩墙。守卫者可以十分方便地以礌石、弓箭消灭进入狭道的任何人。故城形势险要，易于防守、难以强攻的特点，至今仍一目了然。

南门，是目前进入交河故城的主要通道。故城废弃后，城郊农民取城中有机土肥田。为利骡车、牛车出入，对当年门道多有破坏，目前，已难看清古城门道当年的形制与设计。在现行通道东侧，仔细观察，可以发现一处宽不过1米多的缺口。进入这一缺口后，为一稍宽阔、可容数十人活动的场地，形若小瓮城。如同东门形制一样，这一小瓮城四周同样是峭壁陡立。进入这里的城外敌人，陷身于此，也会如入瓮之鳖。过此小广场后，方可进入城南巷道之中。认真分析这一小缺口及相关遗迹，让人有理由相信，这一不大的缺口，可能才是与当年南门设施相关的一处遗迹。

唐代诗人曾经在一首诗中满怀深情地吟咏：戍守交河的将士们驻足西门城楼遥望远方，期盼远征军凯旋。从诗中看，交河应存在过一座西门。但在有关交河故城遗址的文章报告中，未见有人提及西门遗迹。为破解交河故城建制中的这一谜团，我曾沿着故城西侧岩沿进行了十分细致的踏查，终于在西北小佛寺偏西北土岩边缘，发现了一些异常迹象。组织清理后，觅得了已经湮没在沙土下的西门遗迹。它与故城西北小寺相去不远，门道是劈土岗西缘岩壁而成，宽不过1.7米。门道下段近河谷处，崖岸崩塌，已无法窥见原貌。上半段，在清理去积沙后，粗显当年面目：门道缘岩，蜿曲上行，部分路迹仍然清晰。进入城内后，稍偏南行。缘岩用土坯砌成之胸墙依然屹立。在这道胸墙与一道生土墙之间，形成一长条形的封闭空间，作用一如瓮城。西门，一样显示着强烈的军事防卫功能。

不论从南门，还是从东门入城，都有道路与贯通全城南北的主道及东西大道相连。南北大道长约350米，宽达10米。这条大道，是全城的交通轴心。它是在原地面上挖沟而成，因此，路面低于道路两旁的建筑物。与这一主干道平行，在城市偏东部，另有一条长度相当、路面较狭的路。它们又都和一条平直、整齐的东西干道相交。这条东西大道，东达东城门，西抵南北干道，形成东西方向上的交通主干。

交河故城南北大道

　　城内建筑遗迹，全部可以凭借这三条干线而往来。但是除了少数几区建筑外，几乎90%的建筑物都被闭锁在高大厚实的土墙内，并不能直接与干道相通。这一基本特点，如果自东门入城，沿东西大道前行，会看得更加清楚。大道两旁，除个别巷口外，全是高达六七米的生土厚墙。在这样的大道上行走，即使是2300多年后的今天，也让人感觉十分森严，仿佛行进在一座特殊的堡垒之中。在莫测高深的土墙后面，像隐藏着一双双警惕、敌视的眼睛，窥视着你的一举一动，让人精神受压。而要触摸到城市居民的生活气息，则必须从干道折入巷口，这才可以看到纵横的弄堂，把座座宅院分割、组合成不同的群落。每户住宅，只能向弄堂开门；多个住户，通过同一巷道，才能出入大街。这种组织形式，不少学者认为，和中原地区封建社会阶段的城市格局相比较，颇有相通之处。如唐代长安，根据文献记载及考古探查资料，已经明确，通过城内纵横有序的街道，把全城分割成不同的"坊"，每个坊各有坊门。坊门晨启夜闭，禁止人们随意通行；启闭坊门，以击鼓为号；城内住户，不得临街开门。这种方法，和我们在交河故城东北部的建筑遗址上观察到的布局，确有相类之处。

为了在组织上落实封建统治秩序，唐代长安城中，坊口设有"街铺"；"街铺"中派驻兵员，称为"守捉""官健"。如果鼓未击而开坊门，或夜已深还不闭坊门，都是违规行为；闭坊以后，仍然在外游走，就可以视为奸盗，要受到检查、关押。"守捉""官健"除了日夜驻守，负责巡警、瞭望、维持秩序外，也有预防火警的任务。"街铺"所在，地势必高，承担这一任务，才比较方便。我们认真观察交河故城中的一处遗迹，总是禁不住与唐代"街铺"的职能产生联想。这就是从南门入城，沿南北主干道北行，到达城市中心处，正对大道矗立着的一处高10多米的夯土台基。游人登临其上，全城建筑、景物，差不多可以尽收眼底。它的地位，实在像是交河故城中观察警情、火情、多种异动情况的塔楼。唐代的"街铺"，大概就是这种职能的体现。这处建筑似乎很好地运用了唐代长安城的管理经验，说明了唐代中原文化对交河故城建设的影响。吐鲁番文物部门为这一高大建筑台基修缮了阶梯，在基址顶部安设了铁栏。遗憾的是，没有能对这区遗迹做出比较具体、翔实的说明。

在故城的东北部，南北干道的东北侧，保存有相当完好的古代民居。它们大都是挖地为院，隔梁为墙，掏洞成室。巷道路面，也都是挖地取土而成的深沟。这种建筑方法，是古代车师人的一大创造，表明了车师人民的智慧和才能。试想一下，

2300多年前,面对着这一高达数十米、土质致密、坚硬如石的崖岗,干旱少雨、缺树少材的环境,必须完成建屋、筑城的任务,还有什么办法比眼前这种方法更实用、更节省材料、更切合实际的呢?经历2300多年的考验,至今仍能完好屹立在吐鲁番大地,就是历史对这一朴素无华建筑工艺作出的最好评价。

我们随便以一个小院为例,巡礼当年的建筑工艺。工匠们首先在生土崖岗上,勾画出院落、墙垣所在。然后挖出低于岩面的院落,随院落出现,围墙也自然形成。院落范围内的大量废土,则层层夯实在土墙基上,使土墙升高,可构成二层、三层的居室。院落后部,掏挖出一座穹形窑洞,冬暖夏凉,是比较适宜的地下居室。窑室傍近,大都还挖出一处口小、底大的袋形窖穴,这是每家都应准备的粮库。小院前部,或在院外墙角,挖有深井,井深达40多米。清洌的井水,在土岗上的小屋内,可以很方便地取到。这类古老的深水井,粗略统计一下,全城共有153处。古城一旦有警,凭借这批水井,坚守崖城,可无断水之忧。

上面介绍的小院,在故城内,是具有代表性的一种居处。它坚固耐用,费建料少;酷暑严冬时,可入窑洞之中,冬暖夏凉;高层居室,通风透气,春秋宜人。主要建筑材料,只是当地随手可得的黄土。从当地特点出发,因地制宜施建,使它具有了强大的生命活力,可以从中汲取的建筑智慧,是不少的。

前面说过,住宅小院不能临街开门,都是深锁在厚墙小弄之中。但是,也有的建筑,却明显不受这一通则的束缚。最显目的例子有两处:一是古城东部稍偏南的一区宏大建筑,二是正对南北干道的佛教寺院。

自南门入城，稍走一段路后，顺南北大道折拐向东；或者自东门入城，经过一段高墙夹峙的深堑，折向南行，都可以到达一处地势相当开阔的台地。它高踞于土岗之上，从挖地成路的大道上来去，永远难窥这一高台地的庐山真面目。直到步上台地，我们才可能看到这里曾经有过交河故城内气势最为恢宏、高大，完全不同于一般宅院的建筑遗迹。当年的地面建筑物，虽然都已圮毁不存，但厚度达2米的残存墙垣，却透露了它极不一般的气概。根据墙垣残迹、走向步测，它的主体建筑，有近8000平方米。如果包括毗连的附属建筑台基、北面的一个广场，占地面积差不多有2万平方米，构成了一个完整的建筑单元。

这区大型遗址，不仅有明道、暗隧与古城主要干线通联，而且有气宇不凡的地下庭院。地下庭院的天井，略近方形，长宽差不多11米，深入地下3米多。天井东面，宽5米的甬道斜坡，梯级上下。经过这一阶梯，行人可以出入地下庭院。甬道门里，曾经安设过四重门栅，门栅虽已不存，但柱框痕迹犹

1 地下庭院式院落与窑洞
2 地下庭院的阶梯
3 交河故城出土的唐代莲花纹瓦当（线描图）

在，真可算得是门禁森严。附近的老乡，都习惯称这处地下庭院是古城中的"监狱"，可能就是受到这种特殊警卫措施的启示而产生的一种联想。通过甬道斜坡进入天井院内，东壁甬道口左右各附一个窑洞式房间，长达8米、宽可3米，相当宽敞。当年窑洞中的主人烧火通烟的火道，依然挂在墙上，长期使用让本平常的土墙红里透青，有如窑壁。天井院南面，留有门阙。土墙上保留至今的数重椽孔，直通院外，显示了当年在地下室上部，曾经架设楼梯的痕迹。天井北壁，有宽3米、高2米的地道，全长达60米。先向北，再转折朝西，最后通达城内的南北交通干线。不言自明，这是一处为了保证主人安全，在特殊情况下使用的秘密出入口。

也是在这区遗址范围内，20世纪50年代，考古工作者李征曾经采集到一枚莲花纹瓦当。这是交河故城中见到的唯一莲纹瓦当，明显具有唐代风格，与唐代长安王宫遗址所见莲花纹瓦当无大差别。李征把这块破残的瓦当背负到故城北部佛教寺院前面时，不慎遗落在寺院遗址前。这一不慎，曾使后来的考古工作者产生误会，把瓦当作为了判定寺院遗址时代的一个根据。这是一些题外话，但从这枚瓦当不难看出，这区遗址的建筑规格很高，当年曾是唐代交河故城的中心,地位非同寻常。

说到这里,大家可能都会同意一个结论:这处曾用过砖瓦的大型遗址,它的占有、使用权,只能属于唐代交河故城中的最高统治集团。但地下庭院、窑洞的修建风格,与高昌故城内曾见的地下庭院,明显有相通之处。只是地面的夯土建筑,具有时代稍晚的特征。在这区规模宏伟的大院内,很有可能既居住过汉代的车师前部国王,也活动过麴氏高昌王室的后代。唐朝统一吐鲁番地区后,首任的安西都护,后来回鹘高昌王国驻节交河的显贵重臣,大概都曾经在这里筹划过军政事务。

随着佛教传入新疆,吐鲁番绿洲成了佛教势力弥漫的世界。漫步交河故城,突出的印象之一,是佛寺众多、规模宏伟。前面提到过,正对南北大道的北端,就是规模居全城之冠的一区佛教寺院。寺院位于纵贯全城主干线的端点,地位不同于一般。

长方形的大院,大门南开。墙垣还基本保存完好。南北长88米,东西宽59米,主体建筑面积达5200平方米,宏大宽敞。前部为庭院,后部为佛殿;东、西厢是栉比的僧房;后殿

1 大佛寺。自交河南门入城，循大道北行，可直抵大寺南门。此为全城中心位置，说明佛教势力非同一般

2 中心塔柱残存佛龛

中央，保存着一座夯土筑成的塔柱，塔柱上部四面开龛，小龛中还可见残破的佛像。长时期的厉风吹蚀，使它们当年的光彩和魅力，已荡然无存；暴露在外的草束骨架、黄土身躯，显露着特别的凄凉。东侧院墙，有小门通到院外，说明今天黄沙一片的东部空旷地带，当年也曾有过关联的建筑，但却随着岁月的剥蚀而荡然无存。

高达8—9米的土筑院墙上，距离地面3—5米的地方，可以见到很有秩序的、成排成列的木椽孔洞，说明当年这座寺院至少有高达3层的楼房，气概不同于凡俗。这区佛寺的建筑方法，与前面说过的车师王宫或后来的官衙，普遍存在的小院，有非常明显的差别。最清晰不过的，如墙垣，不是夯筑，也不是挖地留墙，而是具有晚期特征的版筑。每版的高度，不足1米。夹板中垛泥，也填塞一些断碎的

三 千年土城：交河 89

土块。这种工艺，比起挖地留墙或夯土似乎不那么坚实，却也经住了时间的考验。这区宏大的寺院，应该是建筑在回鹘高昌王朝时期。它伴随着回鹘高昌王朝，走完了最后的岁月。在元朝宗王叛乱的烽烟中，它和交河故城一道，经受了战火的洗礼，院墙被烧得透红，至今仍在向人们诉述它历史上曾经有过的烟飞火灭的一页。在已经接受伊斯兰教信仰的察合台汗王属下的骑士眼中，把这区异端偶像崇拜的大院付之一炬，在当时肯定是天经地义的英雄行为。但这一把大火，也烧尽了古代各民族文化艺术凝集的精舍，使我们这些希望寻觅其真谛的后代子孙，不禁怅然。

  大寺后面，有整齐排列如方阵的100座舍利塔，形象说明了交河故城中佛教曾有的繁荣。在南北干道西部遗址区内，不少方形院落中也有方形土坛，像是佛坛或供养佛、菩萨的塔台。引人思考的是，这种形式的建筑，在这片遗址区内相当普遍。交河故城内的居民，曾普遍崇奉佛教，并在自家院落中筑坛供佛，于此可以得到生动的感受。

  公元14世纪，伊斯兰教逐步进入这片地区，凭借统治者的扶持而迅速扩展，佛教不得不逐渐从历史舞台上消失。但它在人们精神生活领域里已经渗透近千年，其内在的影响当然不是简单暴力就可以消除的。考古人员在交河城北清理了一处地下寺院，面积近100平方米，地面虽了无建筑遗迹，却在深3米的地下，挖出穹顶式的土窟，窟壁彩绘壁画，供奉佛像。清理积土后，还发现了泥脱佛塔、佛头像、小铜佛及银质舍利棺、残损的汉文佛经等，从资料分析，其时代已晚到元末明初，正是佛教在吐鲁番地区兴盛1000多年后，面临最后劫难的阶段。信徒们出于心灵的需求，已将无碍他人的佛事活动，

地下寺院出土的壁画、舍利子

转移到了与墓地相邻的地下。但寺院即使在地下，也未能逃脱被破坏而覆灭的命运。佛教作为一种思想信仰，作为已经植根在人们精神生活里的哲学、伦理观念，面对严酷的统治，十分不愿轻易退出历史舞台，于是想方设法觅求自己生存的土壤。这应该是思想、文化生活中发展、递变的规律。

交河故城城头上森严的战旗，河谷中嘶鸣的战马，佛寺上飘曳的经幡、缭绕的青烟，以及丝绸之路上满身风尘的来去过客……随着古城的毁灭，都已悄然逝去，只留下这无数颓垣、破壁、深院、高墙，浸透无限的历史印痕，向人们诉说着历史的沧桑。

历史的一页已经翻了过去。曾经有过的一切,既有存在的理由,也有逝亡的理由。为它们,自然不必有任何忧伤。但是,让这座饱经沧桑的故城尽可能长久地留在人间,用它的存在告诉千万年后的子子孙孙,在历史上曾有那么一瞬,在这区土岗上,曾经展开过无尽的矛盾和激烈的冲突,令先人的聪明才智得以充实和发展,却是我们今天应该努力去做的一件事。

交河历史风云

驻足交河城头,总难禁浮想联翩,万里神思。

这区掩覆在四围绿树中的孤城,遍望极目的颓垣残壁,任凭游人去来的深宅大院,在厉风撕扯下一道又一道深深蚀痕的危墙,危墙下的积沙,遍地的碎陶断瓦,覆埋了的古井……除唤起人们的历史沧桑之感外,真难寻觅到它当年曾有的雄姿英色。而一点不夸张地说,从公元前 2 世纪以来,在一千六七百年的漫长岁月中,交河,确实算得是新疆地区声威赫赫的名城。作为兵家必争的军事重镇,它森严的壁垒、刀剑的寒光,曾经给许多人信心和力量,也曾经使许多人胆寒和沮丧。交河的声名,曾经在许多时刻,牵动过无数人敏感的神经,也曾使无数人的幸福之梦破灭,使它成了一些家庭苦难的象征。如今,这一切历史的印痕,在哪里可以觅得踪迹呢?

在史家的笔下,在历代文人墨客大量咏叹交河的诗文中,这区古城更多是和历史上的战争风云交结在一起的。这与它非同寻常的地理位置有很大关系。古城所在的土岗正控扼着一道交通天山南北的要隘,这特殊的地理形势使交河故城一出现在这个地点、一踏上历史的舞台,就具有一个显目的地位:两汉时期,它是车师前部王国的首都,直到公元 5 世纪中叶车师国亡，才稍有改变。进入麴氏高昌王国时期，交河也一直是王国境内十分醒目的军事重镇。按照惯例，高昌国王会让自己的儿子亲自在这里镇守。入唐及高昌回鹘王国，在西域，这里也都是屯驻重兵的名城。这种重要的政治、军事地位，自然使得交河故城在许多关键时刻，成了一些历史旋涡的中心，不能不经受一次又一次的战火考验。

公元前2世纪后期，作为西汉王朝与匈奴王国抗争的一个重要战略步骤，衔汉武帝刘彻之命，张骞出使到了西域。在张骞完成使命返回长安以后，西汉王朝立即着手在西域地区展开了一系列的军事、政治部署。为了瓦解、摧毁匈奴在西域的统治，首先组织中原儿女远徙轮台大地，开发屯垦，积储粮秣，以为进一步统一西域、扩展西汉王朝和广大西部世界的经济联系而努力。这一措施，立即使得交河地区成了西汉王朝与匈奴王国相互抗争的第一线。汉王朝为控制塔里木盆地，就必须控制车师、控制交河，这才有可能控制住匈奴从天山北麓进入吐鲁番盆地、塔里木盆地的重要隘道；而匈奴，为了维护自身对塔里木盆地的影响，取得交河，也就是取得了进入塔里木的桥头堡。因此，对西汉王朝在渠犁、轮台的屯田活动，匈奴立即采取的一个反击措施，就是在车师前部王国境内，尤其是在交河地区也屯兵垦田。这样，西汉王朝与匈奴的斗争焦点，立即集中到了交河城下。粗粗计算一下，从公元前108年开始，到公元前60年匈奴日逐王归降汉朝止，前后约50年中，西汉王朝与匈奴右部在交河地区就有过5次大的角逐。历史学家习惯称这段历史为汉王朝与匈奴"五争车师"。

这50年的争逐，互有胜败，最后则以西汉王朝的胜利而告终。战争，进行在交河城下；影响，则如上面分析的，关系着究竟由谁来统治广大的塔里木盆地，进而成为西域历史舞台上的主人。事实也生动表明，当匈奴日逐王宣布失败，归降汉王朝时，西汉政府随即就在轮台地区的乌垒城，成立了西域都护府——汉王朝统治西域的最高军政机构。持续50年的交河争夺战，最终改变了西域大地的政治面貌。可以想见，这50年中，深沟峭壁的交河城上，曾一次次升腾起战争的烽烟。城北、城南辽阔的荒原上，也曾一次次摆开过战阵，追逐过战马，闪烁过刀剑的寒光。

在断续相继的50年战火中，你来他去，不少人物曾经在交河城中叱咤风云、左右乾坤，但我们这里只说一个匈奴贵族——开陵侯。他的匈奴名字，历史上没有保留下记录。开陵侯，则是西汉王朝给他的封爵。在他归向西汉王朝前，曾是匈奴的介和王。应该是感受到西汉王朝统一西域事业的不可逆转，也感受到人民渴望和平、安定、建设新生活的要求，他率部归向西汉王朝，而且成了西汉王朝进取吐鲁番盆地的主要将领。

公元前99年，西汉王朝任命开陵侯为主帅，率军进取交河。这次进攻，在匈奴、车师联军的严密防守下，没有得手。9年以后，经过更加充分的准备，开陵侯再次挂帅出征。楼兰及危须、尉犁（西域古代王国，地理位置在今库尔勒地区）等与车师邻境的小王国，也都全面动员，出兵助战，参加了这一战役。汉朝将领马通，则率兵从东线配合。在这次规模相当大的战役中，匈奴不敌；交河城头，终于升起了西汉王朝的旌旗。正是因为这一次交河之战的全面胜利，后来成了西域都护的郑吉，才有可能率领属下的全部吏员，从轮台、渠犁移驻交河，进一步部署屯田大计。他们在交河故城四周的沃土上，挥起了犁锄，挖修了渠道，使不少牧场转成了农田。

在追思交河开发、建设的历史时，人们都会注意到一个非常显目的事实：不论是西汉王朝，还是显威于漠北草原的匈奴王国，在争逐对交河的控制权时，绝不只是以兵戎在交河城下相见，还用极大的精力，组织在交河地区的屯田垦殖事业。西汉王朝，为统一西域，进一步开拓、建设亚欧之间的"丝绸之路"，将屯田事业作为一个基础、一个前提；在争逐交河时也十分重视屯田，自不足怪。值得注意的是骑马民族匈奴，竟也以同样的方法建设交河，最多的时候竟组织了四千人马，在交河城下屯垦种植，确是值得注意的历史现象。

不论是西汉，还是匈奴的统治者，如此重视组织屯田、充实粮秣，不言而喻，都是为了用这种亦兵亦农的办法，来巩固、建设后方基地，却也因此而促进了交河地区的经济发展。

关于匈奴王国的农业生产，我们了解不算多。可以肯定的一点是，西汉王朝的农业生产技术，当年确是居于世界领先地位的。随着大量中原地区的屯田士兵进入交河地区，自然而然，比较先进的农田水利知识、犁耕、牛耕技术，农作物优良品种，也都源源不断地被介绍到吐鲁番盆地，逐渐转化成车师人民手中的财富。完全可以想象，在当年交河故城的高楼深院中，郑吉曾偕其僚佐秉烛夜议屯垦大计；浑身沙尘的中原战士，也曾在这里筛选籽种、磨砺犁锄。交河城中，曾一次又一次响起丰收后的歌声，有过一场又一场的开怀畅饮。车师、匈奴、汉王朝的子民们，在劳动、交往之中会增进了解，产生友谊。这些没有传奇色彩、曲折情节的故事，会是当时生活中十分平常的事情，虽然不会得到古代史家、文学家特殊的青睐，没有在他们的笔端留下记录，但是有谁能说，交河故城周围的那片片农田、丛丛果园，它们根植的大地上，不曾浇灌过

2000年前汉王朝的臣民、匈奴骑士们辛勤的汗水呢？

可以说，交河故城的建设，交河地区的开发，不仅凝聚了车师人的心血，也凝聚着匈奴、汉族劳动人民的智慧和汗水。

因为有这样的历史背景，从公元前48年开始，交河成了西汉王朝派驻西域地区、组织屯田事务的戊己校尉的理想驻所，成了西汉王朝领导西域屯田工作的一处中心。自此以后，终西汉之世，车师王国一直虔心归附汉朝，接受册封；即使在匈奴重新控制西域之时，也不避风险，要求汉王朝派出都护，以保持西域大局的稳定。这种感情、愿望，不能不说是与西汉时期汉王朝政府积极开发屯田政策，推进车师王国经济发展，取得了人民的支持有很大关系。

交河，作为车师前部王国的都城，经历了600多年的春秋。公元450年，交河城头最后一次降下了车师前部王的旗帜。这一年，车师前部王车伊洛之子车歇，在与沮渠无讳的战争中，苦守交河城8年之后，终因长时间困守孤城，粮草不济，人民蒙受饥饿的熬煎，决定弃城而走。于是，交河城成了沮渠氏的天下。交河一城，攻守僵持竟达8年之久，沮渠氏无法强攻而下，只能采取围城断粮的办法，迫使车师前部王弃城而走，交河城易守难攻的险绝形势，于此可见一斑。

公元640年，唐朝平定高昌，统一西域，交河一度曾为当时唐朝在西域的最高军政机构安西都护府的驻在地。这段时间虽很短暂，但交河故城在沟通安西、北庭都护府之间的往来联系上具有的重要地位，却始终不变。唐代诗人为我们留下了许许多多描述西域、边疆风光的诗作，其中不少诗作都明确描述了交河。这些至今仍然脍炙人口的诗句，颇可从另一角度说明交河故城的形象。

诗人李颀的《古从军行》说,"白日登高望烽火,黄昏饮马傍交河",诗意雄奇、悲壮,使我们感受到充溢在字里行间的古代戍边健儿勇武无敌的气概,以及笼罩在交河城上浓烈的战争氛围。大家更为熟悉的著名诗人岑参,也曾在吐鲁番地区包括交河城中生活过不短的时间。天宝年间,他在封常清幕下,经常往来于西州、北庭之间。1200年前他来去高昌的驿馆时,留下了一笔又一笔的马料支用账。这些账册,沉睡在地下1000多年,前些年竟被发掘出土。

在岑参保留至今的众多诗作中,吟咏火洲、交河的诗句相当多,这说明诗人对交河大地有着深厚的感情和深刻理解。在他赠给封常清的五言长句中,十分朴素地叙说:"奉使按胡俗,平明发轮台。暮投交河城,火山赤崔巍。九月尚流汗,炎风吹沙埃。何事阴阳工,不遣雨雪来。"道尽了交河地区的干热风沙,寄托了戍边健儿的爱国情怀。虽然岑参当年在交河城中下榻的馆舍,我们今天还不能具体说明它的所在,但他描述的当年交河的环境风景,却是人们认识唐代交河故城的珍贵资料。岑参又一首书赠友人的诗作,更说到交河城:"……浑驱大宛马,系取楼兰王。曾到交河城,风土断人肠。寒驿远如点,边烽互相望。赤亭多飘风,鼓怒不可当。有时无人行,沙石乱飘扬。夜静天萧条,鬼哭夹道傍。地上多髑髅,皆是古战场……"既说交河,又不止于交河;既是唐代,又不尽是唐代。这时的交河,成了古代西域名城的代表。环境艰苦险绝,不断的战争,带给人民无尽的苦难。荒原上暴露的白骨、骷髅,触目惊心,使诗人产生了万千感慨。

交河,是当年吐鲁番地区重要的交通枢纽。通达焉耆盆地的"银山道",前往乌鲁木齐地区的"白水涧道",北抵吉木萨尔地区的"金岭道"等,都要经过交河城。

银山道,是古代丝绸之路的重要一段。从交河斜向西南,经过南平故城,到托克逊境的天山县,经过礌石碛、银山碛,最后通达焉耆镇。这是《新唐书·地理志》中提供的有关银山道路线的记录。前面提到的车师末代国王车伊洛父子,在交河陷落前就是弃城逃亡到了焉耆,银山道很有可能就是他们率领车师臣民西走的路线。很有意思的是,从交河城西向焉耆的古道,今天还可以寻觅到一些痕迹。

出交河故城,沿傍城的沟谷南行5公里左右,即抵达盐山脚下。所谓"盐山",绵延至此,已不过是一道高百米左右的黄色岗峦,呈东西方向,铺展在交河城南,成为交河故城南面的一道天然屏障。河道与盐山相接处,因长期冲刷,成一道自然的豁口。而在豁口左右的山头上,人们还可以看到古代烽燧,依然屹立。左侧山头的烽墩底基犹存,但上部建筑已毁,与其对峙的右侧山头,烽台仍高四五米,攀登其上,远近景物可尽收眼底。回头东北看交河,如一叶橄榄形航船,泊靠在茫茫瀚海边;西南望野木什小村,又一座古烽,遥遥在望。登临至此,才更深地感受到,"寒驿远如点,边烽互相望",岑参的描述,是那么贴切。烽是和驿联系在一起的,是和古代官道密不可分的。这交河城南的古烽,曾伴随着战争的烽火,使交河故城里的人们紧张、骚动;也曾迎来送往过无数使节、商旅,带给人民喜悦、欢欣。通过丝绸之路传送过的古代文明,曾有多少就是经过这处不起眼的豁口,在戍守战士们的卫护下,慢慢进行、完成的。这久已颓败、土坯砌就的盐山烽墩真值得今天人们为它建一座新的纪念碑。

穿过盐山豁口后,自盐山南缘东南行,经过让布工商古

盐山山脊上的
古烽墩

城,可以到达高昌;斜向西南,过布干土拉烽火台、大墩子烽火台,穿过屋威梯木古城堡,也就接上了银山道的干线。

自交河城,斜向西北行,经过三个泉,入白杨沟,穿天山,是唐代有名的白水涧道,可以通达乌鲁木齐地区。从交河向北,经过红柳河、桃树园子、大河沿河谷,翻天山达坂,就是汉代车师前、后部联系的捷径,也就是唐代有名的"他地道",又称金岭道。沿着这条古道,可以很方便地到达吉木萨尔县境的护堡子古城,即北庭都护府故址所在地。

交河,作为这几条交通干线经过的一处枢纽,在非常情况下,是兵家必争的军事重镇;在平日的和平建设生活中,又成了丝绸之路的经济、贸易重心,具有一定的经济地位。但是,作为丝绸之路上的商业重心,比起高昌来,交河的作用还是差了一大截的。说到这里,应该附带澄清一个小小的问题。20

世纪30年代前，在吐鲁番曾出土过一批与丝路贸易有关的唐代商品价目表，说"交河郡"有不少商品行业，如谷麦行、帛练行、果子行、布行、彩帛行、铛釜行、菜籽行，以及经营鞋靴、皮毛、布衫、饲草、薪炭、驼马、鞍辔、药物的行当；一个行当中，售卖不少品种的商品；同一种商品，根据质量，分为上、中、下三个档次，列出了不同的价格。看现在收存在日本的这批唐代交河郡商业物价文书，一个强烈的印象就是唐代西域的交河郡确是商业、手工业非常发达、繁荣的一个地区。但是这批文书中出现的"交河郡"，指的并不是交河，而是唐代吐鲁番盆地中的最主要政治中心——西州所在的高昌城。唐代西州，在天宝元年（742）改称"交河郡"，直到乾元元年（758）才又改称西州。这批被日本人拿走的文书，记录的正是天宝年间的情况，自然应该是当年高昌城内的商业贸易实情。这个小插曲，如果不说清楚，难免会张冠李戴，到交河城中去寻求那骈列的商肆遗迹，就会感到十分的困难了。

交河故城经历了2300多年的风风雨雨，至今仍然屹立在雅尔乃孜沟中的土岗上，用自己的形象向今天乃至未来的人们诉说历史的烟云、创业的艰辛，确实算得是历史的瑰宝。但是，这区珍贵的遗址，在长期的厉风、洪水侵蚀及人为破坏下，已明显可以感受到正在慢慢被毁的迹象，应该引起相关保护部门的注意。

交河，正当通过天山南下吐鲁番盆地冷气流的谷口。每年入春以后，厉风劲吹，8级以上大风屡见。风口的黄土古城，迎着大风，如被利刃切割。累月经年，坚如岩石的夯筑基墙，墙面切痕深深，似梳似篦，一些土墙已因此倾圮、消失，这是威胁故城安全的重大隐患之一。

隐患之二来自洪水。入夏以后，天山山区暴雨、洪水直泻山前戈壁，在光裸的大地上，瞬间形成巨大的激流。汇入交河左右沟谷时，水势甚盛，最大时达80立方米/秒。其冲击力量，直如千军万马，锐锋难当。在这么巨大的冲击力量前面，盐山脚下的交河水库大坝曾顷刻瓦解。洪水漫溢，庐舍为墟，田园成泽，使素称干旱的交河地区变成"水乡泽国"。面对这巨大的洪峰，坚如岩石的土崖，也逐渐变得如枯似朽。块块巨岩随冲击水波剥落，被洪流席卷而去。这种巨流虽属少见，但还是偶尔发生，一旦发生就会对故城造成巨大危害。在漫漫历史长河之中，缓平的大地被天山洪流撕裂、切割出交河城周围的道道深沟巨谷；在不息的历史的运动中，交河故城所在的土岗，当然同样可以一步步为洪流吞噬。这不是耸人听闻的危言，而是今天倾圮的岩块、深深的裂隙已清楚说明的严重事实。

隐患之三来自人们的轻忽。每年入夏，交河故城里国内外游人如云。人们穿堂入室，垃圾到处抛撒。这种经年累月的污染，侵蚀环境，对故城安全当然也是一种直接的危害。

对于众多的为寻求人类自身历史、寻求新疆古代文明而来到交河的人们，则要想办法更好地满足他们的求知欲望，要使游人在一步步接近交河时，能逐渐进入交河故城那特有的历史氛围，进入深沟环绕中的土岗、峭立的崖壁、崖壁上的危城、森严的壁垒……迈入故城的每一步，都应该是并不轻松的、困难的。这种体验，会增进游人对交河的了解。因此，禁绝汽车进入交河城中，是绝对需要的措施。

交河故城，是在吐鲁番特殊地理气候条件下形成，并基本完好、保留至今的珍贵史迹。想方设法使它尽可能长存人间，是我们今天应尽的责任。

四 西域名城：高昌

高昌岁月痕迹

坐落在火焰山脚下,面对大漠的高昌故城,作为新疆的历史名城,实在是当之无愧的。元代以前,在差不多1400年的漫长岁月中,西域大地上发生的任何政治、军事事件,可以说都和高昌存在或深或浅的联系。每年入夏,国内国外,有多少人都因为怀有对古代西域文明的眷恋之情,怀着了解曾沟通过亚、欧古代文明丝绸之路的美好愿望,奔向吐鲁番盆地,踯躅在高昌故城,寻觅一切可以得到的文化信息、历史烙印。

作为丝绸之路上的重要都会,古代西域的政治、军事、文化中心,高昌城在历史上确曾繁荣一时。东来西往的使节、商旅,亚、欧广大世界的特色名产,都曾经在这里驻足、集散。那时的高昌故城,真可以说是声名煊赫、名闻遐迩。高达12米的城墙上,人来马往,旗帜飘扬。周围达5公里多的方形城墙,每面有两座或三座城门,分别冠以"玄德门""金福门""金章门""建阳门""武城门"等不同名号。行人至此,远远就下了驼、马,呈验自己的过所,办理入城的手续。占地达220万平方米的古城内,街道纵横,商肆骈列。熙熙攘攘的人流,有着不同的肤色、发式,各异的服装、语言。这里是名副其实的国际商会。

如今，这一切都已消逝在了历史的烟云之中。高大的城墙仍然屹立，城中丛集的废墟、迷乱的路径，也都可以涉足，但它往昔的繁华与荣耀，却难以寻见消息。只能寄托厚望于历史学家、考古学家，希望终有一天，通过解析留在故城土地上的痕迹，把曾经发生在这片土地上的故实大概，重新展现在人们的眼前。

高昌故城的得名，有一个接近于真实的故事。公元前104年，汉武帝刘彻命令大将军李广利率兵远征大宛（中亚古国名，地方在今天乌兹别克斯坦共和国境内费尔干纳盆地）。大军从河西走廊出发，经过漫漫长途的戈壁行军，兵士伤病不少。队伍走到吐鲁番盆地，看到这里气候宜人，源自天山的木头沟水穿过火焰山中的胜金口峡谷，向广袤的大漠流去。在公元前2世纪末，这里还是一处少有人烟、没有开发的土地。如果凭借木头沟水垦辟土地，屯种粮秣，既可补给军用，又可作为远征大军的中继站，能与汉王朝呼应。因此，李广利当即决定：军中病弱疲惫的伤员集中起来，屯驻于此。一声令下，群情踊跃，几天就在木头沟畔筑起来一座小城。登城远眺，远近山峦村寨，尽收眼底。木头沟水四季长流，五谷瓜果飘香四溢，沿河两岸，绿树成荫。

至于为何以"高昌"为名，虽有不同说法，但王素研究员在《高昌史稿》中首先揭示：据斯坦因20世纪初取自敦煌的文书《西凉建初十二年正月敦煌郡敦煌县西宕乡高昌里籍》，李广利西征大军中，有来自敦煌县属下的"高昌里"的居民。军壁取名高昌，寄托着高昌壁人深藏在内心的思乡情怀。此说持之有故，言之成理，当可信从。

说当年远征大军发现的火焰山下木头沟还是少有人烟的

荒野，可以作为建设军事壁垒的理想地点，根据的是近数十年中已获的考古成果。公元前2世纪的吐鲁番盆地，主体居民为车师。他们游牧、农业兼营，地跨天山南北。车师前部王国的政治、经济中心，在吐鲁番交河故城台地、交河沟西、交河雅尔乃孜沟下泄的艾丁湖、托克逊县的喀格恰克与英亚依拉克等处，在这些地点，都曾调查、发掘过车师遗址、墓葬。自这片地区缘火焰山东行，空间距离近60公里内，直到火焰山中部、木头沟、吐峪沟、斯瑞克普沟，既有天山下泄的潜流，也有火焰山前破土而出的明水，流涌下泄。吐峪沟中苏贝希、吐峪沟下洋海，居址、墓葬不仅集中，而且规模空前，仅洋海墓地，已见墓葬达千座以上。而在苏贝希、洋海与交河、艾丁湖之间的木头沟水系，虽同样长年涌流不断，宜农宜居，却迄今没有发现车师遗存。这是一个需要进一步剖析的文化现象。

交河内外，是车师政治、经济中心；东行60公里后的吐峪沟绿洲，曾是车师规模比较大的又一处经济中心。中间的木头沟绿洲，是两者之间的天然隔离带。这样的格局，或许与当年车师王国内部的经济布局、行政管理需要存在关联。在人口还不算多、活动空间也不缺的两大经济中心之间，留下一片可以隔离彼此经济活动（如放牧）的地带，避免有意无意间因牲畜擅入不应进入的牧地而引发矛盾冲突，这是在古代游牧民族中曾见的管理智慧。匈奴与东胡之间存在过双方均不进入的旷地；汉代乌孙王国各分部间，也有严格分地界域，避免误入草场而引发矛盾。木头沟下一度空旷无人的绿地，我们今天还不能具体揭示车师王国如是管理的直接根据，但它确实为李广利西征大军留下了一处既可以不与车师冲突，又可以建壁求存的地理空间，一处相当不小的空间。

高昌故城鸟瞰图

两汉王朝经营建设西域,一直把这里作为重要的根据地之一。屯垦部队的最高指挥机关——戊己校尉府,先是在交河,后来就迁到了高昌。驻屯在这里的汉王朝的部队,最多时达500人之多。读过《三国演义》的,都知道董卓这个人,东汉时期肩负过"戊己校尉"重任的人物中,就有这个董卓。他大概是东汉时期担任过"戊己校尉"的最后一人。可能因屯垦有功,后被召到洛阳,任中郎将,在镇压黄巾起义中成了耀眼的人物。从这个小故事也可以看到,"戊己校尉",在东汉朝廷的眼光中还是相当有地位的。

东汉晚期,中原大地上战乱不断。甘肃河西走廊地区局势也日见动荡。为寻求一个比较稳定的生活环境,避开接踵而来的战乱骚扰,河西走廊地区的汉族及其他少数民族居民,不断流向新疆,寻求一块安憩的乐土。由于高昌的地理位置接近甘肃河西走廊,东汉后期,高昌也归属于敦煌太守和凉州刺史管辖。所以三国、晋、南北朝时,人们还总怀有历史的情愫:"高昌壁故属敦煌";加上汉代以来,屯田士卒在这里世代定居,渐成土著。有这样的地理、历史因缘,自然而然,高昌一地,就成了这时期河西地区居民西徙以后,最为适合、最为理想的落脚地点。随着人口迅速增长,农、牧业发展,加上"丝路"贸易的影响,高昌地区的经济也日趋繁荣。接踵而来的河西地区移民,虽是从寻求一处安宁、平静的寄寓立足之地出发,但却发挥了他们当日根本没有想到的作用:吐鲁番盆地的开发,因此得到了空前的推动和促进。新的知识、技术、人力资源,使吐鲁番盆地的经济,发展到了一个新阶段,高昌作为"丝路"中道上的商业贸易中心,有了更强大可靠的物质基础。2006年,新疆考古所工作人员曾在高昌故城北部采集到一件残破的云纹瓦当,汉风鲜明。这是一个相当有

云纹瓦当(残)。虽然只是四分之一大小断残的碎片,但云纹图案透示了汉代高昌壁故址就在高昌故城现址之下

意义的线索，可助益我们进一步追寻高昌壁故址遗存。

三国两晋时期，高昌，实际承担着中原王朝安定西域、制止西域小王国间互相冲突、争战的使命。曹操的儿子曹丕取代东汉王朝称帝，两年后，立即因应鄯善、龟兹、于阗等地统治者的要求，承担了安定西域社会秩序的使命。其主要的措施，就是在高昌重新建立了戊己校尉府，派敦煌太守属下的张恭任戊己校尉。张恭离任后，以其子张就继续担负这一重任。当时，有一支自称阿毕师的部族，侵扰西域，张就当即率领高昌地区屯田、戍守的士卒迎战，大败阿毕师，保卫了西域社会的安定。

在张就担任戊己校尉期间，深受西域各地人民爱戴的敦煌太守仓慈死于任内。仓慈长时间管理西域与中原来去的咽喉之地——敦煌，对西域的商旅、百姓，以平等态度相待。他的故去，使西域各地"吏民悲戚，如丧亲戚"，无法远去敦煌奔丧，即聚集在高昌戊己校尉治所哀悼纪念。这两件事，不仅可以看到张就的能力、威信，更主要的是说明3世纪时的高昌地区，因为是戊己校尉的治所，实际已成了西域大地上主要的经济、军事、政治中心，是西域各地的人才荟萃之处。

西晋时期，中原大地战乱频仍，为求安定生活，人民四散逃亡。河西走廊地区相对安定，不少人自然从中原迁到了河西走廊，其中也有相当一批人继续往西走向了高昌。正是在这个历史基础上，到公元327年，基地在甘肃河西地区的前凉王朝张骏，因势而为，正式在吐鲁番地区设置了高昌郡，郡守自然驻节在高昌城。这时的高昌郡城，比起西汉时期的高昌壁，其经济、交通地位，都已有了迅捷的发展，在汉代高昌壁基础上拓展而成的高昌郡城，规模更大了。在目前仍存的高昌故城中心,高昌王国都城内的宫城周围,仍可追寻到它曾有的形象。

从属于中原王朝的高昌郡,到割据一方的高昌王国,这一变化,发生在公元5世纪中叶,北魏王朝太平真君四年(443)。偏安于河西走廊的北凉王族沮渠无讳、沮渠安周,在河西走廊站脚不稳,率领部众西入新疆,占领了若羌及吐鲁番盆地,赶走了当时的高昌太守、依托于柔然的阚爽,在自成一个地理单元的吐鲁番盆地中,重新升起了北凉王朝的旗帜。都城,就放在高昌。沮渠氏北凉,虽然不过是偏居一隅的小朝廷,但倒也该有的不缺,摆得像个样子。1972年,考古工作者在高昌城北郊发掘到了北凉王族沮渠封戴夫妇的墓冢,石质墓表上就赫然写着"大凉承平十三年岁在乙未四月廿四日冠军将军凉都高昌太守都郎中大且渠封戴府君之墓表也"。而在另一块死后追赠官爵的授版上,也由小王朝的"吏部尚书"出面,追赠封戴为"敦煌太守"。既称"大凉",又有"吏部",而且还不忘记遥领敦煌,说明沮渠氏虽然偏安于高昌,却时刻也没有忘记要复辟北凉王朝在河西走廊地区曾有的统治地位。

这座墓穴的主人,当年曾为京城太守,又是王族,死时享受了国葬的待遇,应该会有不少不同于凡俗的文物。但实际随葬的物品,却

1 | 2

1 北凉沮渠封戴墓表。阿斯塔那墓地177号墓出土
2 沮渠封戴墓出土的藏蓝地禽兽纹锦。图案风格不同于汉,迥异于唐,别具特色

真说不上丰富：除随身的锦、绣衣袍具有特色外，只不过普通的4件泥俑，随身的弓箭、梳妆用品及日用陶、木、漆器，制作工艺平平。联系墓主人不一般的社会身份，实在只能说是相当贫乏。这普通、平常、贫乏，透露了一个历史消息：只从史籍看，北凉虽也算是一个王朝，尚书、太守齐备，像个样子；但经过持续多年的社会动乱，生产力已受到严重破坏，即使贵为王族，心欲力求奢侈，实际却无力操持。在这种形势下，普通人民的苦难，当然会是更为深重的。

北凉沮渠氏王朝，是在高昌建立的第一个小王国，虽然立国才短短17年，却掀开了吐鲁番历史新的一页。公元460年，柔然出兵攻灭沮渠安周，扶立了阚爽的后裔阚伯周，步沮渠氏后尘，自称"高昌王"。阚伯周以后，阚义成、阚首归、张孟明、马儒、麴嘉先后上台亮相。他们的背后，或为北魏，或为南宋南齐，或者是柔然汗国，各有所依，彼此也兵刃相加。前后40年中，吐鲁番大地上祸乱难息。高昌城头，旌旗变换；高昌王的宝座，不断易手。直到公元499年，麴嘉上台，才把局势稳定下来，终由麴氏后裔保持了140年的统治。历史上，称此为"麴氏高昌"。在高昌故城建设史上，这是相当重要的一个阶段。今天的高昌中城，就是当年麴氏王国的都城。

高昌王国王城的修筑办法，根据现存的南墙、西墙，可以看得很清楚，是用黄土夯成的。从现有城墙上也明显可以看到修补、增筑、加高加厚墙体的特征。夯层比较薄，厚只8厘米上下，夯得非常紧实、细密，几乎难以辨析薄薄夯土之间的层次。从保存较好的地段测量，土城墙当年曾高到11—12米，墙基厚达11米左右。顶部最宽的地方有3米多，算得相当坚固。就是这么一道坚固的夯土城墙，当年曾给麴氏高昌王国的末代国王麹文泰带来过不少幻想。他认为自己有坚城可以依凭,控制着丝绸之路上不可取代的路段、站驿,可独占商业贸易之利,军事上则有西突厥的支持,阻漠隔沙、交通困难,远在数千里外的唐朝皇廷,也奈何自己不得。于是他在分裂、割据的道路上愈走愈远,将唐太宗李世民一次又一次的规劝置之于脑后,终于直接引发了唐王朝组织的统一战争。

公元640年,唐军在侯君集的统率下,在伊吾(今哈密)绿洲进行了充分准备,利用松树塘的森林木材资源,在唐军后勤负责人姜行本的指导下,制造了有力的攻城武器"楼车""冲车""抛石车"。当唐军进围高昌都城后,首先用砍伐的木材填平了城外的护壕,然后用冲车撞击城墙,同时使用抛石车猛烈抛射巨石,屋宇、行人,当者立即粉身碎骨。为了确保抛石车能准确地命中目标,"十丈高楼"的"楼车",可以俯视城内一切,指挥抛石打击方向。高昌王国的都城,在冲车的猛烈冲击下,很快出现了数丈宽的缺口;抛石车又使防守者没有力量反击。看似坚固的高昌王国都城,很快就土崩瓦解,被唐军占领。麹文泰在高举统一大旗的唐军锐锋面前吓得一命呜呼,麹文泰的儿子归降了唐朝,高昌故城很快就成了唐朝属下的西州都督府所在地。

侯君集平定高昌分裂活动的战争,进行的时间不长,但它给高昌王国都城造成的破坏,还是很大的。根据目前高昌中城遗迹,可以看得清楚,当年唐军主攻的方向在东、北两面。在唐军冲车的攻击下,东城墙、北城墙东段,大都被毁,似乎再未进行修复。如是,目前只存西墙、南墙及北墙一小段的中城,实际上成了唐代统一战争的纪念碑。

高昌王国的宫城,是在今天中城遗址北部的"可汗堡"。

高昌"可汗堡"遗址。土塔傍近曾出土"沮渠安周造寺功德碑",其西侧仍存有地下庭院、暗隧的建筑一区,可证为高昌王国宫城所在。玄奘西行高昌讲法故址在此

这里,耸立的夯土塔柱至今仍高10多米,远远可见。塔柱旁侧,是一处包含地下庭院、隧道的大型建筑物。地面建筑虽已被毁无存,面积达100平方米的地下庭院、宽3米多的隧道,却显示了它不同寻常的规模。这组建筑物,有土墙包围,土墙并高6米多。南面有一对门阙,阙基左右并列,其间是宽3米的通道,显示了这组遗址超凡的规格。就在堡院的东墙外,勒柯克曾经发掘到了北凉承平三年"沮渠安周造寺功德碑"。说明北凉时期,这里曾有一座大型的王室寺院;而当年的宫室,看来也在这里。北凉沮渠氏的宫室与继后的麴氏王朝宫廷,彼此相承,直到唐代破灭高昌,才遭到一定的破坏。

唐代平定高昌以后,究竟如何处置高昌,在李世民主持的一次御前会议上,曾有过一场很大争论。魏征等大臣主张仍保留高昌王统,"存其社稷",实际对分裂割据势力是一种纵容。唐太宗力排众议,高

瞻远瞩，坚持在原高昌王国的境域内"置西州，又置安西都护府，留兵以镇之"。这对维护唐王朝对西域的统治，保持"丝路"的通畅，都是十分必要的。适应这一新的政治、军事形势要求，自然要加强、扩建已经在战争中受到严重破坏的高昌王国都城，这就出现了今天依然屹立于地面，规模也远较高昌王城大得多的高昌城外城城垣。

高昌外城垣，经过实际测量，周长达5公里多。在当年的西域大地上，除了龟兹王都、安西都护府所在的伊逻卢城（城周达到7公里），大概就数它宏伟了。夯土筑成的墙垣，厚达六七米，城外还有流水的护壕，在没有现代火器的情况下，确实算得十分的坚固。但是，强兵坚城，并没有能使故城的统治者高枕无忧。100多年以后，吐蕃一度与唐王朝反目，派兵攻陷过高昌。9世纪中叶，漠北草原上的回鹘率部西迁，高昌故城的高大城楼上，很快又插上了回鹘王国的旌旗。身披锦袍鳞甲、头戴桃形冠的回鹘国王——阿斯兰汗（狮子王），又成了高昌城的新主人。

从840年到1383年，500多年中，高昌城是高昌回鹘汗国的都城。王国的统治范围，西到库车，东及哈密，北到天山北麓的昌吉地区，是相当辽阔的。而高昌城，是王国的主要政治、经济、文化中心。在高昌城的历史上，这500多年，是它繁荣、昌盛的又一个高峰。古城门上，楼阁高耸，色彩斑斓。古城内，佛教寺院、景教教堂、摩尼寺院……彼此共存并立。街道两旁，商肆、作坊栉比，来往贩客不断，经济、文化继续繁荣。王国的统治者，冬天在火焰山下的高昌，夏天去到天山以北的"北庭"。每年的寒食、冬至节，居民都用水筒激水相射、相泼为戏，认为这样可以压阴气、祛病邪。城中回鹘居民

好游乐,手抱乐器,边行边弹唱,真是一派太平盛世景象。火焰山下高昌城郊的维吾尔族群众,至今仍有称高昌为"亦都护库特赛里"的,意思就是"王城",正是对这一段历史事实满怀深情的记忆。

13世纪初,成吉思汗崛起在蒙古草原。这是一件对中国和世界都发生过重大影响的事件。这一历史事件,当然也给高昌回鹘汗国带来了直接的影响。高昌回鹘亦都护巴尔术阿尔忒的斤与臣下设计,杀死了当时西辽派驻在高昌的监国,在1209年派人到成吉思汗处,表示臣服。这一行动,动摇了西辽在新疆的统治,高昌回鹘王也因此受到成吉思汗特别的优待。成吉思汗视其有如自己的亲族,允许高昌王继续统治自己的疆土与人民。

忽必烈建立元朝后,西北地区的蒙古贵族发动了分裂性的叛乱。1275年,海都、都哇、卜思巴等率领士卒12万人,围攻忠于元王朝的高昌回鹘都城。战争持续达半年之久,最后高昌亦都护火赤哈尔的斤被赶出了高昌城,东迁到了甘肃永昌。都哇成了这片土地的统治者。

1 景教圣枝节图，高昌故城壁画，唐代
2 木雕佛像，唐代
3 伎乐图，柏孜克里克壁画（局部）。伎乐人昂扬激越的情绪，不同的面形、发式，显示了回鹘高昌时期社会生活真实的一景

元王朝没有忘记在维护元朝统一大业中贡献过力量的火赤哈尔的斤。40年以后，元仁宗爱育黎拔力八达敕封火赤哈尔的斤的儿子纽林的斤继承高昌王位，"领兵火洲，复立畏兀尔城池"，但高昌故城再也不能恢复昔日的荣光。

1383年，别失八里察合台汗王黑的儿火者，作为一个虔诚的伊斯兰教徒，不能容忍高昌土地上仍然佛音缭绕、香火弥漫，率领大军对吐鲁番大地展开了征战。这一次，高昌故城再也没能从战争的烟火中复活。屹立1500多年的高昌城，终于退出了历史的舞台。吐鲁番大地的政治、经济、文化中心，自此，转移到了今天的吐鲁番市（高昌区）一带。

就这样，从西汉时期的高昌壁，到高昌回鹘王国的都城，高昌城走完了自己的路程。14世纪以后，空留下一片废墟，向过往的人们诉说这里曾有的历史风云。明朝初年，陈诚先后数次出使西域，曾经路过火焰山下的高昌城。那时，距离高昌毁于战火，不过100多年，景况已十分萧条了，但城内还有少量市肆、居民，没有舍弃旧居而去。陈诚睹物思情，留下诗作一首：

> 高昌旧治月氏西，城郭萧条市肆稀。
> 遗迹尚存唐制度，居人争睹汉官仪。
> 梵宫零落留金像，神道荒凉卧石碑。
> 征马不知风土异，隔花犹自向人嘶。

在陈诚眼中，佛寺虽已破坏，但仍有金像；城郭虽说萧条，但规制清楚，唐风犹存。和我们今天能见到的遗迹，又不可同日而语了。

故城残垣"三重"

20世纪60年代初,阎文儒老师在考察过新疆佛教遗存后,又挤时间考察了高昌故城,并很快在《文物》上发表了《吐鲁番的高昌故城》一文。阎先生有厚实的古代文献功底,广搜博引,对古文献中有关高昌城的历史、沿革、民间传说均有详尽介绍,在1962年,国内文物考古界对新疆文物还了解不多的情况下,发挥过积极作用。

《吐鲁番的高昌故城》一文,极力强调古代新疆与中原王朝在政治思想、文化领域的紧密关联。本体、追求自然不错,但以长安城与古代高昌城比较为例展开分析,则十分牵强。如称:"从现在残存的遗址来看,高昌城可分为外城、内城和最北面的宫城三部分","内城在外城的中间,宫城的南面";"再以城的平面布置来看,宫城在北,内城在南,有大面积的高大建筑物,与唐代长安城的宫城、皇城的位置相同,应是高昌城最高统治集团的驻在地。至于外城东南和西南的寺院和工商业的坊市遗址,又与唐长安外郭城,或一般城市的布局相类似,应当是一般市民的居住区。总之高昌故城的平面布局,与唐代长安城的平面布局是相当接近的"。

高昌与中原大地历史文化关系之密切,实在是有

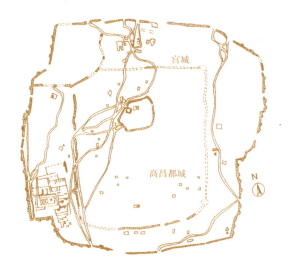

无数古籍、碑刻、城郊阿斯塔那古冢中的出土文物，可以说明的。向达先生的《古代长安与西域文明》，就是一例。相类似的故实，还有很多很多，但以故城形制、城墙三重为例，却明显不妥。

唐长安城，是适应当年唐王朝政治、经济需要，精心规划、合理设计的产物，规划功能不同的宫廷，建构不同的行政管理机构、适应亚欧贸易往来的东西坊市，布局井然有序的交通路线……功能有别，秩序分明。而高昌城，却是一千五六百年中，因应不同时段的政治经济形势，从高昌壁、高昌郡、高昌国、唐西州，到最后回鹘高昌王国的都城，不断堆垒、不断增建的产物，前后利用。形制有别、厚薄不同的夯层、土坯、版筑，工艺不同，凝结其中的是不同时段内各具个性的政治、经济、军事内涵。保留至今的遗

1 | 2

1 高昌城现存遗址实测图。城分三重，外城方形，基本完好，中城东墙、北墙残损，似为公元640年平定麴氏高昌留下的痕迹。宫城居于中城北部
2 城墙外侧，马面仍存。此为唐代风格，森严的防卫设施，透显当年屡屡展开过的战争风云

迹、碎片，是不同时段的历史浪花，是凝固了的不同时代音响。长安与高昌，从城市建设角度切入，可以说个性迥异。相同点只是城墙遗迹似为三重，但这只是表象。他们并不完成在同一时段，相关功能也有区别。只看残垣"三重"，并由这一现象引申，凝结其中的文化思想内涵存在彼此影响，是只及皮毛、不问实质的显例。

历史，可助益精神文明建设。但其前提及核心，是历史必须是真实的存在；唯其真实，才有可能吸取前人、先辈在社会实践中的经验、教训。

以阎文儒先生的《吐鲁番的高昌故城》为具体案例，文中说到的"内城"，实测其周长，联系《隋书·高昌传》关于麴氏高昌王国时期都城的记录，可以充分肯定，就是麴氏高昌王国最后阶段的都城；而保留至今的城垣，不少细节可以看到侯君集率唐朝大军进攻高昌都城时的场景，引发今天人们的深沉思考。

高昌王国都城，据《隋书·高昌传》，"其都城一千八百四十步"。秦制，一步为6尺。隋唐时据经济发展要求，改一步为6尺4寸。在高昌城郊外阿斯塔那墓地出土之唐尺，每尺长度约

四 西域名城：高昌　　121

为29厘米。6尺4寸乘29厘米，则一步为185.6厘米。1840步，则相当于3415米。实测现存中城，即阎先生笔下之"内城"，为方形。在唐平高昌之战事中，东、北城墙为唐军主攻方向，曾遭到重大破坏；西、南城墙，保存较好。南墙长度约850米，西墙长约980米，依城墙形制，思东、北墙长度，则都城周长近3480米。与之前被破坏了的高昌中城之周长，相差不过65米。联系诸多环节中可能有的小误差，可以说中城规模与《隋书》记录基本相符。因此，判定现存中城确为麹氏高昌王国都城，当可信从。

再说高昌中城东墙、北墙残损可能具有的历史内核。

在"汉魏遗黎"基础上成长起来的麹氏高昌王国，长期心向中原。以儒家思想为治国准则，宫廷内曾图绘"鲁灵公问政于孔子像"。但面对日益兴旺的"丝路"贸易利益，在西突厥的怂恿下，麹文泰图控制"丝路"谋一己之私。联西突厥，加强军事，抗阻大唐王朝正常西向进程，成为他治国的主导思想。阻塞丝路交通，这触碰了李世民决心走向中亚西部，寻求经济、文化进一步发展的基本战略，那也是符合亚欧世界物质、文化交流的进步愿望。麹氏王朝在逆流而动。

李世民曾将这一矛盾，反复、直白地向麹文泰申明，希望他要明白大势，改弦更张，改变阻抑丝路交通、谋一己之私的错误，但均为麹文泰拒绝。麹文泰的分析是：唐朝如军伐高昌，征途遥远，军力雄厚则后勤补给难继，军少则高昌足以对抗。而西突厥也必会增援，唐军腹背受敌，难有胜算，高昌则不会面临败局。为增强防卫，麹文泰动员内部"增城深堑"，准备迎接唐军的进攻。试看现存高昌王都中城，城墙高达12米，城墙顶部宽达3米，夯城厚度8厘米，十分密实。

"增城深堑",真是落在实处。面对唐军,麹文泰以为可以高枕无忧,最后却在内外压力交集中一命归西,在历史上留下了笑柄。

古今事理相通,东西心理相同。这是镌刻在今天高昌中城破垣残壁上,可以认真吮吸其历史营养的精神殿堂,也是高昌王朝留给我们的史鉴。"文明新旧能相益",这是今天考古学家、历史学家可以用心寄情、努力进入的节点,也是中原、西域历史进程彼此命运相连相共的实证。我坚信,我们这样做,也是阎文儒老师深藏在心,当年希望做却未能及时去完成的心愿。愿阎文儒老师在天之灵一笑。

高昌故实：张雄、玄奘、裴行俭

今天的人们，漫步在高昌故城，看那饱经风霜的断垣、残壁，没足的黄土，在冷风中摇曳的芨芨草，会油然而生一种寂寞、寥落的感情。大概很少有人会想到，他们脚下踩着的，正是当年高昌的国王、权贵们经常出没的土地；他们面对的废墟，或许就是1000多年前门庭若市的商肆。这里，曾经一次又一次印下跋涉万里的"商胡贩客"们重重的足印，洒落他们带自长安、罗马的风尘。

高昌故城的每一寸土地，每一堵墙垣，每一条街道巷陌，都刻印着逝去岁月的迹痕，记录了曾经发生过的一幕幕惊心动魄、有血有肉的往事。在这一方土地上曾经发生过的一切，不应该，也不会被人遗忘。

发生在高昌的动人心魄的故事太多太多，我们无法说尽、写完。这里随手拈来几则，奉献给亲爱的读者，也借以寄托我们对高昌深深的思念。

327年，前凉王朝在高昌设郡。444年，沮渠氏在高昌盆地内建北凉王朝。640年，高昌麴氏王国灭亡，吐鲁番盆地成了唐王朝的西州。这300多年中，除最后的140年麴氏王国社会相对安定，在吐鲁番盆地内，权力相争，变化不定。这给普通老百姓带来深重的苦难。即便是在麴氏王国相延相续的140年中，实际上也曾发生过激烈的内乱，有过人头落地的政变。考古工作者在阿斯塔那古墓地发掘到的张雄夫妇葬穴，就是失落在历史长河中的一滴水珠。我们通过这颗寻得的遗珠，来看看吐鲁番人民在一场尖锐的矛盾中，曾经作出的抉择。

地处丝路要冲的高昌，商税是王国中具有关键地位的经济收益。统治阶级的享受、王国的繁荣，商税多寡，关系重大。6、7世纪，由于王国统治集团投靠天山北麓的大国——铁勒，商税收益大部成了铁勒统治阶级的财源。铁勒在高昌驻兵并派驻重臣，直接负责向往来商贾收敛、盘剥，并随时将征敛所获送往铁勒。这对来去在"丝路"上的商贾，是一大负担；对负责供应所需、维持"丝路"交通正常运转的高昌各族人民的正当权益，也是一种直接的侵害，自然引起了麹氏王朝统治者的不满，也因无力摆脱铁勒的控制而苦恼。

张雄走上政治舞台的时候，面对的就是这样一个背景。根据阿斯塔那出土的张雄墓志，他祖籍河南南阳，世居高昌。他出生在高昌王国的一个权贵家庭：祖父、父亲曾先后是王国的最高行政官员，任左卫将军、建义将军、绾曹郎中。他的亲姑母是高昌王麹伯雅的妃子，曾在王宫内陪麹伯雅接待过玄奘。张雄与后继高昌王麹文泰，是姑表兄弟，身份自然不同于一般。成年以后，即"袭居荣职"，成了最高统治集团的一员。

6世纪末，中原大地经过300多年的分裂、割据，重新统一在隋王朝的旗帜下。604年，杨广继位为隋炀帝，随即派杜行满出使西域，同时命裴矩驻张掖，为统一西域而进行具体准备。4年后，薛世雄、裴矩率军驻伊吾（今哈密），并先后设立伊吾郡、鄯善郡、且末郡，高昌王国的东、南，均已在隋王

高昌国文书,公元587年,与麹伯雅有关的一件奏折

朝的有力控制之下。

　　面对这一系列形势发展,麹伯雅对高昌应该归附隋王朝,有了初步的考虑。因此,当杨广因征讨吐谷浑而弘扬军威于河西地区时,他即携带王子麹文泰及一些贵戚朝见杨广,并随杨广东归,历游长安、洛阳,同征高丽。麹伯雅对隋朝的政治、军事、经济、文化有了深刻而鲜明的印象,加强了他利用这一形势,摆脱铁勒控制,归向隋朝的决心。在中原地区时,他娶了隋宗室女华容公主为妻。为示忠诚,返高昌后他宣布说:过去因高昌地处边陲,所以生活习俗、服饰制度都和少数民族一样,披发、上衣左侧开襟;现在隋王朝统一了全国,高昌当然也要归于一统,所以高昌要改变发式、服饰制度,向中原文化看齐。这当然不只是什么服饰、发式的改变,而意味着

一场社会变革的开始。

麹伯雅推行的改革,张雄是全力拥护的,但却遭到铁勒培植的一些贵族势力的反对:他们策动了一场宫廷政变。事出突然,麹伯雅弃国逃亡。张雄墓志称此为"奸臣作祸,伪祚将颠"。这一形势发展,对高昌王国与隋王朝统一大计的进行,当然十分不利。在这一严峻时刻,张雄保持了清醒的头脑,他带领一支部队,保护麹伯雅出奔,"执奉羁鞿,经始艰难"。经过6年的努力,形势稍有好转后,在西突厥的大力支持下,张雄率军远征吐鲁番盆地。大军到处,不得人心的政变势力顷刻瓦解。麹伯雅返国,重登高昌王位。对张雄的这一复辟大功,麹伯雅给予很高的赐赏,封他为"左卫大将军兼兵部职",实际掌握了高昌王国的兵权。

在这几年高昌王国内部纷争迭起时,中原大地也发生了一场重大变化,唐王朝取代了短命的隋朝。高昌王国这时面临一个新的抉择:是不改初衷,归顺代隋而起的唐王朝,还是借"阻漠凭沙",背靠西突厥,割据一方?麹文泰错误地估计了形势,选择了割据、投靠西突厥的道路。而张雄在这时,却表现了过人的才智和政治家的韬略。他坚持主张并劝说麹文泰应该归顺唐王朝。分歧是尖锐的,麹文泰认为高昌地处西隅、有西突厥支持及黄沙大漠的隔阻,唐王朝也奈何不得。麹文泰还自作聪明地向李世民说明:唐王朝与高昌,有如"鹰飞于天,雉窜于蒿,猫游于堂,鼠安于穴,各得其所,岂不快耶"。张雄则完全不同意这一分析,"心怀事大之谋",坚持统一才有出路。他指出偏安无望,分裂无益,只有归顺唐王朝,才是益国利民的良途。他一次次提出建议,剖析利害,但"规谏莫用",政治上也不再被麹文泰所信任。正确的主张不能贯彻,统治集团自身的危机已迫在眉睫,他终日闷闷不乐,"殷忧起疾",年方50岁,即悻然逝去。

考古工作者揭开张雄的墓穴时,他的遗体还保存完好。身躯高大、胸背宽厚,长期戎马生涯,使双腿成为明显的"O"形。通过志文,我们了解到他为祖国统一事业费尽心血的事迹。考古工作者满怀深情,把他不朽的遗体,小心地运到了乌鲁木齐。今天,这遗体还陈列在新疆博物馆的古尸馆中,供后人瞻仰。

历史的发展,是有其自身运动规律的。高昌王国"与突厥联结""拥绝""西域诸国朝贡"的道路,既不可能为唐王朝李世民所容忍,也影响着高昌人民自身的利益。事情的发展,完全如张雄生前所预料。麹文泰倒行逆施,终于导致了高昌的灭亡。就在张雄死去7年后的640年,唐王朝发兵征高昌。信誓旦旦的西突厥虽"屯兵于可汗浮图城"(今吉木萨尔县境),还说过一旦高昌有事,一定出兵救助,实际这时却不敢有任何举动。唐军兵临高昌城下,麹文泰吓得病死,其子麹智盛投降,高昌王国灭亡。吐鲁番盆地成了唐王朝统属下的西州,中原地区的政治、经济制度,随即在这里施行。吐鲁番的经济、文化事业,得到了更迅速的发展。

张雄死于633年,为他陪葬的,是一批高昌王国时期典型的木俑:用圆木条刻成人形,敷以黑、白色彩,表现人物戴帷帽、着衣、穿裙的形象,制作简单而朴拙。而在40多年后,他的夫人麹氏去世时,陪葬的文物可就丰富、华贵得多了。就以同类泥木俑的制作、装饰来说,不仅文武官员衣衫华丽,穿绢着锦;且驼马成群,有戏弄乐舞,人物表情丰富而生动。它们,大多是来自唐王朝赐赏,是对张雄生前为唐王朝统一事业

高昌绾曹郎中张雄尸体。张雄身材魁伟,长期戎马生涯使其腿部成了"O"形。衣服被剥成为别种文物,实在是不雅之举

尽心尽力的褒奖。死者的享受,是生者现实的写照。夫妇同处一座墓冢之中,前后相差不过40年,随葬之物有如此显明的发展、变化,有力说明了随着统一,吐鲁番盆地内经济迅速发展,文化艺术趋向繁荣,社会大大前进了一步。

麹文泰在位期间,还有一件值得一提的事情,就是他曾全力支持、帮助玄奘西去印度求取佛经,他对玄奘的尊崇和友谊这一故实,是今天在高昌故城中巡礼的人们,都乐于称道的。

公元630年,不顾唐王朝的禁令,玄奘西行求佛法。在他抵达伊吾后,麹文泰知道了这一消息,立即派人迎接玄奘,请他改变通过北庭西行的计划,先到高昌。在算定玄奘要到高昌的当夜,麹文泰与妻、子及一众官员、随侍秉烛迎候,又将其接入王宫后院一重阁宝帐中休息。其殷勤、周到,难以尽说。第二天,玄奘还没有起床,麹文泰又率领王妃及贵戚前来问安。言谈中,尤其对玄奘能只身从长安到达伊吾,表示十分的钦佩。此后,就让玄奘住在王宫旁侧的佛寺中,请高僧与玄奘讨论佛法。

住了一段时间，玄奘要求继续西行。麴文泰坚持挽留，希望他在高昌奉佛，甚至威胁说如不留高昌，就把他送回唐朝，闹得玄奘只能以绝食明志。绝食到第四天，麴文泰才看清楚，玄奘绝不会改变自己的初衷。于是，只得同意他继续西行，但希望他临行前能在高昌讲经一个月，从印度回来后再在高昌住3年。玄奘答应了这些条件。

玄奘讲经，是在一个大帐幕中，帐幕可坐300多人。每到开讲的时候，麴文泰都亲持香炉前来导引。至讲堂，麴文泰自己跪下为阶，让玄奘登踏而上，就座讲经，天天如此，其恭敬之态传遍了高昌。从这件小事看，麴文泰实在不是糊涂人。他知道，在佛教信仰弥漫的高昌王国内，他对玄奘的恭敬，对佛教的虔诚，肯定会给他带来更多的支持者和拥护者。这在多事的高昌王国，是比其他任何东西都更为宝贵的统治基础。

1 张雄夫妇墓中出土的珍品，面稍忧戚、曼妙起舞的女俑
2 三角眼、大塌鼻、白面无须，一脸阴冷的宦官俑

有不少人，因为今天高昌城西南角的佛寺遗址最为宏伟、高大，而认为当年玄奘在高昌城歇脚的地方、讲经的场所，就在这区大寺中，这是不正确的。高昌王国时，今天的高昌外城还没有出现，麴氏高昌王室宫廷旁侧的寺院，当然没有可能是这区寺院。高昌王国都城是今天的中城。偏居北部的可汗堡遗址，地位重要，遗迹雄伟，有护墙环绕，当年的宫院，应该就在可汗堡。而玄奘停息的寺院，又在宫廷旁侧，自然也就在这一片地区。从地理、遗迹分析，勒柯克当年掘取"沮渠安周造寺碑"处，即是北凉王朝时的王室寺院。这一寺院，后来的阚、马、张、麴诸姓高昌王朝自然会继续使用。因此，说玄奘讲经于王宫旁的王室寺院就在这里，是合情合理的。只是在元代以后，遗迹几经破坏，已无法窥见当年的完整面目了。

玄奘离开高昌西行时，麴文泰为他准备了面衣、手套、靴、袜及法衣30套，黄金100两、银钱3万、绫绢500匹，可供玄奘20年资用；还准备了24封介绍信，每封书信附1匹大绫，作为信物，介绍玄奘给沿途的24个小王国；另有500匹绫绢、两车水果给西突厥的叶获可汗，请他照应玄奘。这番盛情使玄奘感动不已，他写信给麴文泰说，他的盛情，"决交河之水比泽非多，举葱岭之山方恩岂重"。有

四 西域名城：高昌　　131

了他的帮助,玄奘面临的"悬度凌溪之险不复为忧"。他们期待印度返来后彼此重见。但等到玄奘取经归来,麴文泰已长眠地下,高昌王国也成了唐王朝的西州。

作为丝绸之路上的重镇,高昌是唐王朝统治西域地区的政治、军事要地。李唐王朝不少稳定西域政治形势的重要举措,也都是利用高昌的人力、物力资源去进行、完成的。我们这里也介绍一个故实。7世纪中叶,李唐王朝的友邦波斯,因受大食侵扰,派人

银山道上,当年玄奘记录的阿父师泉,至今仍见泉水自岩壁垂落

唐代送波斯傔人文书残纸。公元7世纪70年代，唐将裴行俭以护送波斯王子返国的名义组织西州兵力平定西突厥叛乱，见诸文献。这纸出土文书是这一事件的鳞爪

到唐王朝请求支援。唐王朝没有直接派部队去参战，而是派出使臣王名远，经过高昌，出使波斯，明确给予政治上的支持。其后，波斯国王卑路斯及王族中的一些成员，也经过高昌，避难到了长安。到了7世纪70年代，西突厥首领阿史那都支煽起一场叛乱。唐王朝认为，对阿史那都支的叛乱不予处置是不行的；但大动干戈，从长安发兵征讨也大可不必，因此决定以智取的办法来解决叛乱危机。这次，平叛的领导人是裴行俭。他不带军伍，以护送在长安的波斯王子回国的名义，没有引起任何人的注意，就到了高昌城。裴行俭，曾在西州担任过官职，吐鲁番地区各族人民对他很熟悉，也比较相信。他利用这一有利条件，在高昌城一声号召，不费大力即招募到兵勇1000多人，准备了军资。从吐鲁番出发，以游猎为名，向西急进。途经焉耆、龟兹，更扩大了兵源。最后以迅雷不及掩耳之势，突然出现在都支面前。叛乱首领被抓获，一场可能造成极大社会动乱的叛变也随即平息。这是唐王朝时期很有名的裴行俭善于用兵的故事。但是，裴行俭再机智、勇敢，没有西州、高昌人众的积极支持，这些事情也是办不

成的。

很有意思的是，在高昌城郊的阿斯塔那墓地中，考古工作者发现了波斯王子泥涅师及一些护送他返国的卫士的姓名，如白欢相、赵力生等。当年高昌城中应召随裴行俭西进的氾德达，因为在战争中屡立战功，最后受封为"轻车都尉"。他受封的告身，在他死后也随葬在墓穴之中，考古发掘时又重见了天日，为当年裴行俭在高昌这番有声有色的作为，补充了不少真实的历史细节。这些曾经在高昌城中激烈展开过的人事，能大大深化我们对高昌故城的认识和了解，更好地体会这一故城在历史上的重要地位。

在高昌故城舞台上转来转去的，当然并不都是统治阶级中的人物。在故城中的街巷、弄堂内，窑洞、土屋中，也曾展开过许许多多普通居民的痛苦和欢乐、希望和追求。在城郊古墓中出土的许多文书残纸，为我们多少提供了一点了解他们的线索。在高昌城内的坊、里之中，有经营纺织、皮革、草编、陶器、木炭、靴鞋、兵器等各种行业的手工艺人，有制作纸张的纸坊，他们的商品，可以随时投放到城里的行市上去，进入交易。

住室门前的街道、里弄中，经常有小孩嬉戏，也有马、驼及牛车穿行。因为赶车人的疏忽大意，曾有一辆满载柴草的牛车轧断了一个小孩的腿。为此，曾经惹起过一场投诉官府的民事纠纷，引起过高昌全城的注意，最后以肇事者赔偿经济损失、负责赡养用费了事。

在干燥少水的高昌城，水，是最为宝贵的生产、生活资源。高昌城四面壕沟中的流水，既为古城的防御尽力，也是城郊农家的生命线。每到用水季节，争水严重，有权势的人可以

木牛车。箱盖严实,箱门启闭自如,轮辐、辕轭基本完好,牛壮硕有力。显示了唐代牛车的主要特征。今天看去十分简单、粗陋,1300年前可曾是驮载文明的重要工具

"重浇三回",而力弱者则"不蒙升合"。后在官府的干预下,选用了一位"谙识水利"的老人董思举,由他"栓校"用水情况。办法是根据实际需要"转牌看名用水","有不依次收取水者",则罚充徭役。如今,古城四围的壕沟已经堙平,成了田地的一部分。当年处于高昌社会底层的普通居民,苦累终年,"粟未上场,菜未入瓮,官人相逼,寸步不得东西"……他们曾经发出过的呼喊,在今天依旧能引发我们的联想与思考。

四 西域名城:高昌

高昌商业与丝路交通

诗人艾青在面对丝绸之路出土的驼、马俑列时,曾经深情地吟唱:

> 虽然仅仅是
> 驼马的往来啊
> 却也驮送过古老的文明
> 一代强盛

作为丝绸之路上的重镇、名城,当年在高昌城中穿行往来的,虽只是骆驼、马、骡、牛车,却基本保证了这条交通干线的运输需要,给沿线的城镇、村落带来了繁荣。

在丝路上转运的商品种类多、数量大,所以丝路上的商税收入非常可观。根据唐朝时期的记录,通过高昌等地的商税收入,可以供应西域地区军资、行政用费的需要。这一数量,当然是很巨大的。正是因为这种经济上的巨大收益,导致了西域地区不少次政治、军事冲突。

632年,麴氏高昌王国出兵进攻焉耆。焉耆战败,高昌对焉耆大肆搜掠。这次战争的起因,就是对丝路商税的争夺。高昌麴氏王朝,利用吐鲁番绿

 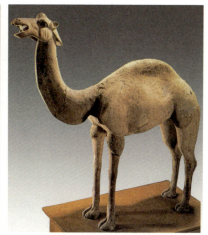

1 彩绘驼夫俑，阿斯塔那墓地出土。木俑为一胡人男子像，两小臂抬至胸前，作握绳牵驼状
2 单峰驼，阿斯塔那墓地出土。泥塑，单峰骆驼昂首站立，外表涂紫褐色，多已脱落

洲的有利地位，控制丝路交通，对来去的商贾征收重税。这种行为，不仅直接侵害了来去商人的利益，影响了贸易往来，而且对唐王朝加强丝路建设、加强对西亚及欧洲联系的愿望，也是直接的打击。为了改变高昌王国控制丝路交通、垄断渔利的状况，唐王朝曾对高昌再三谕理，希望高昌改弦更张，但不见效果。于是改为支持、配合焉耆王龙突骑支采取措施，重开汉代以来的"碛路"，即经焉耆沿孔雀河谷东行，经过白龙堆、楼兰城，沿疏勒河东向敦煌的路线。此路经过荒漠、碱滩，虽然困难多一点，但也可通行。如是，可以打破高昌的垄断。此路一开，对高昌的路税收入，当然有严重的影响。高昌恼羞成怒，终于发动了对焉耆的战争。由此也可见，丝路税收是重大的经济收益，在它的驱动下，甚至会发动战争。

高昌城，作为丝绸之路上最重要的商品转运中心、最大的商业都会之一，商品经济繁荣一时。被掠到日本的一份唐代天宝时期的账簿，记录了当年高昌城中的交易物价状况，这里略予介绍，可见一斑。

唐代高昌城曾商铺林立，毫不夸张。只不过这些店铺都是生土建筑物，因战火毁坏、垦土还田等已荡然无存。我们今天已不能完全窥见当年的街、铺面目。但从出土文书中，可以看到那时的商业种类已相当不少，有粮食、米面、帛练、干鲜果品、棉麻布、陶器、釜铛、菜籽以及靴鞋、皮毛、布衫、金属工具、木炭、饲草、驼、马、牛、鞍辔、药、糖、酒酢等经营。自然，这些古代文书中反映出来的行业情况，不可能是高昌等商业都会中商品种类的全部内容。实际情况，当会比这更为丰富。

为了保护自身的利益，同一行业的店铺，组织了行帮，称"行"。某一种商品的价格，由"行"规定，这就禁止了销售同类商品的不同店家之间，彼此不适当竞争。从文书看，每种商品，一般都按质论价，规定出上、中、下三种价格。如白面，上等1升为38文，中等37文，下等36文。葡萄干，1升上等17文，中等16文，下等15文。大练1匹，上等470文。突厥马1匹，上等大练20匹，合9400文。上等波斯公驼1头，要大练33匹，相当于次马2匹。市场上还有粪肥，1大车，上等值钱25文，等等。仔细分析、比较有关物价，对当年高昌地区居民的社会生产、商品种类及供求状况，能够得到很多方面的知识。这些商品，有的产自本地，有的则来自中原各处。当年中原大地上的不少名产，什么梓州小练、常州布、益州半夏，及细辛、黄连、独活、丁香等名目繁多的中药材，还有来自波斯的骆驼，天竺及大勃律的药材、香料等，高昌街头均有所见，确实说得上是一个沟通了商品交流的国际性都会。

作为一处远近闻名的商业贸易中心，当年相继于途的商胡、贩客，给高昌城的经济发展，注入了强大的活力。可惜的是，只重政治、军事情况的封建史家，在这方面几乎没有留下什么记录。考古学家的手铲在地下发掘的材料，又十分的破碎、零散。但出土的片纸残字，对于这方面的情况，透露了点滴信息。曾经见到一件高昌王国时期市场收取税钱的账页，保存着一点当年市场经营的情况。货物品类有金、银、玉石、硇砂、香料、药物、丝及丝织物等。有的商人一次就买丝50斤、金10两，也有人一次买香料572斤，还有的一次买香料333斤、硇砂140斤。这么多的数量，当然不可能自己消费，而只能是一种批发、转运，或作为在本地再生产、精加工的原料。这些商业行情，对认识高昌在丝路贸易中曾经具有的地位，当然不失为有意义的材料。

作为丝路名城，关于丝绸织物的交易活动，更引人注目。当年在高昌城里，供人选择的丝织物，诸如绸绢、锦、绮、绫罗、刺绣、纱、绝等，品类繁多，每一种商品又有不同产地、不同档次之分。这些丝织物有很大一部分来自中原地区的四川、河南、浙江、江苏、山东、河北、山西等地，也有的来自波斯等国外。其中相当部分丝锦就产自新疆及高昌本地，疏勒、龟兹、于阗及高昌，曾是新疆地区值得注意的丝织品中心。当年的高昌城里，不仅平民妇女操机纺织棉布、丝绸，甚至贵族妇女，也有以织锦为时尚的。阿斯塔那出土的一块唐代墓志中，有一位社会地位不低的妇女麹娘，她"晨摇彩笔""晚弄琼梭"，织就的织物中，有鸳鸯纹彩锦。这从一个

四 西域名城：高昌

1 经锦,中原传统工艺。图案为胡人牵驼,显"胡王"二字。为外销商品,迎合了买主之审美情趣
2 对鸟对羊树纹锦
3 彩绘胡人俑。幞头、翻领大衣,左手似抚佩剑。高鼻、大眼、多须髯,揭示了胡人精明干练的特色
4 阿斯塔那出土的《唐西州高昌县上安西都护府牒稿为录上询问曹禄山诉李绍谨两造辩辞事文书》

侧面,说明唐代高昌,丝织工艺已经达到相当不低的水平。从城郊唐墓中出土的实物分析,有一些丝毛混织、丝棉混织的产品,很有可能就是利用本地原料,具有地方特色。

东来西往的商贾、贩客,频繁的交易活动,自然也免不了出现许许多多与这一背景相关的民事纠纷。在唐代高昌县受理的民事诉讼案件中,就有一个相当典型的案例,表现了唐代丝绸之路上,丝绸贸易规模甚大、联系地域十分广阔、汉族商人与西域胡商交往频繁的情景。

家住长安的汉族商人李绍谨,在西域的弓月城(今伊犁地区,故址可能在尼勒克县境),向胡商曹炎延借了绢练275匹,还彼此相约一道从弓月去龟兹。随身有骆驼两峰、牛四头、驴一头。后来,李绍谨到了龟兹境内的安西都护府,曹炎延却不见踪影。曹的弟弟曹禄山觉得其中有鬼。李绍谨随行的还有个李三,身体很好,有力气、会胡语,曹炎延却不懂汉语。曹禄山不见其兄,怕有闪失,所以向安西都护府提出了诉讼。可能一方住在高昌,或当时已到高昌,因此,案子判由高昌县调查、审理。在审理中,李绍谨承认借了曹炎延的275匹绢,但却说并没有与他同行;并说,旅途中他曾与安西公差四人相遇,可以证明他是孤身行

四 西域名城:高昌

走。费了不少周折,最后查明了事实,判决李绍谨按约偿还275匹绢练了事。这一发生在7世纪60年代前后的民事纠纷案件,说明当年丝路上的丝绸贸易数量是非常可观的。

伊犁地区的弓月城,算不上商业都会,但胡商曹炎延,一次就可以借出绢练275匹。整个库存量,当然远过于此。汉商李绍谨身在长安,但与胡商曹氏兄弟不仅相识相熟,而且有相当的商品借贷往还。除了这一绢练交易外,其他商业活动,当然也不会少。汉商李绍谨,从长安到高昌、到安西,更翻越天山冰岭峡谷,深入弓月城中,只要利源所在,一无阻挡。当年丝路上的胡、汉商客,他们为开拓、繁荣丝路贸易曾付出的辛劳、做出的贡献,是不能轻估的。

通过这一案例,我们还得到一个启发,当年在西域大地上纵横展布的丝绸之路,绝不止正史上不绝于书的"南道""中道""北道"等几条干线,实际运行中的交通线路,要远比那几条干线丰富、复杂得多。这里,我们暂且以高昌为例,对当年通过高昌展开的交通路线,进行一个概括的说明。真正有志于一探当年丝路奥秘的人们,不妨按这些路线走走,展现在面前的高山峡谷、荒漠流沙,定会令人难忘!

通过高昌的交通线,除了玄奘西行时走过的出敦煌、过伊吾(哈密绿洲),到吐鲁番的干线,还有不少以高昌为中心、四面散射的交通径路,如通往焉耆等地的"银山道",通到乌鲁木齐地区的"白水涧道",避开伊吾,也避开白龙堆碛路通到敦煌地区的"大海道",以及翻越天山、穿过峡谷,最后都汇向北庭都护府所在地的"花谷道""移摩道""萨捍道""突波道""乌骨道""他地道"等。这些道路,均多少见于文字记

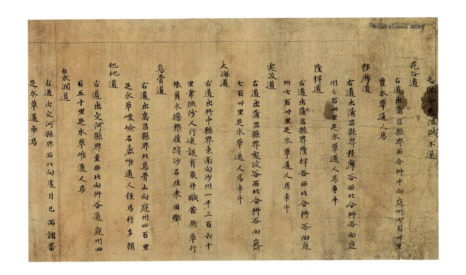

敦煌文书《西州图经》中记录的一些古道

录。其他还有虽不见于文字记录，却有考古遗迹标明古道存在的一些路线。如向西穿过阿拉沟可通达焉耆，也可西北进入巩乃斯盆地的古道；向南穿过库鲁克塔格山谷，通过罗布荒原的路线，等等。真是凡有人处就有路，有路即可运丝绸！

对于前人写得比较多、了解得比较清楚的高昌与伊吾间的通道、路线，本文不再多费笔墨，仅就人们所知较少的交通路线，多少做点介绍，以助丝路旅人的游兴。

"大海道"，是在吐鲁番出土的唐代文书中，经常提到的一条古道名称。这里的"海"，不是水海，而是沙海。大概路线是经鲁克沁斜向东南，穿越鄯善县境的库木塔格沙漠的南缘，进抵疏勒河流域，抵达古玉门关。库木塔格沙漠，唐代称"大患鬼魅碛"。

四 西域名城：高昌

通过这条碛路,干渴、沙暴、海市蜃楼幻景,都会给人以恐惧,而且随时会带给人以死亡的威胁。用"大患""鬼魅"来形容、称呼这条道路,如实记录了当年人们对此路线的感受。

其实早在汉代,就已经了解并力图开拓这条路了。公元初,西汉政府派驻在吐鲁番地区管理屯田事务的戊己校尉徐普,考虑通过楼兰东面的白龙堆沙漠,来去玉门关十分困难。听说本地车师人知晓另一条新道,"出五船北,通玉门关",可以省"道里半,避白龙堆之危"。因此,希望车师后部国王姑句帮忙,打开这条新道。糟糕的是,徐普不是商量,而是用了高压手段,不办就抓人。这激起了姑句的反感。同时,他也怕此道一开,会增加车师人民的负担。因此,姑句采取了消极对抗的方针。但实际上,这也并未能阻止民间通过这条路线往来。自汉代而后,三国、两晋、南北朝,也都有通过这条路来去的记录。进入唐代,这条路线不仅作为交通路线之一,记在了《西州图经》中,还可能绘制了地图。图早已失落不传,但文字在敦煌石窟藏书中还是见到了。说是:"大海道,右道出柳中县(今鄯善鲁克沁)界。东南向沙州(今敦煌)。一千三百六十里,常流沙,人行迷误。有泉井,咸苦。无草。行旅负水担粮,履践沙石,往来困弊。"从这段文字分析,来往在这条路上,既无水,又无粮,还常有迷途之忧,实在是非常艰难困苦的。

我在鄯善县时,曾向敢于出没沙碛中的猎手调查。据说,还真有人曾通过这条险阻丛生的沙漠小路,来去过敦煌。具体路线是:从鄯善县鲁克沁绿洲斜向东南行,经过底坎尔、土古满它、比尔阿塔尔布拉克、肖尔布拉克、玉尔衮布拉克、央格布拉克、乌宗布拉克、巴勒衮布拉克、红柳泉,走到这里,就绕到了库木塔格沙漠南缘。也可以从底坎尔向南，经和加玉尔衮，穿库鲁克塔格山道、阿里提米什布拉克，经七个泉、布尔衮布拉克到红柳泉，与前路合。复经库鲁克塔格山脉南麓，顺山势东行，经过库木库都克、羊塔克库都克、科什库都克、臭水泉、具什托克布拉克等，抵达疏勒河流域，与出玉门关后通楼兰的大道结合在一起，把白龙堆沙漠、无法通行的盐滩抛在了身后。

这里不少地名都有"布拉克"一词，它在突厥语中是"泉水"之意。实际也就是途中可以找到的一些泉眼所在。泉眼虽有不少，许多泉水却因含硝盐过重而无法饮用。自然也可寻到个别甜水泉，但不是很熟悉具体路线的人，是很难觅得准确所在的。这条路，在飞机、火车、汽车交通已完全改变了新疆与敦煌间的联系状况后的今天，当然不会有人再愿问津。但从文献看，自汉迄唐，这条路却始终没有断人行走。高昌王国及唐代西州统治者，当年经常征发青壮年从事苦役。苦役的重要内容之一就是"守海"——顾名思义，就是戍守经鲁克沁通往敦煌的荒漠沙海之路，以防有人偷渡，对统治阶级的政治、经济利益造成危害。而从"守海"文书屡屡发现来分析，这条通道，虽荒无人烟，但四处可以逃避遁形，确实经常有人冒险犯难，私自来往。

大海道只是通过高昌的若干条道路之一，这类道路，每一步、每一段，都凝聚着我们祖先艰苦斗争的精神，凝聚着他们当年敢于开拓、敢于胜利的英雄气概。

除了这类穿越荒漠、沙碛的瀚海路，以高昌为中心与四围进行联系的还有前面提到的许多条穿山越谷的山路。对这众多的山路，目前考察、研究得还是非常不够。因工作之便，我有

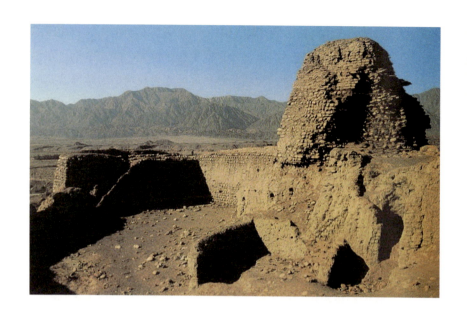

唐鸜鹆镇故址。坐落在阿拉沟东口，控扼自西州入天山、伊犁河谷的咽喉

幸去过自吐鲁番通过阿拉沟进入焉耆及巩乃斯河谷的山路；发自交河抵达北庭的"他地道"，则走了一半。这里稍予介绍，以供有意于此的同行参考。

穿行于阿拉沟进入焉耆盆地或巩乃斯河谷的山路，明代以前历史文献上似未见著录，但考古遗迹却标明了它的存在。正当阿拉沟口，目前仍耸立着一座卵石夹土、柴砌就的唐代古堡，堡垒略成方形，西北角高耸的瞭墩，至今仍高15米上下。古堡傍河而立，耸峙于峭壁之上，控扼由吐鲁番盆地西入阿拉沟的咽喉。古堡内的废墟中，曾经出土过唐代文书残纸，其中包括了唐代借贷契约、鸜鹆镇游弈所及其属下捉铺、烽及戍边卫士的姓名。除显示了它的唐代军事性质遗址特点外，从数量不少的借贷契纸也可见出当年戍边健儿们生活的苦难。过古堡,循阿拉沟西行12公里左右,为又一座古堡废墟;31公里后,再见古堡一座。座座相连,彼此呼应。说明当年在阿拉沟中,为保卫交通安全,曾经有相当严密的军事设置。

阿拉沟山谷全长100公里,平均宽度500米,最狭窄处,不过10米左右。河谷中流水不断,两岸陡壁峭立。一些开阔的地段,高山草场绿草如茵,羊群、马群片片,骆驼、牦牛来去。还可见到冰川及雪莲、雪鸡等珍稀动植物品种,确是难得一见的天山深处牧区风光图。到奎先达坂,山脚绿草如绒,山头雪岭常白。翻过达坂,斜向东南,入乌拉斯台峡谷,可到和静、焉耆。折向西北,穿山越谷,最后可抵达巩乃斯河谷、伊犁草原。因此,阿拉沟这条沟谷,不仅可以沟通吐鲁番盆地与焉耆盆地,也可沟通吐鲁番与伊犁的来去交往。明代陈诚西使,过吐鲁番后走的就是这条路。在他留下的《西域行程记》《西域番国志》中,曾具体描述了沿途饮冰卧雪、备受困苦的景况。不同的是,今天的阿拉沟谷中,已经是牧场连片、人烟不断,公路、铁路穿山越谷,是一处充满生命节奏的热闹所在了。

《西州图经》中提到的"他地道",也称"金岭道",汉、唐之时,是吐鲁番盆地与吉木萨尔地区之间联系的主要路线。唐代对它的描述,是"出交河县界,至西北、向柳谷,通庭州。四百五十里,足水草,唯通人马"。山南、山北我都曾走过一些路段,惜未得机会贯通全程。自交河故城北行,沿大河沿河谷上溯,经过红柳河、桃树园子、大河沿牧场到石窑子,可达天山达坂。过达坂后,沿着大龙口河谷,经过长山渠、贼疙瘩梁,可直下吉木萨尔后堡子古城。交河故城在这条古道的南端，贼疙瘩梁古城、北庭古城则在这条古道的北端。汉代车师前部在吐鲁番，车师后部在吉木萨尔，彼此来去频繁，走的就是这条路；唐代，西州、庭州之间，不仅官方政治、军事联系密切，民间商业贸易往来也十分频繁。唐代高昌城中消费的面粉，从出土文书看，不少就来自北庭。其间的交通路线，主要也是取这条道。回鹘高昌王国的狮子王，冬天在高昌，夏天到北庭，来去也是穿行在这条路上。宋王朝使臣王延德出使高昌，到了高昌城，不意国王却避暑到了山北。为了追随高昌王的行踪，也只好驱马天山，循着这条路，前往北庭。他在留存至今的《使高昌记》中，记下了自己走过的路线："历交河州，凡六日，至金岭口，宝货所出。又两日，至汉家寨。又五日，上金岭，过岭即多雨雪，岭上有龙堂，刻石记云，小雪山也。岭上有积雪，行人皆服毛罽，度岭一日至北庭。"曾有考古工作者循此道，从北庭走到吐鲁番。途程中虽未觅见王延德曾经目睹的"龙堂刻石"，但沿途险绝的山谷、常青的松柏、雪山冰岭下四季常温的神泉、古代采金的矿洞以及曾接待过往行人住宿、休息的客店废墟，还有高山深处挺立的石人、墓冢，都给人留下了难忘的印象。

　　北坡的石门子是一条长有40多米、宽约1米的天然石巷。左右峭峰壁立，直插云天；路面长期人来马去，光滑如冰。这天然的险阙，在古代，当然会是凭险据守的天然关隘。今天的人们就其形势，称为"石门"，真是一点不错。离石门子不远，为六道桥，这也是一处令人惊心动魄的天堑。天桥高出山涧20多米，桥下水势急湍。两旁怪石犬牙交错，悬岩上松柏长青。形势天成，人工难及。登上山顶后，又是别一番景观。这里岭秃山荒，少见树木，不见飞鸟。一座不知什么年代建起的石堡，屹立在山岭上。古堡面积有100多平方米，壁立的石墙还有4米多高。有成梅花状的木桩构成环状栅栏，更使人对古堡增加了浓厚的疑问：王延德曾经目睹过的"汉家寨"、唐代文献中提到的"石会汉戍"，是这个形象吗？

自达坂南下交河，还要经过石窑子一段险路。这是一条穿行在如笋似柱石壁中的曲折回廊，宽不过米，全长也有40多米。石缝间可见深沟峡谷，石柱上顶盖的巨石，似蘑如盘，看去摇摇欲坠，望之令人心悸。这条山道的地理形势，因为山区建设不多，人迹稀少，至今并没有多少变化。希望品味汉、唐时代来去天山南北滋味的旅游者，以马驴代步，穿行于天山峡谷之中，以肉、乳、干馕果腹，饱览山南、山北完全不同的山川景色，其特殊意趣，是在其他任何地区都难以取得的。

翻越天山，从吐鲁番通达吉木萨尔地区，除"他地道"外，还有"花谷道""移摩道""萨捍道""突波道""乌骨道"几条线。由高昌城北的木头沟经七泉湖、黑沟，翻萨尔勒克达坂进入奇台；从鲁克沁北行入二塘沟，过七克台，经碱泉子，翻沟川达坂；或者翻越祖尔木土达坂、阿克古勒达坂进入木垒河谷，应该就是这些古道所经行的沟谷。它们仍都处于一种自然状态，仍然如《西州图经》所说的，虽然沿途水足草丰，但山势险峻，大多数只能通行人、马。其中从七克台过沟川达坂抵木垒河的山道，因坡势稍为缓平，已平整出简易公路。

通过这些山谷来去天山南北，可以欣赏到山南、山北完全不同的地貌。天山南坡，长时期受洪水、烈日、大风、热气流等自然因素的侵蚀，使山石呈现种种奇异的形态，山势奇拔，怪石嶙峋，沟谷纵横；进抵达坂顶部，则冰雪不消；山北，松林成片，绿草如茵，流水淙淙。随地势变化，林木绿草不同，生态环境迥异。在同一地区的不同高度上，因条件不同而显示的强烈差别，给人以深刻的印象。

　　围绕着丝绸之路上的重要都会——高昌，四通八达的交通线路穿过瀚海，越过天山，像流动的血管，使高昌随时随地都能吸收到新的营养，也能把高昌得自长安、罗马的新的物资、商品，随时吐纳到吐鲁番绿洲中大大小小的村镇或更远的农居牧点。这些散射四方八处的大小道路，让我们有了一个清晰的认识：所谓丝绸之路，远远不只是一两条人尽皆知的主干路线，而是像蜘蛛网一样纵横密布的交通网，把干线周围的所有村寨、居民，都与当时亚、欧世界的文化中心联结在一起，共同发展。

文物与文献中的高昌土特产

从文献记录看,古代高昌的土特产声名远扬,在唐王朝的都城长安也颇有影响,有一些,还被规定为进献皇室的贡品。

这些产品,有的已失落在历史的尘埃之中;有些,至今仍是吐鲁番地区的风味名产,受到人们的青睐;还有些,虽已不再生产,但稍作努力,恢复似亦不难。

爬梳古代文献,高昌物产有称为"白叠"的棉花,棉、毛混织的"叠毛",优良毛织物"氍毹",及刺蜜、干葡萄、葡萄酒、鸣盐枕、名马、拂菻狗、玛瑙盘、玉盘、珠象、黑白貂裘、宝刀、杂丝等,品种很多。这些物产,相当部分是本地土产。有一些,如玉盘、玛瑙盘、珠象、名马、拂菻狗等,则是转手产品,是高昌利用自身在丝绸之路上的地位,搜求到手,投中原王朝最高统治集团奢侈享乐之好,用"进献"的名义送到长安的。这样做,既可取得政治上的好感,经济上也有利可图,因为中原王朝对这类"贡品"的回赐,往往是十分丰厚的。

对于一些明显是转手的产品,与高昌生产无关,我们这里不去多说;而肯定产自本地的一些传统产品,可以多少费点笔墨,力求说得清楚点。这既可以

阿斯塔那墓地出土的干葡萄

帮助我们认识吐鲁番人曾经取得的生产成果,还可以为丰富今天人们的物质文化生活,贡献一点力量。

提到吐鲁番的名产,大家立即会想到各种各样的鲜美葡萄、国内外享有一定知名度的葡萄酒。这是一点不错的。对此,我们将在另外的章节中进行介绍,这里暂不多说。这里只说一下葡萄干。

由于吐鲁番盆地特殊的地理气候条件,葡萄干的出现是很早的。阿斯塔那晋–唐时期的墓穴中,逝者灵前的供品就有干葡萄。这种风味特殊的葡萄干,在唐朝即名声在外,已成为长安达官显贵们追求的风味食品。根据《唐会要》记录,在唐朝开元年间,风流皇帝李隆基曾特别做出过一条规定,作为西州的吐鲁番盆地,每年都必须给李唐王室进贡一定数量的"干葡萄"。李隆基与他的爱妃杨玉环,当年肯定也曾为吐鲁番的特色葡萄干所倾倒。他们当年在兴庆宫中欣赏轻歌曼舞,在长生

葡萄干晾房。吐鲁番盛产之葡萄，利用对流风自然阴干，色泽嫩绿微黄

殿中倾吐绵绵情语时，吐鲁番的葡萄干，或也曾是助兴的佳肴、珍果。

除了葡萄干，唐代的贡品中还列了一项"刺蜜"。这个"刺蜜"，今天知道的人已不是很多了，但它在历史上，名声可并不小。从汉代以来，不知有多少汉文史籍都曾经提到过"刺蜜"，说是吐鲁番地区有一种草，名"羊刺"。这种羊刺草能分泌出一种蜜液，味道佳美。自汉晋以来，相当长的历史阶段中，"刺蜜"一直作为吐鲁番地区的特产，入贡于中原王朝，受到青睐。十分吝惜笔墨的古代史家，每每在堂而皇之的官修正史中，也为这个"刺蜜"留下点墨。

"刺蜜"，何以有这么重要的地位？原来，这种"刺蜜"可以入药，是一种重要的草药资源。在中医药学家心目中，它是治疗肠胃疾病的有效手段。这一点，在明代医药学家李时珍的鸿篇巨制《本草纲目》中有很清楚的说明："刺蜜"的产地，远在西域，长在一种草上。"交河沙中有草，头上有毛，毛中生蜜，胡人名为给勃罗"，入药可主治"骨蒸发热痰嗽，暴痢下血，开胃止渴除烦"。这么重要的功效，使它的需求量很大；得之不易，自然也就更加具有吸引力。

这种"刺蜜"，在吐鲁番盆地中，实际是处处可见，并不稀奇的。它是沙生植物骆驼刺的一种分泌物，颜色有如琥珀，成颗粒状，似蜜而微甜。大概因为骆驼刺的突厥语称是"羊塔克"，于是在中原地区被讹传而称为"羊刺"，而产自羊刺的如蜜状物，自然就有了"刺蜜"的名号，又因为甘甜如糖，所以也可以称为"刺糖"。它的入药，不知曾有过怎样的实践、摸索过程。串挂在骆驼刺上的琥珀状刺蜜，外形就颇为引人。戈壁上的跋涉者，摘取刺蜜以尝其味，是很普通的举动。而慢慢地，就发现它们在祛痰、止泻方面，有其功效，于是刺蜜就以滋补身体、强壮筋骨而远近闻名。随着丝路拓展，它自然也就远销中原各地，成了药物学家们涩肠止痛的理想药源。

骆驼刺，分布在吐鲁番绿洲的盐碱荒漠上，是十分普通的耐盐植物。但是，并非每一处骆驼刺都可以采获到理想的"刺蜜"。据研究吐鲁番植物的专家介绍说，这种骆驼刺上分泌的"刺糖"，最好的并不是《本草纲目》所说产自交河附近，而是在鄯善县境。访问熟悉这方面情况的维吾尔族老农，说法又有不同，称鄯善所产，并不如吐鲁番；而在吐鲁番，最好的刺

骆驼刺灌丛

蜜,则在艾丁湖附近的沙碛中。在高昌地区生活过相当年月的唐代诗人岑参,却记录了另外一个情况,说最好的"刺蜜",是产在高昌境内的"武城"。这有诗为证。他在诗作《与独孤渐道别长句兼呈严八侍御》中,就明确说:"桂林蒲萄新吐蔓,武城刺蜜未可餐。"葡萄吐蔓,时在初春,刺蜜当然不能凝聚成粒,欲餐不得了。这里提到的武城,当是唐朝高昌县下的武城乡。根据考古发掘资料,地点就在高昌城西不远处。还有一点值得注意,岑参在诗中将葡萄与刺蜜并称,看来都是当年吐鲁番地区的名产。而且,刺蜜好像并不单纯作药用,平日还可作为糖类的食品,餐上一顿,似乎也是常有的事。

采收刺蜜的季节,是在秋末。这时的刺蜜,已干结成实,籽实小的如高粱米粒,较大的如小葡萄。色若琥珀,望之引人。采摘时,可先在骆驼刺草下铺一块干净的布单,而后晃动骆驼刺,刺蜜即纷纷坠落在布单之上。据说,一棵刺草,稍多时可采得刺蜜100多克。特别高大的骆驼刺,也有收获更多的。点点滴滴的刺蜜,就这样集聚成袋成车,远销万里之外。这般辛苦,也真不是一般人所能想象、了解的。

除刺蜜以外,作为贡品入于中原的,还

四 西域名城:高昌

有一种"鸣盐枕",或称"盐枕"。《魏书·高昌传》说,高昌"出赤盐,其味甚美。复有白盐,其形如玉。高昌人取以为枕,贡之中国"。《梁书·高昌传》说,高昌王麴坚在6世纪中叶,曾经派遣使臣献"鸣盐枕、葡萄、良马、氍毹等物"。只从字面看,这里的"鸣盐枕",当与"枕"相关。实际完全不是这么回事。它既不是盐,也不为枕,而是中草药中的"凝水石",也就是说,它与"盐""枕"根本没有关联。李时珍在《本草纲目·金石部》介绍一种清凉去热的药物"凝水石",说明它是"盐精石,一名泥精。昔人谓之盐枕,今人谓之盐根"。所以如是,是因为它"生于卤地积盐之下,精液渗入土中,年久至泉,结而成石……清莹如水精"。所以名这种盐精为盐枕,原来是因为它"枕"在卤盐之下,与人们使用的"枕头"并无关联。吐鲁番地区多盐卤,艾丁湖就是一个不小的盐地。盐卤下有盐精石。这种盐精石又多有孔窍,风吹、口吹均可出声,自然可以与"鸣"响联系。麴坚贡品中的"鸣盐枕",所以用"鸣",道理在此。古代人取词用意,都有当时、当地的意涵,不穷究深挖,只从字面去理解,真会差之千里的。

在高昌进献给唐王朝的稀奇珍宝中,还有一种拂菻狗。据《旧唐书·高昌传》说,唐武德七年(624年),高昌王麴文泰,又向唐王朝献狗,"雌雄各一,高六寸,长尺余。性甚慧。能曳马衔烛。云本出拂菻国,中国有拂菻狗,自此始也"。拂菻,是指东罗马帝国及亚洲西部地中海沿岸地区。高昌国之所以有拂菻狗,当然是受惠于在丝绸之路上的重要地位。这种拂菻狗,究竟是一种什么形象?不少读者对此感到很大兴趣。有幸的是,吐鲁番地区出土的唐代绢画真实而惟妙惟肖地保留了它的形象:长不及尺,全身绒毛微卷,黑白相间,十分精灵可

唐代绢画。面相丰满的幼童，身穿彩条背带裤，怀抱拂菻狗，欢乐之情满溢画面

爱。抱在六七岁小孩怀中，驯服温顺，犹如可意的玩具。从出土绢画表现的内容，可以一目了然，它是十分招人喜欢的玩物，如同今天的哈巴狗。

前引《唐书》中，说这种拂菻狗到了长安宫廷以后，还承担了马戏演员的角色，可以曳马，也会衔烛。在绢画中，虽没有见到如是形象，但对照另一些文献记录及出土文物，却也可以肯定。据描述李隆基生活的《明皇杂录》，唐玄宗李隆基曾在宫廷中驯养良马百匹，能应和着音乐的节奏，做舞蹈动作。每逢明皇生日或其他重大节日庆典，马匹都披着锦绣，配饰金银质马具，间杂珠玉，在兴庆宫中的勤政楼下，配合音乐，漫步起舞。乐曲终了，则衔杯跪伏，向明

四 西域名城：高昌

西安南郊出土的鎏金舞马衔杯纹银壶

皇祝寿。后人只看到这些文字记录，总是疑信参半，不敢肯定。1970年，在西安市南郊出土了一批唐代金银器，其中有一件"舞马衔杯纹银壶"，竟然是衔杯的舞马跪伏祝寿的形象，这才使人确知，文献中的有关记录确实并不虚妄。唐朝宫廷中，既有舞蹈衔杯的马群，将聪慧可人的小狗同样训练成可以衔杯、曳马的小演员，当然也不是难事。这些历史上的轶事，很能说明贵族生活的奢侈，也表现了当年的马戏技艺，已有相当不低的水平。

经过高昌到达中原大地的名产，如珠象、貂裘、玉盘、玛瑙盘或精致名贵的毛织物，会受到达官贵人的青睐，受到王朝最高统治集团的重视，自不在话下。但是，它们与广大的普通人民群众的生产、生活，关系是很少的。真正与普通人民关系密切，对经济生活有过重大影响的，还得算是棉花的种植及棉布的生产。

最早记载高昌地区种植棉花、纺织棉布的是《梁书·西北诸戎传》。说是吐鲁番地区"多草木，草实如茧。茧中丝

阿斯塔那墓地出土的棉籽与俑人棉布衣裤

如细纻，名为白叠子。国人多取织以为布。布甚软白，交市用焉"。这种"白叠子"，在唐代僧人慧琳的名著《一切经音义》中，有过解释，说是"白叠，其草花絮，堪以为布"，"土俗皆抽捻以纺成缕，织以为布"。可以清楚地知道，这里说的就是棉花。

但是，吐鲁番地区种植棉花、纺织棉布的时代，比起《梁书》的记录来，还要早得多。1964年，吐鲁番阿斯塔那一座晋墓中，出土过一个俑人，外面穿的衣裤，都是棉布做的。因此，说两晋时期这里已经植棉织布，绝对不会有错。而到南北朝、隋、唐时期，在阿斯塔那、哈拉和卓的古墓葬中，不仅见到棉布衣袜、棉布口袋，甚至还见到丝、棉混织的几何纹锦。在出土的纸文书中，也见到不少借贷棉布的契约，一次借贷的数量，就达64匹。说明当年吐鲁番地区的棉花种植、棉布纺织，已经达到相当高的水平了。大概因为棉布是人们日常生活中的必需品，所以在南北朝到唐代的吐鲁番地区，棉布还成为市场上交易往来的流通手段，形同钱币。当年棉布在吐鲁番地区的这种特殊身价，后来是不多见的。

四 西域名城：高昌

棉布柔软、轻暖，是人们衣着的主要材料。而当时的中原大地，还不知棉花为何物。棉布，更是一般人无法见到的珍品。物以稀为贵，这自然也就更加抬高了棉布的身价，使它成了统治集团争逐的对象。唐朝政府还规定棉布是吐鲁番地区进献朝廷的贡品之一，与刺蜜、葡萄等并列。这种现象，在棉花、棉布普及的今天是很难想象的。

其实，根据出土的棉籽类实物，当年吐鲁番地区种植的棉花，品种并不算太好。它是原产阿拉伯的一种草棉，学名为"非洲棉"。这种棉花，纤维不长、拉力不强，色泽并不是很白，产量也不高。但有一个优点，生长期比较短，只要130天左右，即可成熟。这种草棉，进入新疆后，在新疆、河西走廊地区，曾种植过相当长的岁月，但并没有能在更广大的范围内推广，这大概与它的产量不高、纤维品质不佳，多少有点关系。

实事求是地说，以吐鲁番盆地这样优良的植棉环境，只种植这种草棉，实在也是够委屈的。棉花喜温，在整个生长期间要求比较高的温度、比较充足的阳光，这在吐鲁番地区都可以得到充分的满足。而且，便利的人工灌溉，棉花生长期中所需要的水分，又能得到合适的调节。近数十年，在吐鲁番这块具有悠久植棉历史的土地上，种植了长绒棉。这可真是作物、土地两相宜！充足的热量资源，使长绒棉的生长得到了理想的条件。吐鲁番盆地，自然也成了我国比较理想的长绒棉种植基地之一。这里出产的长绒棉，不仅纤维长，而且拉力强，色泽白，成了纺织业界瞩目的上等原料。用它纺出的精纱，织成的白布，细薄如绸似绢，受到人们一致的赞扬。

高昌城考古的遗憾

20世纪60年代，在国家公布第一批"全国重点文物保护单位名录"时，"高昌故城"即名列其中。

但人们很难想象，因为种种客观、主观因素，高昌城，竟是迄今还没有经过中国文物考古界科学发掘、具体分析，进而深入研究的一处国家级重点文物保护单位。这让人遗憾，也是必须尽快组织力量补上的一课。进一步详细调查、准确测图、择点发掘、更全面准确认识其历史文化内涵，是今天新疆的考古学家完全有能力进行并做好的事情。

1960年，笔者步入新疆考古舞台，同年深秋，曾与已故吴震兄一道，领着当年新疆文化厅为加强新疆文物考古工作力量而举办的"文物干部培训班"的学员，至吐鲁番进行考古实习。其间，曾在高昌故城西南角、大佛寺东门外，选择一处比较平坦、地表不见古代建筑遗痕的空旷地带，布设过一区探方，展开试掘。主要目的，是让不了解考古为何物的各县市抽调过来学习的干部们，知道遗址、布方、清理的方法，有利于自治区面临的文物保护工作。自然，我与吴震兄也希望借此了解故城内遗存的实况。发掘清理结束，在探方内，获少量陶片和（唐）"建元通宝"一枚，未见其他文化遗物。当年实习时间短，工作经费缺，没有展开进一步的工作。没有想到，63年前的这次试掘，竟是新疆考古史上，中国专业考古人员在高昌考古的第一次。其后，似乎再未在古城内主动进行过考古工

作。它竟成了中国考古人员在高昌故城内进行的唯一一次工作。思考及此,感慨万千!

高昌故城之所以没有进一步做考古工作,我了解:除业务力量比较薄弱、经费十分短缺外,当时还面临一个具体问题。20世纪60年代,古城内不少地段已为城郊农民的小麦、棉花种植地,他们进入古城生产并未经政府正式批准,是事实上的默许。但要他们在一段时间种植后,不再继续生产,却必须给以经济补偿,这不是一笔小开支。(稍后为古城保护,政府还是支付了适当的经费,动员农民们退出古城内的种植地块。)

高昌故城,所以名响国内外,主要是20世纪初至30年代,不少打着探险、考察名义的外国学者,在高昌城内、城北郊区,进行过不少的发掘。其中英国的斯坦因、德国的勒柯克、日本的大谷探险队主力橘瑞超等,是活动最多、历时长、窃取文物比较多的。窃取文物刊布,世界瞩目,产生的影响无法轻估。于是,高昌故城在人们了解古代西域文明、亚欧古代文化交流中,具有特别重要的地位。作为重点文物保护遗址,

风蚀沙侵,
沧桑高昌

加强保护,顺理成章。

60年代中期以后,"文化大革命"飓风刮起,文物保护、田野考古步入了一段十分困难的时期。高昌考古,再难提起。

改革开放,新疆文物考古工作步入一个全新阶段,呼应时代需要,全疆各地的文物考古工作,有了迅猛的发展,成果斐然。但高昌故城考古,迄今仍没有提上工作日程,其他不少难与高昌比肩的遗址(古城),都有计划地进行了发掘研究,唯高昌故城似仍没有进入专业文物考古单位的工作视野。

对高昌故城深一步的认识、了解,在当前文物考古工作大好形势之下,迅即列入工作计划、提上工作日程,乃当务之急。理由是:

一、高昌是土城,风蚀沙侵,偶有的突发阵雨、暴雨,对古城都是不可轻忽的破坏力量。高昌故城看似今天与昨天一样,十年八年似不显变化,其实却是

四 西域名城:高昌

每天都在经受着消失之苦，高昌故城目前的保护措施绝对不可能使它"永垂不朽"。以今天已经具备的科学保护技术，在古城发掘、保护全过程中提供更好的技术支持，可为高昌故城的保存提供更好的保障。

二、自2100多年前汉族健儿始建高昌壁，后有高昌郡、高昌国、唐西州、回鹘高昌王都，最后在蒙古武士的进攻下毁于战火，古城化为废墟，居民他走。高昌故城，凝聚着我们今天无法尽知的西域历史文化的种种碎片，凝结着汉民族建设西域大地的努力与奉献，匈奴、鲜卑、铁勒、突厥、回鹘、蒙古等各族健儿在这片土地上曾有的奉献，在矛盾、碰撞、深化了解、彼此交融中绽放出的新的历史精神，这对我们是十分珍贵、文献少见或未见的财富。认真利用新的科技手段，全新的高昌故城考古发掘工程，可望给我们提供难以尽数的精神文化资料，为建设多民族共行共进的新征程，提供重要的历史文化营养。

三、西域大地是古代中国走向世界的重要大门，高昌是西域大地上特色地理环境下培育成长起来的交通枢纽，物质、精神文明交流的中心，有限的文献、不多的出土古物，告诉我们儒学在这里产生重要影响，中原大地农业生产的智慧、水利、牛耕也曾为西域大地经济发展奉献了不可低估的力量。育蚕、丝织、漆器工艺、造纸技术、火药发明，在推进西域以西广大世界的历史进程中发挥了重要作用；西来的毛纺、棉花、通经断纬的缂织技术、玻璃器制造技术，以及小麦、优质黄牛、绵羊、坎儿井……也为这片土地的发展注入了新的力量。不同地理环境下成长起来的物质、精神文明，曾经使西域大地闪耀着指引人们前行的光亮，这是人类文明交流的生命力，是人类历史进步不可违逆的力量。

四、不同的精神文明，儒家的共美前行、佛家的普度众生、祆教的人类在光明与黑暗的斗争中进步、伊斯兰主张的众生平等……不同的艺术表现形式，譬如东亚、欧亚草原、西亚、阿拉伯世界优美的音乐，都使西域大地的精神文化生活别显异彩。在高昌故城的发掘中，这些方面都有可能获取种种细节。

五、高昌城中，为公平贸易曾货分三等，按质论价；城内巷道中，曾有牛车与小孩碰撞导致骨折，按唐律判处过相关纠纷……这些古城中曾经展开过的生活细节，通过考古再现，也可给予今人有益的启发。如是等等，无法尽说。

最后，值得强调，经过大半个世纪的磨炼成长，过去没有被人们充分重视的新疆考古力量，已经成长为一支在认识古代西域文明中不可忽视且无可取代的劲旅。他们长期坚守在条件比较艰苦的西域大地，任劳任怨。对古代西域，尤其是西域地区吐鲁番文明的认识，已经站在了国内外相关研究的前列，由他们承担发掘，并进一步保护高昌故城的责任，是完全可以信任并予以支持的。

我们要学习意大利同行在庞贝城考古的经验，让可以，也有能力在高昌故城长期驻守、细致工作的新疆考古工作者，一条又一条路、一间又一间房、一步又一步地前行，积以时日，使干燥环境下的高昌故城能比较完好地呈现当年的面貌，化作西域大地上最好的遗址博物馆，成为人们了解、认识古代西域文明的考古遗址公园。功莫大焉！

不论会遇到怎样的困难，面对怎样的问题，我认为，从进一步认识古代西域文明计，今天，高昌故城考古应该提上工作日程了。这是时代的需要。不做工作,听任高昌慢慢湮灭,是不能容许的无作为、不作为。

高昌故城考古,早做,比晚做好;今天做,比明天做好。更早一点发现更多的西域文明细节,有助于我们深入认识亚欧文明的早期交流,深刻理解命运相通、祸福相同的人类发展进程。这些,都可以帮助我们人类更加健康地前行。

期待高昌故城考古能够早日上马。

五 地下博物馆：
阿斯塔那古墓群

值得珍视的"历史档案库"

在吐鲁番盆地内，高昌故城是西汉以后、元代以前西域大地政治、经济、文化的中心；故城北郊的阿斯塔那墓地，则是高昌城中各族居民寻求死后安乐的幽冥世界。在高昌故城中曾经生活过的万千居民，或富贵或平凡，在世事的纷扰中曾经有过的追求和渴望，欢乐和痛苦，最后都随同他们的主人一道进入了阿斯塔那荒野的古冢之中。

人们都说，阿斯塔那墓地是当之无愧的地下博物馆，是高昌的历史档案库。一座座墓葬，既使用写实的，也使用象征的手法，保存、表现了从晋、南北朝到唐代的高昌历史。墓葬主人们生前曾经拥有的一切，他们内心深处曾有过的渴望和追求，在这里都得到了表现，获得了满足。

俗称的阿斯塔那墓地，实际包括着阿斯塔那、哈拉和卓村北戈壁上10多平方公里的广大墓地。以高昌故城为基准点，在它的东北郊、北郊、西北郊外，密密麻麻，或隐或显的都是古代墓葬。准确的数字有多少，目前还说不清楚。墓葬主人们崇信鬼神，真诚地相信还有一个死后的世界。他们遵循这一信念，按照人间生活的模式，精心经营死后的生活。为此，在这些墓葬中究竟埋藏了多少文物，更是一个没有办法回答的问题。新中国的考古学者，从20世纪50年代末到90年代中，只是配合着农田水利、修建道路的要求，多少进行了一点清理，就发掘了墓葬约500座，出土各种文物数达万件。任何一个参观者，无不惊叹其珍贵、丰富。这片墓地会给高昌地区历史提供多少实物资料，真是难以预估的。

汉代以后，中原地区的汉族居民来到吐鲁番的为数不少。他们主要来自现在的甘肃，也有来自更东的陕西、河南。麹、张、马、阚、索、唐、曹、赵、郭、孙、范、氾、傅、董、牛、李、史、焦等，是当时高昌地区随处可遇的姓氏。家族，在当时的高昌社会中，是一种绝不可以低估其力量的组织形式。普通百姓人家，要依靠同姓、同族的扶持、照应，以求安身立命；权贵之家，也利用血缘、家族的关系，作为维护统治权益、巩固统治地位的重要工具。随便举一个例子：麹、张二姓，在麹氏高昌王国统治吐鲁番地区的140年中，就是王国中的头等豪门，麹氏作王，张氏为将、为相。王国的军、政大权，几乎都把握在麹、张二姓手中。他们渴望已经在手的统治权益可以世代相继，传之永久，因此，彼此又相互联姻。家族的、血缘的关系，成了维护现存统治秩序的有力手段。生前，人人都感受着形如蛛网的家族的联系；死后，自然也不能脱离这一家族关系的束缚。因此，以一个个大家族为单元，营建自己的墓地，成了一种习俗。

在高昌城北郊平展的戈壁滩上，到处都可以看到井然有序、界域分明的一区区茔垣。它们大都形如"甲"字，用戈壁石堆砌出范围，留出门道。茔内，是一个父系大家族的墓园，按祖、父、子、孙辈分大小，墓葬依次排列，非常规整。那整齐的"甲"字形土石围垣、门道，外侧有的还挖出壕沟。整个

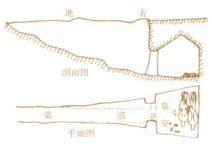

形式,总让人联想起壁垒森严的堡寨。在晋、十六国到南北朝时期,战乱频仍、社会动荡,远徙到吐鲁番绿洲上来的地区权贵们,面对动乱、纷争的局势,筑寨自守,成为一个自然的现象。这种严密环绕着家族墓穴,只容一个门道出入的围垣,好像把人们生前安全的堡墙,又修筑在了死后活动的幽冥世界中。

茔区内的每座墓葬,墓室上部总覆盖较多土石,对于后来窃取墓内财物的盗贼来说,这些土石成了一种醒目标志。墓室前方,是长十多米到数十米的一条斜坡墓道。墓道一侧,大都有一块砖质墓志,说明死者的姓名、年龄、身份及一套例行的颂词。循墓道而下,就可以步入死者身后安息的厅堂。它们是从地层深处掏挖成的一区面积在20平方米上下、高2米左右的方形洞室。死者夫妇安卧在洞室后部高起的土台上。

他们入土前,大概都曾企求过"不朽"。吐鲁番地区特别干燥的气候,使90%的入土者,都迅速失水而成干尸,真正成了不朽的标本。安置死者的方式,严格遵循了《仪礼》中有关丧葬的规定:头下鸡

1 2 3 4

1 阿斯塔那古墓
2 阿斯塔那墓葬示意图
3 科学家克里克和沃森1953年建立的DNA双螺旋结构示意图
4 阿斯塔那出土的伏羲女娲绢画,公元6世纪。伏羲持矩,女娲执规。作为中华民族的始祖神,他们人首蛇躯,彼此交合,在茫茫宇宙、星河中创造了人类世界。伏羲女娲图汉代已见于山东,在吐鲁番大地上自高昌至唐盛行不衰

鸣枕、面部"掩巾"、眼上"瞑目"、双手"握木"。身着棉麻或绢锦,决定于死者身前的社会经济地位。死者面对的冷冰冰的戈壁土室顶部,大都用木钉钉着一幅绢质或麻布的伏羲女娲图像,那是华夏子孙传说中的始祖神。伏羲女娲手持规矩,人身蛇尾,互相交合;周围是茫茫宇宙,运行着日月星辰。画幅表现了阴阳交合作用下,产生了人类万物。这是中原地区汉代就已流行的墓室装饰画。随着汉族移民进入吐鲁番,这一信仰自然也就被带进了戈壁古冢。

非常有趣的是,1953年,科学家克里克和沃森研究发现:脱氧核糖核酸这一化生万物的基本遗传物质,结构是双螺旋的形式。这一形式,竟然与吐鲁番地区表现化生万物的人类始祖交合形象那么相似。早年被窃往国外,现收藏在美国波士顿艺术博物馆的一幅伏羲女娲画像，因此更加受到关注，被人们在新的意义上做出了第二次发现，而且以"化生万物"为名，成为联合国教科文组织杂志《国际社会科学》1983年试刊号的首页插图。气象万千的人类世界，究竟蕴含了多少神奇与奥秘！两千年前的中国大地，包括吐鲁番绿洲，人们怎么会灵秀独运地用这么一种双螺旋形式，表现人类的繁衍呢？这荒僻的吐鲁番古冢，给我们这个现代社会，又增添了探索历史与未来的新课题。

墓室后壁，不少还保留着表现墓主人生前生活及伦理观念的壁画。晋、南北朝时期，绘画的内容是比较写实的，大多表现了墓主人生前的生活情景：主人夫妇端坐于高堂之上，宴饮享乐。庖厨里佳肴满架，高堂上美酒飘香。或者，还有倩女，和着悠扬的乐声翩翩起舞。有庄田，土地平整，畎亩成片。丰收在望的禾穗，迎风点头；打谷场上，各式农具齐全：脱粒的连枷，扬场净谷的木锨，粉碎粮食的臼、磨，耕地、碎土的犁、耙，与当年甘肃、陕西等地的农作工具形式差不多完全一样。酒足饭饱以后，在仆役的随护下，男主人骑马、登车寻亲访友，优哉游哉。这些壁画，描绘了墓主人曾经享有或未曾享有，但希望死后能享的生活，具体、生动地表现了十六国到南北朝时期，高昌地区权贵阶层的人生理想，描绘了当年农业生产及日常生活的画面。

从艺术上看，绘画技法是稚拙的，只不过用简单的墨线，勾勒出人、物的轮廓，不知晕染，画面少有立体感。但这些壁画的意义，却远远超出了绘画本身的范畴，而赋予今天的人们以历史、社会的丰富知识。这类绘画，与甘肃省河西走廊地区同一历史阶段的墓室壁画，从内容到形式、技法，存在极多的

庄园生活图,阿斯塔那古墓壁画,晋代

共同点。可见,当年在新疆、甘肃这片地区内,存在共同的社会历史背景,人们也具有共同的心理状态、审美观点。农业生产工具,与中原广大地区具有共同的特征。农田耕作技术、田间管理、收获打场方法,彼此也都一样。看来,汉代屯田士兵来到吐鲁番大地,也带来了他们所熟悉的家乡农作的技术,为吐鲁番古代农业生产发展,做出了自己的贡献。

到了唐代,高昌地区的墓葬及墓葬内的壁画,有了明显的发展变化。墓室的规模更为宏大,长达数十米的墓道中设计的重重天井,象征着主人生前的深宅大院。墓室前部安排了2个或4个耳室,这是左右厢房的象征。后壁壁画,也明显有了长足的进步,山水人物、花卉禽鸟、伦理说教,均入于图画。

其中一幅六条挂屏式的壁画,既有象征财富的丝、帛,也有劝人谦逊做人的欹器。这种两头稍尖、

五 地下博物馆:阿斯塔那古墓群　173

支点易偏的容器，盛满水，立即会向一侧倾倒，水溢器外；盛水不满，则可稳定地放置于特定器架之上。古代人将之放在案侧，随时提醒主人，做人要谦虚，不要自满。这两条挂轴之间，还有标明"金人""石人""玉人"的人物，都是将儒家列圣做人的鉴诫，宣示于图像。"金人"，是叫人"三缄其口"，少说话，少评论是非。"玉人"，人物形象和悦，微启其口，谕劝做人要克制欲望，崇尚节俭。也有人主张所谓"玉人"，就是指做人的品德完美如玉。"石人"，作张口辩论的形象，是文献中所见"张口石人"的写照。这是与"金人"品格相反的一个形象，主张要"多言多事"，匡正时弊。通过这组壁画实例，可以看到唐代吐鲁番地区占统治地位的伦理思想，与当时的中原大地，差别是不大的。这些画幅的绘画技巧，比起前一阶段，也有明显的进步。

吐鲁番地区出土文书提到的各种工匠中，有"画

1 六屏式鉴诫壁画
2 阿斯塔那唐墓壁画，六条屏，均为树下人物，表现了墓主人对悠闲树下舒适生活的追求。这幅壁画，刚清理完即塌毁，这张照片成了唯一珍迹

匠"一行。看来正是这些无名画师,给我们留下了研究新疆艺术史、社会文化史的珍贵篇页。与这些无名画师不同,在一座初唐的墓葬中,墓志称述了墓主人麴娘,说她作画勤奋,晨起即手持彩笔,涂写丹青。正是在这位画家的墓葬中,考古工作者发现了绢画《侍马图》。在《新疆出土文物》及《中国美术全集》中,都曾收录过这组《侍马图》,画幅虽因破坏而不十分完整,但线条流畅,人物、马匹比例适度,形象逼真。画面稍作晕染,人、马形象跃然于薄绢之上。整个画面人愁马悲,似欲潸然落泪之态,一种没有言明的巨大伤痛,充溢于画幅之中。看这几幅画,总使人联想:麴娘,很可能就是画幅的作者。麴氏亡国,一种历史的伤感,深沉留滞在麴氏高昌的贵族、遗老们的心底。这些画,是不是这种亡国之痛的艺术表现?果真如是,从艺术上讲,这些绘画,不能不说是成功之作。它们的艺术成就,比前面介绍的晋、南北朝到高昌时期的绘画,就要高出许多了。

墓室后壁装饰着壁画,前部,在死者身侧,则满满地陈放

1 工笔绢画《侍马图》。主人西去，人忧马愁，人神共悲
2 狩猎纹印花绢。原为褥子边，由四块拼对而成

| 1 | 2 |

五 地下博物馆：阿斯塔那古墓群

阿斯塔那出土的尺、笔

供他们死后衣、食、住、行需用的一切。从亭台楼阁到出行车马，琴棋笔墨，干鲜果品，精巧的、包嵌糖果的花式点心，以至水饺、馄饨、面饼……真可以说是琳琅满目，应有尽有。当然，除了这些人人都不能或缺的食品，还有各不相同的个人生前特别关心的东西：高利贷主左憧喜，没有忘记要把他生前的各种高利贷契纸压在身下；勇士氾德达墓里，有他曾经冲锋陷阵、立功授勋的告身；商贸远方者，有旅行须要的"过所"；画家，有生前喜爱的画幅、纸笔……通过这些实物资料，1000多年前吐鲁番居民的日常生活画面，得以生动呈现。

在阿斯塔那古墓群能够寻求到的古代高昌社会的种种画面，有如记录着当时生活的影像，一幕幕、一幅幅徐徐展现。

阿斯塔那古墓瑰宝：古代文书

20世纪80年代初，与举世瞩目的"敦煌学"并称，出现了一门新的学科"吐鲁番学"，还成立了"中国敦煌吐鲁番学会"。不少大学开设了吐鲁番学专题课。在吐鲁番学的研究中，重要的内容之一，就是吐鲁番地区出土的古代文书。

引发国内外研究西域文明的吐鲁番文书，主要出土于高昌城郊的阿斯塔那-哈拉和卓墓冢。除了少量粟特文、回鹘文资料外，这里出土的古代文书，绝大多数为汉文书。据不完全统计，只是解放后出土的一部分，总数就达近万件。随即，文物出版社组织各方面专家、学者，对早年出土汉文书进行录文、校注，出版了《吐鲁番出土文书》10册，可以称得上洋洋大观了。

我所以要说起这件事，是因为这实在是为中国人舒了一口气！吐鲁番文书，从20世纪初斯坦因、橘瑞超等在吐鲁番盗掘古墓时起，已大量被窃去国外，深藏在一些博物馆、大学的资料室中，被冠以"斯坦因文书""大谷文书""橘瑞超文书"之名。中国学者要研究自己国家的历史问题，观览分析这批资料，必须漂洋过海，求告于斯！

吐鲁番出土的文书，为什么引起各国学者这么

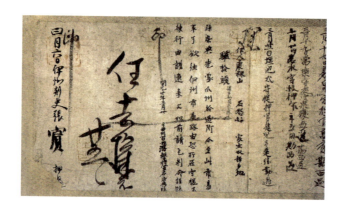

唐开元二十年石染典过所（通行证）。粟特商人石染典带随从、奴、十头驴，从安西（今库车地区）到吐鲁番，又到伊州（今哈密）市易，经过铁门关、悬泉、常乐、苦水、盐池。各地官员勘验、放行之签押，色泽如新之朱文官印毕现于眼前

浓厚的兴趣？因为其中包含了十分丰富、具体，没有经过任何剪裁、加工的第一手社会生活资料。在这批文书中，有表现当时吐鲁番居民之间租佃土地、买卖商品、雇佣劳力、借贷钱物的契约；有正史中虽见其名，很多人却不知其实的唐代手实、记账、户籍，受田、欠田、退田的账册，征发差役的簿记，分定户等、征收租赋的底册；有高昌王国到唐朝西州的各种官府文档，审理案件的记录、授勋封官的告身、行旅往来的过所（过所说明了沿途经过的路线，随身携带的钱物）；还有私人交往的信札、僧徒诵读的经卷，甚至学生的习字本、驿馆中的马料账……大至重大的历史事件、历史人物的活动，小到私人生活的琐事，在出土文书中都可以见到。试问，有什么样的历史著作、历史文档能提供如此丰富多彩的篇页，使消逝了一千四五百年的祖先生活，历历如在眼前？

从目前已经见到的文书看，最早的文书写成在西晋泰始九年（273），最晚止于唐王朝大历十三年

（778）。在这前后跨度500年的过程中，这批文书资料可以帮助学者们接触、认识吐鲁番历史研究中许多全新的篇页。

对于与广大劳动人民直接相关的经济生产事业，古代史家是十分吝惜笔墨的。但我们从这批出土文书中，却能得到比较清楚、准确的细节。唐代以前，这里种植的粮食作物有小麦、大麦、青稞、粟、糜，没有见到今天大量种植的高粱。经济作物有棉花、桑、胡麻、豆类。园艺作物有瓜果、枣、葡萄、蔬菜，其中葡萄种植相当繁荣。农业生产，是支持当时吐鲁番社会经济的主要生产事业。没有这个基础，其他事业的发展，就会受到极大的限制。举一个有关丝绸之路交通的实例：在一份天宝十三年（754）的马料账中，仅对"长行坊"一家运输单位作统计，只是十月到闰十一月，3个月中就支出了马料青稞1456石7斗7升。这么大量的饲料支出，既说明了当时丝路交通往来的繁荣，也说明正是绿洲内广大农民的贡献，才有可能维持住丝路上巨量的后勤供应。

除了农业生产外，畜牧业也相当发达。文书中见到的家畜品种有牛、马、骆驼、驴、羊、狗等。大畜是耕作、拉车、驮运的工具，羊则提供肉食，它们的皮、毛、绒，又是纺织、制革等手工业的重要原料。

手工业生产，通过断纸残篇也可以感知、认识其大概。如木匠，泥瓦匠，裁缝，铁匠，编筐织席的草编匠，熟皮、制革的皮革匠，造纸工匠，丝、棉纺织工匠等，部类多多。纸坊生产受着官府的控制，官府也把罪囚发配到纸坊从事劳役。作为丝路贸易中转大站的高昌，市场上既有中原地区的大量绢、锦、绮、纨，也有波斯等地的织锦。更值得注意的是，当时的高昌市场上，还有西域本地生产的丝、锦。锦的名目有"丘慈锦""高昌所作丘慈锦""疏勒锦"等，说明当时吐鲁番、库车、喀什等地，已经适应着丝路贸易的需要，生产了本地的、具有不同特点的锦缎品种。当然，除了锦绢外，这里出产的棉布，更是历史悠久、声名远播，从高昌王国到唐代，一直是吐鲁番向中原王朝最高统治集团进献的贡品之一。

在谈到高昌地区有特色的手工业时，文书资料中给人突出印象的还有一项，就是葡萄酒的酿造、生产。由于葡萄产量多，葡萄酒的酿造也很发达，使得葡萄酒税成了高昌王国的一项重要财政收入。有一件残文书提到，高昌王国征收"酒租"，一次就入酒"九百七十三斛"。在丝路上，劳顿一天的旅人，在驿馆住定后，葡萄酒肯定是他们解乏、消愁的理想饮料。"葡萄美酒夜光杯，欲饮琵琶马上催"，唐代诗人的咏唱，肯定也有得之于高昌美酒的灵感。

当然，我们千万不能只从上面的介绍，就想象古代高昌人民能常年温饱、无冻馁之虑，享受着安适、恬静的家庭生活。他们不少人的实际遭遇，要困难得多。除了在生产中会遇到的水、旱、风、虫灾害之外，还有许多来自社会的灾难。法定的租役，要求他们一年中有10天去"守海"（戍守穿越沙漠的大海道），或完成其他的劳役义务。遇到有兵祸，那就更不知道自己会面临怎样的命运。符合条件的男丁征发完了，仍不能满足要求，就会差发到未成年或已到老年的男丁头上。男丁不足，妇女也难以幸免。唐朝开元年间，有一个兵士张式玄，久役不归，生死不明。他的妹妹阿毛怀着深重的恐惧，向官府交了一件呈文，说自己是个未出嫁的女子，靠替人作佣，"日求升合养性命"，可不可能再把她哥哥的差役转到她的头上来。普通农民家庭苦苦挣扎在苛税、杂役下的生活，无法道尽的苦

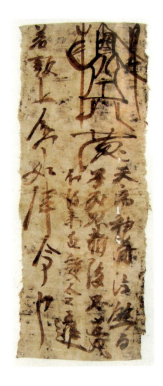

黄纸朱文,出土时缝合在绢囊内,作为墓主人赵令达的护身符箓。护法大神右手执戟,左手持符,写得让人难以辨识的文字,细斟慢酌可见为"黄天帝神前泣煞百子死鬼斩后必道鬼不得来,近获令达若敬上,急急如律令也"。这纸6世纪中叶的符文不仅揭示了吐鲁番地区道教信仰的存在,而且显示着它在民间的重大影响。文物不美,文化价值巨大

楚,满溢在字里行间。

除了差徭、杂役以外,还有苛重的地租、重利盘剥的高利贷。高利贷月息高达10%—12.5%。一旦到时候不能还本、付息,债主可以随意取走家资、牲畜、田亩。不少人为此不得不弃家逃亡、流落异乡,或出卖家口。麴氏高昌到唐王朝时期,吐鲁番地区算得上经济发展、社会安定的"盛世"了,人民的实际生活不过如此。遇到社会动乱、战火不断的岁月,人们的生活会是怎样的痛苦,是不难想见的。

面对深重的压迫,各种宗教成了人们寻求的精神寄托。出土文书中,除了多种佛教经典以外,还可以看到道教、祆教、摩尼教、景教、自然崇拜等信仰。只要可以获得精神上的安慰,在他们内心世界,并不去追求哪些是佛教的原则,哪些是道教的教规。因此,有不少佛道杂糅、不伦不类的情况,这倒是真正地显示了生活的本来面目。随便举一个例子,高昌王国时期,为安慰死者的灵魂,后人都要为死者书写一道"随葬衣物疏",这是一种相当有代表性的文字,表现了亲人为亡者送行时的良好愿望。

我们以一件文书作说明。下面的录文,就是第169号墓中,高昌建昌四年(558),

五 地下博物馆:阿斯塔那古墓群

张孝章的"随葬衣物疏"。文:"建昌四年,戊寅岁,二月甲子朔、九日壬申,禅师法林敬移五道大神,佛弟子张孝章持佛五戒,专修十善。今于高昌城内家中命过。经涉五道,幸不呵留。今有朱衣笼冠一具,带物具,白练衣裤一具、玉豚一双、庄饰具,细锦面衣一枚、脚靡一双、带物具,鸡鸣枕一枚、装饰具,锦缘裤一具,《孝经》一卷、砚墨纸笔一具、锡人十、弩牙一具、盾一枚、五谷各一升、铁镜、巾箱、柉枕、手巾、刀子一具、金钱三百、银钱五百、大锦百张,绫、罗、绮、绢各百匹。若欲求海东头,觅海西壁,急急如律令。时人张坚固、李定度,攀天系万万九千丈。"

这件衣物疏,形式、文字很完整,对我们认识当时人们的思想信仰、生活追求,有一定的典型意义。在这件文书里,"禅师"是佛教中禅宗的和尚,"五道大神"是道教的神灵,儒家的《孝经》也是这位佛弟子生前修身养性的经典,所以都随葬入墓。如果说在疏文中罗列的衣物、兵器,有日常生活中的需要外,罗列的锦、绫、罗、绮、绢、金、银钱,则只是表现了他生前对财富曾有的追求和幻想。子孙也只是用碎布、纸片、泥饼、葫芦片等作为这些物品的象征,安慰一下先人的灵魂。"攀天系万万九千丈",在他们的信念里,大概是一条特别长而又特别结实的系绳,是供这位自称"佛弟子",但内心又怀着道教升天的愿望,死后想进入"天国"使用的。佛、道、儒及民间迷信的习惯,都杂乱却又和谐地糅合在一起,共处而不悖,这是很有意思、深藏在民间观念中的现象。

这些文书,虽然都是汉文,说明了汉语言、文字,从晋到唐这一历史阶段,曾经是吐鲁番地区主要通行的语言及文字工具,但是使用汉语、汉文的高昌居民,却并不一定都是汉族。仔细分析留下的户籍、名籍及其他文字资料，可以看得清楚，实际涉及不少古代其他民族的姓氏，也用汉文。例如，吐鲁番地区西汉时期的车师人，这时称为"车"姓。类似的例子不少，鄯善国人，成"鄯"姓；焉耆人，姓"龙"；龟兹人，姓"帛"或"白"；匈奴，姓"沮渠"；氐人，姓"强"；鲜卑人，姓"秃发"等。其他还有一些人名，今天还分析不出他们原来的族体，如"煎苏獦""思头幕""阿坚提"，就不知道他们来源于什么民族。还有中亚地区昭武九姓王国中的曹、何、史、康、安、石、米等姓居民，虽然与汉姓无异，实际并不是汉族。我们举一些曹姓人名作例子，如曹莫毗、曹阿致畔驼、曹那贪旱、曹英檠、曹俘夜门驼等，就明显是用汉文记的中亚曹国人名的音。所谓"曹国"，地点在今天中亚撒马尔罕西北的吉布特。这里，隋朝时曾建立过一个"曹国"，人民也就被称为"曹"姓。他们在丝绸之路进行商业贸易活动，不少人也逐渐在丝路沿线定居下来，慢慢成了所在国家的臣民。这些不同民族、身份，不同社会背景的人民，在高昌地区彼此友好相处，共同建设，改造着吐鲁番绿洲。在高昌王国及唐代的政府机构中，也用他们做官，并不歧视。

　　汉语、汉文，是当时通行、使用的语言文字，但并不排除其他少数民族语言、文字，这称为"胡语""胡书"。为了解决语言上的障碍，唐朝西州官府内设置"译语人"，就是翻译官。这是在多民族聚居区域内，必须有的特殊设置，与中原地区就完全不同了。

　　从大量的文书中还可以看到一个显明的历史事实：从高昌开始设郡，到以后的高昌王国、唐西州，相当长的历史时期内，吐鲁番绿洲上实行的政治、经济、军事制度和当时中原地区，并没有大的不同。

十六国时期，这里是高昌郡。郡以下设部，由督邮率领。更下为县、乡、里。这套办法就来自中原地区，汉晋时期的行政管理制度。

高昌王国，尤其是麴氏高昌王国时期，境内也分郡、县。目前知道的郡名有交河、田地、南平、横截。县就多了，已知道的名称有永安、安乐、泞林、龙泉、安昌、酒泉、威神、盐城、始昌、宁城、高宁、林川、柳婆、无半等，大小大概和今天的乡差不多。县内照样有县令、司马，分管政务、军务。在高昌王城里设坊，见到的坊名有：东南坊、东北坊、西南坊、西北坊，以方位划分。对照古城，顾名思义，当然可以大概指出各自的方位，但究竟是怎样的布局，却难以说明了。将来，如果进一步发掘古城地下的遗迹，应该会有可能从建筑基址的遗痕上，恢复它们的原貌。坊下设里。当时的高昌王国都城，城门有玄德、金章、金福、建阳、武城等名称。由于唐以后的改建、变动，今天也难寻当日真面目了。

到了唐代，吐鲁番地区实行的行政管理制度，和中原地区也没有什么差别。当时这里实行的户口、租税、赋役、均田、司法、府兵、义仓、商市、关津、行旅、车坊、馆驿、选举、学校制度，都按照唐朝的法典规章，与中原地区一样。我们曾经举过的曹禄山与李绍谨的民事纠纷案例，就是很好的说明。这是一桩涉及胡、汉两个民族的债务纠纷案件，审理的根据就是当时唐王颁布的法典，形象地说明不论是什么民族，只要居住在西州大地上，都接受唐朝法律的约束，唐朝政府的地方官员在处理这类案件纠纷时，也绝不以民族成分不同，而偏袒任何一方。

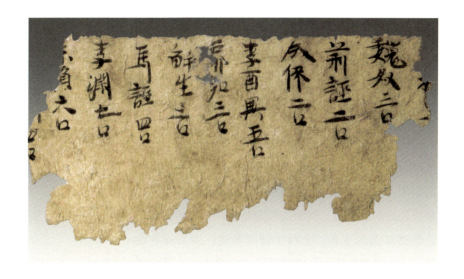

户籍文书

中国在历史上就是一个多民族的国家。吐鲁番大地上曾经共同生活过许多不同的民族,他们曾共同劳动、生息在这块富饶的绿洲,为开发建设这里贡献了所有的聪明才智。这里出土的文书残纸,以许许多多的平常事实,给我们反反复复地说明了这个道理。人们称赞这些文书是研究吐鲁番历史的瑰宝,是一点不错的。

漫话高昌王陵

从20世纪50年代后期起，半个多世纪中，在高昌城郊的阿斯塔那、哈拉和卓晋–唐时代墓地中，已发掘的古代墓葬总有五六百座。不断重复的现象，就是长长的斜坡墓道、简陋的掏洞墓室。墓室后部有一处微微高起的土台，土台上铺置苇席，少数或有棺具。入土的墓室主人，大多躺卧在苇席之上。墓室顶部，则悬挂女娲伏羲图像。他们或衣锦绢，或着麻布、棉衣，鞋帽、衣带不少为纸类粘糊而成。身畔头侧，多有成组的泥质陶器、木器，其中盛放着食品、水果。社会地位稍高的人物，或有一具木棺。身下，有他们生前获得的封赐文告，代表着财富的放贷契约。大同小异，少见差别。

于是，人们不约而同地想着同一个问题：吐鲁番盆地，自5世纪中始即出现相对独立的割据小政权。虽说不过是弹丸之地，但既是统治人物，自然也是号国称王，手握生杀大权，可以颐指气使，搜刮无数民脂民膏，享受当年吐鲁番社会可能提供的、最高的富贵荣华，这样的人物换了一茬又一茬。在传统的中国文化观念中，"事死如生"，在为死者营造地宫时，这类人物自然不会等同于普通百姓。虽不敢说墓穴内必定是满室金碧，总也该有不少珍宝，伴随他们进入地下的冥国。可在这五六百座已掘墓葬中,为什么总也见不到这方面的消息?

冷静反思,这里面真是存在着误区。最大的误区,看来是新疆考古人对传媒中屡见报道的古代王室陵墓,留有过多想象的空间:好像只要是王陵,是上层贵族成员的墓穴,总该是宏室巨厦,金银珠宝满目。以之对比这些年在高昌城郊的发掘,用意念中的、辉煌的陵墓作样板,自然会导致一个又一个误区。甚至已经摆在面前的,当年吐鲁番历史上曾经威风八面、煊赫一时的统治层人物的墓葬,也会在眼皮底下一晃而过,唤不起应有的关注,自然就没有得到深入一步的分析。

回到具体的历史环境中去认识:国家大小有别,社会财富自然就有多寡不同。自大的"夜郎",不知秦皇汉武的威仪;以蒿雉穴鼠自比的麴文泰,也无法与有如高翔雄鹰的李世民相提并论。我们应该通过时光隧道,把高昌转回到当时、当地的历史地理空间,则理念就有可能步入一个新的境界。

带着这样的观点,认真检视已经完成的吐鲁番考古工作,令人恍然顿悟:新疆考古工作者们的三角形小手铲,其实已经不止一次地敲开过当年吐鲁番地区最高统治人物地宫的大门,目验过相关地宫的风采。个别墓地,在发掘当时,人们已经意识到墓主人非同寻常的地位,但遗憾的是,对于大多数墓地,不仅没有认识到墓主人不同凡俗,在发掘工作做完后,也没有充分认识到相关出土文物的历史文化内涵。这些墓穴中的出土文物,实际体现着当时、当地的最大辉煌,具有特定的时代精神,包蕴着其他任何资料都无法代替的历史文化内涵。从这一角度去品味,就可以更清楚地透视,那一页别具特色的历史。

我们暂且把本节小题中的"高昌",转化为"吐鲁番"这一地域概念,大概浏览一下在这片地区已经发现过的、不同时段内的最高统治集团人物的埋身之所,及出土的文物珍品。

公元前后的吐鲁番地区,居于最高统治地位的是车师前部国王,他们的陵寝,位于王廷所在交河故城的沟北台地。1994年,新疆考古工作者曾发掘过两座规模巨大的墓葬,墓穴空间几近100立方米,深入地下达9米,巨穴一侧,掏挖出一个偏室。令人注意的地方,不仅是这一墓穴规模超常,而且墓穴地表有土坯、卵石围砌成直径10米的圆形土墙。经历2000多年的风雨,土墙还高1.6米,形若保护地宫安全的城障。墓穴放在这一严密封闭的土垣内。围垣周围,是10个附葬小墓,入

葬着当年车师王的亲贵僚属。一座墓葬附有殉牲坑15个，内葬完整马匹、骆驼共21匹、峰。另一座大墓殉牲坑有18个，内殉马匹、骆驼共32匹、峰。墓穴中还有随殉的奴隶。墓葬气势宏伟，墓主人身份不同于凡俗，于此清楚可见。当然，这两座巨型竖穴，不论墓主人地位如何尊崇，同样没能逃脱历史上普遍存在过的盗掘破坏。但劫余文物中，还是见到不少金泡、金环，以及具有浓烈北方草原游牧民族文化风采的野兽纹黄金饰物。鹰头兽与猛虎相搏，彼此撕咬得难解难分，体现着骑马民族的勇武精神；金鹿、金驼驯良而温顺，表现着主人的愿望。此外，更有银质水牛头、神情毕肖的骨雕鹿首，无不蕴含特有的车师民族文化心态。这些文物，清楚揭示了他们与当年亚欧草原地带游牧民族相同、相通的文化精神。鹰头兽曾是他们心目中的神，骏马、骆驼是他们借以飞翔的翅膀，生前与他们一道驰骋，逝后则随主人进入另一个世界。这巨型墓穴中的主人，对比盆地内发掘过的大量普通竖穴墓，只能是车师王国最高统治集团的人物，非他们莫属。

时代进展到十六国。西晋王朝覆灭后，中国北方大地的少数民族豪强在反晋的大旗下，继续混战，互

1　2　3

1　车师王陵遗迹。地表堆石，堆石下为土坯围垣。巨型竖穴墓室，周围小墓穴，殉马、驼
2　车师王陵墓地出土的虎与鹰头兽相搏金牌
3　虎形金颈饰

争雄长。战争的浊浪自然很快就波及偏远的西域，波及吐鲁番。直接与此关联的就是沮渠氏建立的北凉。匈奴酋豪沮渠蒙逊，与汉民族长期共处，深受汉文化影响。401年，其统治势力及于河西走廊。频繁交通西域，颇得丝绸之路利泽。但不久又被实力更为雄厚的北魏王朝所灭。沮渠蒙逊之子沮渠安周、沮渠无讳，率部西走到了若羌，及吐鲁番盆地，继续高举北凉大旗，称霸一方。在这一历史阶段，西北大地政治风云变化迅捷，史籍记录缺失淆乱。在北凉割据吐鲁番期间，沮渠氏王族成员中，有一个重要人物名沮渠封戴，文献中一点没有见到他的消息，但在阿斯塔那发掘出土了他的墓葬。墓表文字明白称他为北凉王朝的"冠军将军，高昌太守"，还谥封他遥领"敦煌"，为"敦煌太守"。北凉在吐鲁番领有的，只能算是弹丸之地，他却是王朝政治、经济、军事、交通中心的高昌城太守，地位可以说是举足轻重。这么一位身份显赫的人物，不可能不是沮渠氏王族中的重要成员，而且应是最高统治核心中的一员。

　　沮渠封戴的墓穴，规模较大。入土时用了棺椁，随身衣物保存比较好。佩戴弓箭，穿红地兽面纹锦袍，葡萄禽兽纹绣被盖覆躯体，很具有特色，应是北凉王朝自产的织品。这些，对比当年同一历史时期的墓葬，显示了非同一般的奢华。但较之此前的汉、更后的唐，这点随葬物实是相当平常。墓中其他的随葬物品，主要有黑漆耳杯、漆勺。4件粗粗雕刻的泥俑，代表了随侍在侧的役从。石质墓表、木质绶版的汉文，书法挺秀有力，显示着已浸透在沮渠氏王族血液里的浓浓的汉文化因子。这样一位北凉统治集团上层人物的墓葬，随葬衣物实在是比较简单的，大概表现着十六国时期战争连绵不断，物质财富

汉化匈奴沮渠封戴墓随葬泥俑。衣服或圆领，或右衽。面容安详，不以主人故世而感伤，微显笑意对后人。这情绪令人难忘

匮乏的景况。经济生产遭受破坏，不仅普通劳动者深受其苦，贵为王族成员，生活也不能不受到这一形势的影响。

沮渠封戴死、葬在承平十三年（455），较其晚逝3年，同为沮渠氏家族重要成员的又一座墓葬，也被发现在阿斯塔那。这就是沮渠蒙逊之妻羌女彭氏的墓葬。彭氏墓穴规模十分平常，只是墓室后部土台苇席上，也有过一口白木棺，墓穴顶上有过一幅女娲伏羲绢画。墓穴中不见志石，过分普通的规模、普通的随葬物品，丝毫没能引起发掘者注意：他们面对的是北凉开国主沮渠蒙逊的一位夫人。只是在发掘工作结束后，整理资料时，展开了一件木轴绢质小卷，才发现它是长58厘米、宽11—12厘米的衣物疏。衣物疏上按规矩，条列了随葬物：一具帛练手衣、一件内衣、一立袍、一立裙、一件鸡鸣枕、一枚剪刀、一枚熨斗、四囊手爪、一囊脚爪、九万九千九百九十九匹杂彩绢、九万九千九百九十九斤彩棉、一枚杂彩锦囊、一枚针筒、一领帛绢被、一枚帛练褥、一枚梳、一口白木棺等。最后赫然写着："大凉承平十六年岁在戊戌十二月庚子朔十八日丁巳，大且渠武宣王夫人彭谨条随身衣被杂物疏，所止经过不得留难，急急如律令。"

这里所称的"大且渠武宣王"，根据《晋书》《宋史》《魏书》中的相关记录，正是沮渠蒙逊在

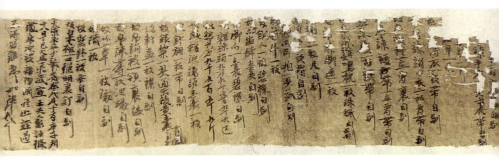

河西走廊割据时，接受的北魏封号。他的夫人彭氏，从辈分上讲，就应是在高昌称王的沮渠安周、沮渠无讳兄弟的母辈，算得上是一位王太妃，地位不可谓不隆，但随葬的物品，也就是日常生活中最必须使用的东西。锦料基本不见，衣物疏中提到的最大财富，只是表明了心愿的"九万九千九百九十九匹"杂彩绢，但这实际只是一个小绢包，内卷着天蓝色、红色、紫色及素绢等69小卷，不过是日常用品下脚料。与衣物疏中可以对应的还有铜、铅质冥器，如掏耳勺、鱼形刀、熨斗、剪刀以及丝棉背心、斗篷等物。贵为"太妃"，随葬物品不过如是。北凉统治吐鲁番绿洲时，经济之凋敝、物质之匮乏，确实已到了十分严重的地步。这是在任何文献记录中都没有得到的重要历史信息。经济形势如此恶化，社会矛盾肯定十分深重，民怨自不待言。在彭氏故世不过2年以后，北凉王朝即为柔然所灭，也就是历史的必然了。正是在这一背景下，柔然扶持下的阚伯周，才成了高昌王，揭开了吐鲁番历史的又一页。

麹氏高昌在吐鲁番立国达140年，其政治、经济实力较之北凉，自然会有一番新景象。根据目前已经发掘的、可能是麹氏高昌王室的一座墓冢，透露了一点这方面的消息。

这座墓葬，编号为60TAM336，位于阿斯塔那墓地西北边缘，地近火焰山。墓葬规模在已经发掘了的阿斯塔那墓冢中，可以算得宏大。墓室地表曾经建有一座四棱形佛塔。墓道长达29米，墓底深入地下约9米。墓室前部有象征前厅的甬道，左右有象征厢房的龛室，更前为天井，是象征居宅的庭院。天井地面以小块砾石铺砌，表明了墓主人身份不同寻常。墓葬随葬品，主要是大量俑像，品类既繁、数量也多。大型镇墓兽，泥塑马、驼、文吏、武士以及舞乐百戏，还有家畜、井、灶等，一应俱全，十分清楚地显示了主人显赫的社会地位。

这座大墓，曾经遭受过多次盗扰。墓内也没有见到足以标明主人身份的文字材料。身份、地位虽隆，但埋葬处理又不尽正常。研究者大都同意，它可能是麹氏高昌王国的王室墓葬。至于死者的具体身份，则观点略有不同。结合历史实际，大概有两种推论。其

1			
	2	3	4

1 彭夫人随葬衣物疏
2 镇墓兽
3 文吏俑
4 黑人百戏俑

一，入葬者是奉行对抗唐王朝统一方略，死于唐军大兵压境之时的麴文泰；二，是麴文泰之子，当了几天高昌国王，最后以亡国之君客居长安的麴智盛。但不论是谁，其墓葬规模、随殉文物，对于人们深入了解高昌灭亡、唐代统一吐鲁番这一特定历史阶段，高昌大地的政治生活、经济文化面貌，还是很有价值，可以大大补充文献记录的不足。

根据调查资料，在60 TAM 336傍近，存在一座地表见过土塔、规模同样宏伟的大墓。这些现象启示我们，高昌王国的王室陵寝，很有可能就在这片地区。公元1414—1415年，明王朝永乐皇帝派陈诚、李暹出使西域。他们一路风餐露宿，途中到过吐鲁番，看过高昌、交河在战火中毁灭不久的断垣，睹物伤情，发过一通感慨。在保留至今的、陈诚的一首相关小诗中，有句说是"梵宫零落留金像，神道荒凉卧石碑"。零落的佛寺、残留的佛像至今在高昌、交河城中仍可以依稀寻觅；只是巨墓大冢前的神道、残碑，自陈诚至今600年中，任何人也未见提起，没有一星半点记录。倒是60 TAM 336及其旁大墓上已倾圮了的土塔类建筑残迹，可以引发一点联想：在缺石少木的吐鲁番盆地，即使贵为国王，经营地宫陵寝、建筑地面纪念物，大概也只能靠土了。这类土质地表建筑，难耐长期风蚀水浸，随岁月流逝，会慢慢湮灭无痕。当然，也有可能存在过石质碑石、神道立俑，但在后来禁绝偶像崇拜的文化氛围中，大概也难长期保存。不然，陈诚所见的神道、卧碑，我们怎么就寻觅不到呢？

考古工作者关注吐鲁番割据一隅时的统治人物墓冢，当然不是对这类人物情有独钟，只是因为他们掌握着当年最大的社会物质财富，入殉的文物，凝集、表现着当时的物质、精神文

吐鲁番出土唐代仕女俑。
为泥作,他处少见

明。通过它们,有助于认识当年曾经达到的科学技术、物质生产水平,感受其文化、艺术造诣。从这个角度讲,近于当时、当地最高地位的人物,除去王族外,还有一些已经发掘的墓葬,也是能帮助我们历史认识之深化的。这方面,如我们曾经在前文中提到的张雄夫妇,以及唐朝伊西庭支度营田副使、北庭副都护高耀的墓葬,都是显著的例证。

高耀,祖籍河北,出生于高昌,是唐代吐鲁番、北庭、哈密地区的最高军政负责人之一。死后葬于北庭,后迁葬于高昌。他的墓穴墓门,就是利用原生黄土浮雕镂刻的仿木结构形象,房顶、木檐、椽头,几何形装饰图案,惟妙惟肖。墓室结构的重重门道,庭院、天井、厢房、厅堂,显示了唐王朝封疆大吏官衙的恢宏气势。出土墓志仍保留近1000字的志文,可

五 地下博物馆:阿斯塔那古墓群

以补充史籍记录的不足。

　　张雄墓虽然规模稍逊于高耀，但随殉物品却有一种历史的韵味。张雄在麹氏高昌王朝虽官居绾曹郎中，军政大权在握，死时随葬文物却极其平常，一些木俑神态呆滞，少见振奋的精神，清楚显示着割据小王朝的沉闷空气。他的夫人麹娘死在唐王朝平定高昌、建立西州以后，随葬的物品十分丰富，许多是得自唐王朝的封赐，来自长安。许多人物俑豪华、雍容、高贵，制作工艺之精美，与高昌文物比较，精粗高下立见。唐朝大一统以后，吐鲁番地区物质文化发展步入了一个新天地，于此显示得清楚、明白。这些只能通过文物才可获取的知识，无法见之于文献，但在出土资料中，却随处可以触摸。它们对吐鲁番历史文明研究的贡献，价值不能轻估。

六 话说火焰山

火焰山面面观

火焰山,是吐鲁番盆地的名山。它的知名度,比较起不少山势险峻、景色秀丽的名山来毫不逊色。

在吴承恩的不朽名著《西游记》中,火焰山原是孙悟空大闹天宫时,蹬倒了太上老君的炼丹八卦炉,有几块耐火砖带着余火落到了大地上,才化生出来的。这天火,自然不同于一般,山上"有八百里火焰,周围寸草不生"。谁要"过山,就是铜脑盖、铁身躯,也得化成汁"。所以,唐僧他们离火焰山还有60里路程时就已感到热浪灼人、前进不得。而火焰山周围的村落、人家,主要是靠了铁扇公主的芭蕉扇,一扇熄火,二扇生风,三扇下雨,才能播种、收获。为向铁扇公主借得芭蕉扇,孙悟空也使尽了浑身本事,腾云驾雾,用定风丹,变小蟭蟟虫钻进公主肚子里造反,大斗牛魔王,最后才算取了芭蕉扇,扇灭800里大火,并且断绝了山上的火根,使周围村民得以安居乐业。

现实中的火焰山,当然与《西游记》中的景象并不相同。它的山势并不高,海拔多在500米上下,它在胜金口附近的最高峰也不过851米。这样一条低矮山脊,在帕米尔、昆仑山、天山、阿尔泰山等名山会聚的新疆,实在是并不出众。但文人学士们的生花之

高昌城北的火焰山,光裸不见一棵草,山色土红。山体弯曲的蚀痕、山前爆裂的淤土,俱显火焰山特色

笔,尤其是《西游记》中出神入化的一番演绎,使火焰山的大名妇孺皆知。它通身光裸的秃岭,看不到一棵树、一株草的景观,不仅没有减少它的吸引力;相反,这景观、这浑身红里透青的山色,山前那炙人的热浪,似乎成了"八百里火焰"的注脚,对四面八方的人们一直保持着特殊的吸引力,激发人们探索其奥秘的热情。

火焰山,在不同知识背景、持不同分析角度的人们心目中,具有各异的特质。

在诗人、作家的心目中,火焰山有强烈的"火"的色彩,火焰山上出露的岩层,基本的调子就是赭红色。每当入夏,炽烈的阳光照射在山势曲折的红色砂岩上,真是红光闪耀,云烟缭绕。夏日过此,70℃以上的地温令任何身临此境的人都感觉有如置身在烈焰升腾的火山中。擅长于形象思维的文学家当然

会立即捕捉到这种氛围，展开想象的翅膀，用艺术的语言，传达他们的感受。

唐代大诗人岑参，生前曾经多次在火焰山前来去，在高昌、交河故城中驻足。他留下的多首描写火焰山的诗作中，突出的就是一个"火"字。如他的《火山云歌送别》："火山突兀赤亭口，火山五月火云厚。火云满山凝未开，飞鸟千里不敢来。"还有一首《经火山》，说到了他初见火焰山时深切的感受："火山今始见，突兀蒲昌东。赤焰烧虏云，炎氛蒸塞空。不知阴阳炭，何独然此中。我来严冬时，山下多炎风。人马尽汗流，孰知造化功。"

明朝陈诚衔命西使，也曾经过吐鲁番盆地，驰骋在火焰山前。在他保留下来的《火焰山》诗作中，说是"一片青烟一片红，炎炎气焰欲烧空。春光未半浑如夏，谁道西方有祝融"。所谓"祝融"，是传说中的中华民族的始祖之一，与伏羲、神农一道并称"三皇"。他是传说中的火神、火官，是古代先民记忆中，一个在火的使用方面有过伟大贡献的原始部落领袖。在陈诚的诗作中，直称此山为"火焰山"。联系《西游记》，可以看到"火焰山"这个称呼，在明代的中原大地上，已经比较普遍了。

清人施补华，也是一个对火焰山有过体验的诗人。在他的诗作《戏作火州歌赠黄芸轩司马》中，说"命地为炉山作炭，热风烧空宵复旦"。把通体赭红的火焰山石，山前热风的灼人感觉，描写得也很贴切。我不清楚《西游记》的作者吴承恩是否到过吐鲁番，如果没有到过，或许就是历史古籍诱发了灵感，使他对火焰山的特色有大概的了解。脱离了这一基础，有关火焰山的种种奇想当然也是出不来的。

与文人墨客对火焰山的描写相比,自然科学研究者多持冷静的态度,彼此形成十分有趣的对照。

　　曾经有机会请教过一位地质学家,请他从地质学角度说说火焰山。他用地质学家清冷、明确得有如石头一样的语言,说它是"中、新生代形成的火焰山褶皱带","地壳由横向褶皱运动而隆起。由一系列轴向西北西—东南东的背斜构造组成。出露的岩层为第三纪、侏罗纪、白垩纪沙砾岩及红色泥岩,含石油、硝盐、石膏"。听后如闻天书。经过反复揣摩、请教,才大概体会到是这样的情形:在距今9.9亿年到7500万年前,在本来平整得有如一幅舒展布匹的吐鲁番大地上,地层深处突然发生了一种不安的躁动,就好像造物主一双十分强有力的大手,在吐鲁番西北的桃儿沟到鄯善县城这一地段内,从两端用力向中间挤压。这股挤压的力量是那么巨大,作用又是那么均匀,于是,本来平展的大地慢慢改变形象,隆起许许多多似波若浪的褶皱。大地似乎突然间有了巨大的生命活力,原来平躺着的身躯听从一个统一口令,十分整齐地弓起了脊背,向着一个方向、保持一定距离、依着一定顺序,进行了排列、堆叠,在100公里长、7公里宽的地带内丝毫不乱。不论是谁,只要有机会到吐鲁番,无论从高空俯视,还是认真、仔细地实地观察,肯定可以体会到上面介绍的这一现象。它会使你困惑、疑虑,使你不知不觉间被吸引,而且不由产生一种感慨:天地万物之间,存在那么多的神奇的奥秘,值得自己去寻求根源、探索真谛。

　　在地理学家心目中,火焰山又有另一种性格。在他们的笔下,火焰山是一条绵延、展布在吐鲁番盆地中部的低山。它山势虽然不高,但就是因为它的存在,把吐鲁番盆地分隔成了南北两大自然地理区块,使吐鲁番盆地形成了南北分异的自然景观,土壤、气候、水流、植被等生态条件,都有一定差别。在火焰山中,经过亿万年的自然力作用,形成了不少由先行河流切割成的沟谷,出现了一道道小的山川。在这些沟谷内,清泉流淌,汇集成河。沟谷两岸,林荫蔽日,田园苍翠。连木沁、斯尔克甫、吐峪沟、葡萄沟、木头沟等,就都是这样一些十分美好的去处,自然也都是古代吐鲁番人繁衍生息的理想场所。在火焰山前,在道道河川下流之处,也无一例外,都出现了醉人的绿洲。盆地内名闻遐迩的高昌故城、柳中古城,实际都是受惠于这些河川的滋润、育养,才得以出现、繁荣。沟通亚欧的古代丝绸之路,在火焰山前通过,实际也是受惠于火焰山中流出的这些生命之泉。有了这些长流不息的清泉,绿洲长青,路人行止才了无困难。

在考据家的眼睛里,火焰山肯定又是另一番景观。他会注意到,火焰山,当地的维吾尔语名称是"克孜尔塔格",直译汉意是"红山"。这与火焰山虽可联系,却不能等同。他还会穷搜苦索,去寻求火焰山这个名称在古文献中最早出现的年月。大概他会注意到,在成书于战国时期(公元前475—前221年)的一部地理与神话杂糅的著作——《山海经》中曾经提到,新疆地区有罗布淖尔湖,可能当时湖水深幽,所以被称为"泑泽";就在与湖相去不远的地方,有一座"炎火之山","投物辄燃"——谁要向这座烈焰熊熊的火山中投进什么东西,就会立即被烧尽。这一"炎火之山"的记录,有没有可能就是关于火焰山传说的源头呢?在隋、唐时期,它在历史著作中的名字是"赤石山",比较贴切、客观,有历史学家的风格。但在同一时期的诗人笔下,却完全否定这种干巴巴的名称,竟称其为"火山"。到了明代,前面已经说过,陈诚在诗中更直接称其为"火焰山"。通过《西游记》绘声绘色的描写,玄奘与其徒儿们取经路上的火焰山,就更成了一处家喻户晓的神奇所在了。

历史学家、考古学家在研究、认识火焰山时,形成的又是完全不同的一些概念。同样是《山海经》中关于"炎火之山"的记录,他们的联想是,这是一个有力的实证,说明战国时期的中原学者,通过一定的途径,已经对新疆大地有了一定的了解。在认识新疆与中原地区之间关系时,这是一个有力的实证。在火焰山旁的交河沟西,火焰山前的阿斯塔那、哈拉和卓村北,考古学家寻觅到了丰富的细石器遗存。他们立即联想到,随天山洪水滚滚而下的大砾石、硅质岩块,曾是原始人制作石器的好材料;火焰山下的一些不毛戈壁,1万年前也曾有过水草、灌木林。灌木林中有过勇敢追逐猎物的勇士;灌木丛中、溪边树下,也曾有过认真制作投矛、石刀、弓箭的老人,与围观、习艺的小孩。这种围观的场面,实际也就是当年的"技术学校"。考古学家通过对石器制作工艺的比较、分析、研究,还寻觅到了古代吐鲁番居民与邻近的柴窝堡、七角井、罗布淖尔地区居民之间往来联系、互相交流的历史信息。经过1万年左右的历史沧桑,这些遗址点上不见了水,也不见了灌木丛,只余下当年的历史印痕——各种石器及制作加工石器的石核、废弃的石片。历史,在虽然缓慢,但确实不曾停止过一时一刻变化发展的途程中,不仅完全改变了这里的地理面貌,还在向一个我们今天还不能准确把握的、遥远的明天前进。

在历史学家、考古学家们的思想屏幕上,还不断出现过火焰山中的桃儿沟、木头沟、柏孜克里克、胜金口、吐峪沟等地

火焰山中的胜金口石窟

保留至今的佛教洞窟。洞窟中有色彩斑斓的壁画,以及永远透着宁静微笑的佛祖和菩萨形象。在从晋、南北朝到高昌回鹘王朝,差不多近千年的岁月中,火焰山里香烟缭绕的佛教圣地,都曾经是雕梁画栋、金碧辉煌,有过不息的香火、虔诚礼拜的人流。这里也必定有不少饱经现实生活劫难的男男女女,怀着痛苦的记忆及对未来的幻想,从喧嚣的高昌、交河、柳中等城市,来到火焰山的深处,避开世俗人生的苦难,伴着古刹的晨钟暮鼓,把现实世界中难以觅求的幸福理想,寄托在无法捉摸的未来世界。

　　他们可能想到,在火焰山中,如连木沁村西土丘上的古代烽墩、胜金口峡谷中的古堡废墟,曾升腾起汉代的烽火、唐朝的狼烟。在西域历史上,曾经风云一世的英雄豪杰,李广利、郑吉、班超父子、沮渠安周、麴文泰、侯君集……大概也都曾在火焰山中,

连木沁古代烽墩

留下过自己的足迹。这些历史上的过客,对突兀似燃的火焰山,有过发自不同角度的指点、评论。车师王国的武士、匈奴王朝的铁骑、来自中原的汉民族戍垦者、满身风尘的漠北高原上的回鹘英雄们,都曾在火焰山中一展雄风;还有历朝历代不绝于途的商胡贩客,善较锱铢,他们也曾经在火焰山中、火焰山前彼此接触、碰撞、吸收、融合,再继续迈向一个远方的世界。火焰山,作为一个不朽的老人,自然曾目睹过这一切。这一条平平常常的,从中生代就开始形成的褶皱带,曾经给人类带来有益的因子,也带来过一些局限。世间事物,一分为二,无不具有这两重性。

火焰山前绿洲——吐峪沟

历史长河千万年的运动,静静蚀穿了火焰山,形成了贯通山南、山北的多条沟谷。沟谷中多条缓缓流泻的碧水,滋养出各具特色的大小绿洲。吐峪沟东的二塘沟,成就了柳中城,东走敦煌,南下楼兰,北通疏勒,都不能少了它的支持、奉献;吐峪沟西邻的木头沟,下泄的溪流,成就了古城高昌,当之无愧的西域大地上的经济、政治明珠。地处它们之间的吐峪沟,虽谷中流水并不弱于木头沟、二塘沟,但汉代以来,柳中、高昌,已经因缘际会,担承了这片土地上经济、政治、东西交通的使命。在东西20多公里的空间内,吐峪沟再好,已经没有生发出同样功能城镇的社会要求。在这一地理形势下,古代吐峪沟居民只能选择了另一条发展的路。他们导引了流泻的沟水,利用山前丰富的光热资源,构建了一处独具特色的,宜居、宜农、宜园艺,生活极为安憩的绿色世界。在这片绿色大地上,或短,或长停息的人们,无不衷心称赞,它没有辜负吐峪沟水的眷顾,造就了这片土地上独一无二的历史文化名村,也造就了古代车师王国、高昌王国及之后的唐代西州、高昌回鹘王国时期,高昌大地上具有特色、引人注目的一处宗教、文化中心。地理、地缘,是深蕴其中的核心,值得我们今人深入思考与品味。

20世纪80年代，我曾得机缘多次进入吐峪沟，在溪谷边行走，在土砌小屋中停息，在残破的佛教洞窟内沉思，在伊斯兰殿堂前冥想……落笔在此的拙文，是当年行脚、思考过的点滴，希望可借此与读者交流。

人们都称吐峪沟为"中国历史文化名村"，说它已有1700年的建村史。关于古村始建时代，没有觅得比较准确的信息。但从考古资料推想，古村开始在吐鲁番大地上揭开帷幕，十分可能远比去今1700年要早，根据是在吐峪沟村西南四五公里的戈壁沙滩上，可以看到微微隆起的沙丘，沙丘地表曾见到远古吐鲁番居民的打制石器。沙丘下，是距今3000至2000年期间，古代吐峪沟居民埋葬亲人的洋海墓地。它们，说明了吐峪沟村曾有过久远的历史文明。生老病死，是自然的规律。洋海墓地最早的主人，应是吐峪沟的子民。吐峪沟村宜居，受人喜爱。它是怎样成长为今天的格局，曾有过怎样的规划？我请教过村中耆宿，都说不清头绪。我自己走过、想过，存留在心底的认识，是它好像并无一定的章法，民居依地势、水流而布局，循水铺展。

初涉吐峪沟留下的最深印象，是它的建筑与塔里木盆地周缘不少维吾尔族聚居小村一样，也是黄土、木架筑就的平顶土房，鳞次栉比，错列铺展。小渠，在屋前流过；屋后是绝不可缺的果园，桑、桃、杏、葡萄，散发着芳香。许多居屋前，往往有两人都不能合抱的老桑树，不少还与土墙纠结在一起，别见一种古老、苍凉。入夏，光着身子的小男孩在屋前房后嬉戏玩耍，遇到一个比较陌生的人进村，即尾随其后，明亮、天真的眼睛中满溢好奇，又略带一点畏怯的目光。横架在村后的沟谷中，有一盘古老的水磨，它饱经历史的风霜，目睹过无数人

六 话说火焰山

吐峪沟村居图景

世的变幻,自己则循着千百年前古老的节奏,不稍变化,在慢慢地、不停息地转动着木质的水轮……

我当年徜徉过的吐峪沟,确实还是一个与广大外部世界没有多少联系,充满了自然情趣的恬静小村。村落中心,是十分显目的居民活动之地。建筑远较民居宏大的清真寺,绿色宣礼塔高耸入空,给人以不同凡俗的感受。不论是谁,一旦从喧嚣的、污染严重的都市来到这静谧的吐峪沟山谷,立即会有一种出俗超世的感受,宛若进入了一个朴素、自然的世界。

吐峪沟村,虽然属于鄯善县,其实距高昌故城并不远。十多公里的路,马车、骡车、越野汽车,均用不了多少时间。从寻求吐鲁番古代文明这个角度去分析,到了高昌故城,也确实应该看看与高昌的政治、宗教、文化密切相关的吐峪沟。不看吐峪沟，要更形象、具体地认识高昌，了解它曾经具有的一个侧面，就会明显受到局限和影响。

吐峪沟村更引人注意的，还是100年前已经发现，并向世界作过介绍的佛教遗迹。和许多废弃多年的古址一样，经过2000年的风云变幻，吐峪沟佛教圣地的面貌，自然完全不是当年形象。除了研究佛教历史、佛教艺术、中亚及新疆艺术史的学者们还不时回忆着吐峪沟曾有的一切，并且希望有幸一睹吐峪沟的真实面目外，它已被大多数人遗忘，失落在了人们记忆的尘埃之中。

走出村寨民居，来到火焰山脚下，可以看到一条明净的沟水，穿过火焰山峡谷，奔来眼前，这就是村居生命之源的吐峪沟水了。沟谷并不宽，不过数十米之遥。至于沟谷底部的溪水，也只数米宽，实在没有什么更突出的特征；拥抱在沟谷左右的峰峦，自然也说不上险峻。具有吸引力的，是掩覆在这些峰峦岩壁上的佛寺洞窟。这些积淀着深厚历史文化的佛寺洞窟，无限提升了吐峪沟山水的魅力，使它在新疆文化史上占有了特殊的一页。

我们循沟而进，攀缘石壁峰峦，寻觅那一区区满身历史伤痕的洞窟废墟。路难行，一些地段，根本就没有路。古代供僧侣及善男信女们往来礼拜佛寺的曲径，早已掩覆在碎石乱草之中。加上洞窟内的道道凿痕、斑斑斧迹，真使人有不胜今昔、满目凄凉之感。从沟东走到沟西，粗粗转过一圈，仍可见洞窟46处，但这总让人觉得，不太可能是一个准确的统计数字。因为这里是地震多发区，历史文献上就有过地震毁坏石窟的记录。高高堆积在山脚的碎石、沙砾堆，也总让人与曾经发生过的地震灾害产生联想。

唐丁谷窟寺故址——吐峪沟石窟遗存。当年曾佛幡飘扬，禅音低吟；转瞬间，飞虹断折，红墙颓毁。这一切都曾映印在吐峪沟水之中

还有一点应该说明的是，在伊斯兰教传入以后，征战不断，佛教被视为异端，受冲击、遭破坏，无法避免。目前区区46窟佛寺，肯定不是当年佛寺的规模。

在新疆地区现存的十多处佛教石窟遗址中，吐峪沟石窟最大特点之一是建窟较早，保存早期壁画较多，也因此而受到人们的注意。这里的石窟、造像，最早出现在晋、十六国时期。沟东一区残窟中还保留着一幅佛本生故事图，也留下了部分汉文榜题，可以看清楚的文字有"尸毗大王""昔有国王名曰妙光，为一切……"等字。它的书体风格，与新疆地区所见晋简及敦煌莫高窟中所见晋、十六国卷子中的书体，可以说如出一辙，表明它们是同一时期的遗存。

吐峪沟石窟，在沮渠氏家族称王于吐鲁番盆地时

（443—450年），曾经有过繁荣昌盛的一页。祖系匈奴的沮渠氏，既是能征善战的武士，也是虔心礼佛的宗教信徒。为了统治利益，有时用刀剑，有时又用佛典。公元412年，沮渠蒙逊统治姑臧（今甘肃武威），自称"河西王"。随着用刀剑开辟的血路，登上"河西王"的宝座后，他立即利用手中的财力、物力，在河西走廊大兴佛寺，使姑臧很快成了河西走廊地区有影响的佛教中心。在武威城南60多公里处，黄羊河畔的天梯山石窟，至今仍是一个相当有名的所在。沮渠蒙逊，不仅开凿了天梯山石窟，而且供养了当时西域名僧昙无忏。在昙无忏的倡导下，开山凿窟、建塔造寺、大造佛像，使天梯山一时间成了当时河西走廊的佛教中心。这件事，可以说是5世纪初西域文化与内地交流的一件盛事，它也有力地帮助了沮渠氏家族的统治事业。

5世纪中叶，沮渠氏家族在河西立足困难，率领残部向西迁徙，当然不会忘了佛教势力对其统治利益曾有过的帮助。当沮渠氏从武威到昆仑山北麓的若羌、且末，旋又从若羌地区进入吐鲁番盆地，经过不知多少次腥风血雨的征战。在吐鲁番站稳脚跟、安下身来以后，立即着手弘扬佛法。公元444年，沮渠安周在吐鲁番称王。他很快就到了高昌城东边的吐峪沟，开山凿洞，恭敬礼佛，并着人抄写了《佛说菩萨经》，署名"大凉王大沮渠安周所供养"。当然，这只是我们今天发现的佛经残卷之一。留下来的关于沮渠安周供养的说明，绝不会是沮渠安周在推进、发展吐峪沟佛教事业方面的全部内容，但这足以说明，北凉沮渠氏王朝时期的统治集团上层，对开发、建设吐峪沟的佛教事业是费了力的。吐峪沟石窟，在南北朝时期，是高昌王国最高统治集团全力经营的佛教重地之一。

《西州乘牛帖》。上钤（唐）西州之印。征发牛车，以应时需，涉及丁谷寺

沮渠安周在吐峪沟佛寺中写经供养，在这里开窟尽心。目前在吐峪沟两侧山岩中的残窟破龛，不少开凿在北凉沮渠氏的统治时期，这是没有问题的。困难的只是，由于石窟遗迹损坏严重，我们今天还不能就这一问题进行比较具体、准确的说明。

进入唐代，吐峪沟山谷两岸的佛教洞窟有了进一步的发展。凝聚在区区洞窟中辉煌的佛教艺术，发展到了一个新的阶段。保留在敦煌莫高窟中的唐代文献《西州图经》残本，对吐峪沟石窟有很具体、形象的描述。文中称吐峪沟为"丁谷"，说是："丁谷窟有寺一所，并有禅院一所。右在柳中县界，至北山廿五里丁谷中。西去州廿里，寺其依山构。㩆巇疏阶，雁塔飞空，虹梁饮汉。岩峦纷糺，丛薄阡眠。既切烟云，亦亏星月。上则危峰迢遰，下则轻溜潺湲。实仙居之胜地，谅栖灵之秘域。见有名额，僧徒居焉。"

石窟位于高昌城之东，依火焰山，在吐峪沟山谷中展布的形势与《西州图经》记录完全是一致的。

从《西州图经》描述可以了解，在吐峪沟中随山势展布的重重寺院，它们背依危峰，下临清溪，四周绿树掩映，佛寺、禅院密集；烟火不断，人在沟谷深处，竟难见星月。佛寺中的高塔，耸入云霄；横跨沟谷东西的桥梁，如彩虹在天。人们往返沟谷东西如履平地，毫无攀缘、跋涉之苦。唐代吐峪沟中这种兴盛异常的宗教氛围，使人联想到唐代吐鲁番大地上，必是佛门香火弥漫，非同寻常。当日曾被赞誉为超凡脱俗的人间仙境，和今天吐峪沟中破败寥落的断垣残壁，真是对比强烈。

今天的吐峪沟石窟寺形象，与《西州图经》中通过文字描述所展示的画面，差距实在是太大了。不论是耸立雁塔，还是那饮汉彩虹，都早已消逝在历史的长河中。高低错落、依山展布、曲径通幽的区区佛寺，除一些残窟断垣可大概指点它们的遗迹外，也早就没有了自己的特征。这一切变化，经历了相当长的过程。它遭遇的最初，也是最大的一场劫难，大概是在15世纪，伊斯兰教进入吐鲁番地区时期。伊斯兰的武士们，凭借强大的军事力量，对被视为异端的佛教思想，被视为邪恶象征的崇拜偶像，进行了彻底的破坏和打击。这次打击，对佛教势力在吐峪沟的存在及活动是致命的，但也并没有因此使这一沟谷中的佛教胜迹完全消失；后来发生的天灾人祸，使这区佛教圣地一蹶不振。

勒柯克1905年在吐峪沟时，还见到一座大型佛教庙宇，像燕巢似的紧紧依附在近乎垂直的岩壁上。而1916年发生在吐峪沟的一次强烈地震,使这区庙宇整个堕入了峡谷,再也不见踪影。

涉足吐峪沟山谷的外国人,最早应是俄国植物学家雷格尔。他是圣彼得堡皇家植物园的负责人。早在1879年,他就到了吐鲁番,到了吐峪沟。他在回国后发表的考察报告中,介绍了在吐峪沟中见到的石窟寺。4年以后,根据这一线索,来到吐鲁番的俄国人罗波洛夫斯基、科兹洛夫,深入到吐峪沟石窟寺中,窃走了不少回鹘文、汉文文书及其他佛教文物资料。1897年,俄国考古学家克列门兹来到吐鲁番,也没有忘记吐峪沟。在他离开吐鲁番回圣彼得堡时,同样带走了精美壁画及古代经卷。

对吐峪沟石窟寺侵扰次数最多、造成破坏最严重的,还要数德国人勒柯克和格伦威德尔,其中尤以勒柯克为甚。格伦威德尔,作为一个研究艺术史的学者,他充分了解艺术遗迹应该保存在原地;对于遗址地点,要得到科学的了解,必须完整地测量地图、绘画遗迹、如实摄影、完成科学报告。壁画等文物学术价值高,也可以进行临摹复制。而勒柯克,可完全不管这些,对格伦威德尔在一些遗址点上阻止他割剥壁画、敲砸塑像的行为,内心深为反感。1905年,他到吐峪沟石窟寺,就是以割剥、窃取这里最精美的佛教壁画,作为自己最主要目的。正因勒柯克和他的助手巴塔斯的粗暴行为,吐峪沟石窟中残存的壁画,又遭受了一次新的劫难。在这个回环曲折的山谷中,勒柯克还发现了一间石窟密室,其中封存不少唐代的佛教典籍。勒柯克将它们满满塞了两麻袋,作为"考察成果",连同一些勒柯克自称的"惊人的刺绣品",一并运回了柏林。目睹勒柯克窃走的大量精美文物,格伦威德尔深深感到了它们重大的科学价值。1907年,他又到吐鲁番、吐峪沟,详细进行了测量、拍摄、

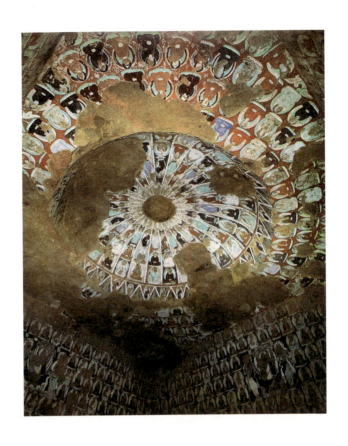

吐峪沟石窟
第44窟窟顶

临摹,以补充原有资料之不足。

在对吐峪沟石窟施暴方面,可以与勒柯克并驾齐驱的是日本人橘瑞超和野村荣三郎。1903年,他们受大谷光瑞的派遣,到了吐峪沟,在这里进行发掘,得到了一些佛经;1908年他们再次来到吐峪沟,故技重演。这次,他们出钱雇用了35个农民,分成5组,对20多个洞窟进行了相当"干净"的搜掠,窃走了古代文书、写经、铜佛像、刻花砖等各类珍贵文物。我

六 话说火焰山 217

们前面提到的，收藏在吐峪沟石窟寺中的沮渠安周写经，就这样到了日本。与搜掠新疆历史文物有密切关联的斯坦因，自然也没有放过吐峪沟。1907年、1914年，他先后两次，在吐峪沟进行了绘图、测量、盗掘，"找到了不少好看的壁画和塑像残片"，运到了印度……经过这么多次反反复复的洗劫，吐峪沟石窟会是一种怎样的面目，人们是不难想见的。

今天的吐峪沟石窟，还是一种大劫以后没有恢复过来的形象。方形、长方形，中心有立柱、纵券顶形的一层层洞窟，不少窟体还是相当高敞、宽大的。有中心柱的佛窟，柱体四向有龛。当然，窟、龛之中，本应是佛像庄严、塑画彩色纷呈的。如今，却大都是破败零落，偶见佛像绘画，也是残脚断臂、少眼缺鼻，难觅完整的形象了。

中心柱窟，用佛教的观念，也可以称之为"礼拜窟"。巨大的塔柱，实际上将洞窟一分为二，前后形若两室。甬道可供僧侣、信徒回旋礼拜。他们虔心奉佛，入窟后右旋而行，绕塔瞻仰佛像，领会本生壁画，接受佛教文化教育，聆听法师教诲，以求得到佛法的真谛，进行灵魂的洗礼。纵券顶式石窟，造型近同吐鲁番地区常见的居民屋宇。窟分前后室，所谓后室，只是一处十分狭窄的小洞。这里，是供僧徒坐禅用的"洞天"，所以也称之为禅窟。此外，还可见出不少小型僧房。这种僧房，形制狭小，主要就是一处可供僧人蜷伏的低矮土台。土台边的墙壁上，凿出几处小龛洞，苦修的僧人可以在这些龛洞中放置一点最必要的杂物，如食钵、水杯之类。今天的人们，置身在这类僧房中，遥想当年形容枯槁的僧人，饱经人生忧患，在这幽暗的小室中虔心诵经、打坐，企求得到超脱现实苦难的境界。真是依稀如在目前。

此外，还值得人们注意的是，《西州图经》说到这处丁谷窟有"寺一所"外，并说还有"禅院一所"。唐代西州境内的"禅院"，究竟是怎样的结构和布局呢？它在内容、外形上和传统的佛寺，肯定会有明显的区别。从字面意义去分析，这种"禅院"，应该是指唐代中期后在佛教中兴起的"禅宗"的宗教活动场所。禅宗，初起在广东、湖南、江西等地，很快在全国扩展。遥远的西州境内，不久也有了禅宗的活动，并在吐峪沟这一佛教圣地，找到了自己的位置。从这既可以看到禅宗的影响范围，也能看到当年新疆和祖国内地相当紧密的思想文化联系。

禅宗，在佛教流派中，是很有特色的一支，它可以说是地地道道的中国特产。它背离传统，不承认佛祖释迦牟尼的权威地位，否定西方极乐世界，无视一切传统的佛教典籍。主张只要朝朝暮暮地苦行苦修，人人本来都有的"真如本性"，一朝顿悟，就可以立地成佛。这对急于进入极乐世界、摆脱尘世苦难的人们来说，是一条更加方便的捷径。这支流派的出现，与当时的社会背景密切关联。这些，暂都不去涉及。须要再说几句的是，正如前面提过的，一是这一异端思想一出现，竟以这么快的速度，在新疆传播开来，除地区间本来就存在的政治、经济、文化联系外，还有没有吐鲁番地区本身特殊的社会背景？如果有，是怎样的背景？而且，这种异端思想登上舞台以后，竟还可以在一处传统的佛教圣地站住脚跟，彼此融洽相处，相安无事，倒真是值得学者们注意的历史文化现象。如果能把体现这种情况的建筑也清理出来，分析清楚，肯定还会给人以更多一点认识和启迪。

经过种种劫难，曾经盛行一时的吐峪沟石窟寺——"丁谷"窟寺及"丁谷"窟禅院，留存至今的遗迹、壁画，确实不

吐峪沟石窟比丘禅观图

能算是很多的了。但一斑可窥全豹,劫余的残窟中破损的画面,以及汉文并其他文字的榜题,还是可以给人们以不少的启示及联想。佛教,利用艺术形象来传播教义,尤其是向广大群众,进行思想灌输,使他们成为忠实信徒,确实是取得过非凡成功的。佛教势力在中国大地植根那么深、影响那么广,与这种宣传艺术,大概很有一点关系。在吐峪沟参观时,我曾在一孔残窟内见到"开觉寺"的榜题,残存的壁画中,可以看到一幅人物图像:自顶而下,一半为血肉之躯,生命在搏动;一半却是森森白骨,让人毛骨悚然。我不知道这一绘画的佛典根据,虽多年前看过,却至今印象不减。直观的体会,其艺术语言是:别看红颜色彩,肌肤如玉,实际富贵如烟云,人生易逝,谁也难免转化为森森白骨的命运。寺称"开觉",当然就在劝人看破红尘,向善礼佛,以求来世的解脱了。这种说教,对苦于剥削、压迫,感受着无尽人生苦难的男男女女,既是安慰,也是吸引,当然是会起到作用的。

在吐峪沟西侧山坡上,还保存着一区伊斯兰教的"七贤祠",当地维吾尔语称"阿萨普尔"。据说是穆斯林先贤亦木乃哈等人，在很早以前来吐鲁番地区宣传伊斯兰教时，逝于吐峪沟，故埋葬在此。这其实并没有史实根据，不过是信徒们编撰的故事。但这陵墓具有很典型的伊斯兰特色。至今，这区麻扎仍受到穆斯林虔心的崇拜。据称，它颇有灵性，对于虔诚的穆斯林，可以帮助他们解脱危难；而对于心怀叵测的异教徒，则会施以惩罚。1928年，我国考古学家黄文弼到吐峪沟考察，听当地维吾尔老乡盛传：勒柯克在吐峪沟时，曾想进入麻扎，刚刚迈步入门，即满头大汗、心慌腿软、恐惧不止，赶忙退出门外。这究竟是一次巧合，还是民间的传说，今天已不得而知。但盛传的这个故事，表达了善良的吐峪沟人民对勒柯克在这里粗暴破坏佛窟壁画、窃取文物的行径，内心曾有过的愤怒和咒诅。

吐峪沟，它两岸崖壁上破败、零落的石窟废墟，凝聚着古老的文明、历史的风霜。它满身的凿痕，同样有着丰富的社会历史烙印。如今，它们在文物部门的关心、保护下，逐步复苏了生命的光辉。吐峪沟水，和千百年前一样，仍然明净如镜，映着星斗、映着岁月，也映着两岸的区区洞窟。

通向敦煌的重镇——柳中城

《明史·西域传》说:"柳城……即后汉柳中地,西域长史治所。唐置柳中县。"

2000年前即见诸记录的柳中古城,目前是怎样的命运,这是人们普遍感兴趣的问题。

柳中,故址就在鄯善县境的鲁克沁。自2000年前,它成为吐鲁番盆地中一个引人注目的政治、军事中心以来,这里的居民,世代相继。高昌、交河故城,曾经遭受的厄运、劫难,它幸得避免。作为吐鲁番盆地东部地区的政治、经济、文化中心,它一直保持自己顽强的生命力,直到20世纪40年代的鲁克沁郡王时期。历史的风风雨雨给这里带来过的忧乐哀荣,至今仍然是不少关心吐鲁番古代文明的人们所关注的问题。

鲁克沁,这个不大的绿洲,地处火焰山南麓。东有二塘沟,西有吐峪沟拥抱。火焰山前,鲁克沁绿洲身后,仍见坎儿井渠道,清水长流。这保证了鲁克沁绿洲范围内充沛的水源。绿洲内,到处树木郁郁葱葱,果园连片。住家,大都沿着清澈的小水道布列,一道小木桥横跨水沟上,供人出入。真可以说是家家流水潺潺,户户桑葡满园;人在树荫下,屋在绿树中,白杨、桑、榆并列,桃、杏、葡萄,瓜果飘香。环境真是幽美。

怀着一种探索鲁克沁绿洲古老文明、汉晋以来中原戍边健儿遗迹故实的强烈愿望，我曾在1978年来到火焰山脚下的这片绿洲。在一处名叫"和什场子"的空地上，我们发现了彩陶碎片。红底黑彩，熟悉的三角形、垂幛、波形图案的彩陶，伴和着马鞍形的磨谷器，显示这里曾是一处古代农业居民废弃的聚落。地层中厚厚的灰烬，是古代居民抛撒的垃圾、烧灰，经过多少世纪的化合作用，又成了今天附近农民感兴趣的肥源，也为考古学家们提供了可贵的历史文化信息。这片遗址的面积有近1万平方米，主要凭靠火焰山前的斯尔克甫小河提供灌溉之利。离和什场子不太远的坎尔奇沟中的肖洛克塔尔，还保留着一些古代岩石刻画。画面上，警惕着危险信号的山羊，经历了几千年的风雨，仍然伫立在较为平整的石面上，昂首注视着前方。

汉代，这里曾经是两汉王朝经营、开发西域的一处重要据点，当时名为柳中。它西距高昌壁不远，向东南，有道路可以与敦煌联络；傍库姆塔格沙漠西缘南行，经底坎儿，跨库鲁克塔格山，可以抵达罗布淖尔湖畔古城楼兰；北穿天山峡谷，可进入准噶尔盆地南沿。对以巴里坤草原为基地的北匈奴势力，进入塔里木盆地，这里算得是一处咽喉。因此，只要在柳中站稳脚跟，就能保住中原与新疆大地的联络孔道，加强中原王朝在东疆大地的统治权力，进一步帮助安定西域的形势。东汉时，关宠、班勇先后以柳中为屯兵基地，与以巴里坤为基地的北匈奴进行激烈的角逐，为维护东汉王朝对西域的统治，促进西域的社会进步与经济发展做出了重要贡献。

公元1世纪70年代，东汉王朝任命陈睦为西域都护，驻节于焉耆盆地。同时命耿恭、关宠率兵在金满（今吉木萨尔）、柳中屯田戍守，保卫西域都护府东北方向的安全。公元75年，匈奴骑兵对金满、柳中发动进攻。耿恭在金满失守后，退守疏勒城（在今天山北麓奇台县境石城子），孤军奋战，最后只剩战士26人，仍死战不屈，关宠则战殁在柳中。直到第二年，东汉援军收复柳中，再北越天山隘道，救出了苦苦死守的耿恭，使当时的匈奴为之震惊，东汉王朝上下为之动容。从这一战役可以看出，柳中的战略地位确实非同一般。

公元122年，敦煌太守张珰向东汉政府建议，要保证河西走廊地区安全，就必须控制西域。而要统治西域，就不能不对巴里坤草原上的北匈奴势力，采取进攻或积极防卫的战略。东汉王朝无力进攻，乃派熟悉西域情况的班勇，率兵500人戍屯柳中。由河西四郡支援牛、农具、籽种，以屯垦作为支援军事行动的基础。

班勇，是名将班超的儿子，这次，他作为西域长史率兵戍屯柳中，主要对手是北匈奴的呼衍王。班勇以柳中为根据地，凭借西域大地各王国的支持，组织、动员了各王国的兵力，收复了车师前、后部，呼衍王的堂兄也成了他的俘虏。呼衍王闻风而去，西域全境重新归属于东汉统辖之下。班勇在西域大地上导演的这桩有胆有识的壮举，其主要的舞台就在柳中。鲁克沁大地上的人民，当年曾经为东汉王朝政府重新统治西域，做出了巨大的贡献和牺牲。

人们踯躅在鲁克沁绿洲的土地上，默默地、认真地寻觅着关宠、班勇及东汉戍边健儿们遗留的史迹，但终无所获。只是在火焰山北面的二塘沟河畔，今天还保留着一座古代的烽燧，其夯筑的土墩依然高耸，当地群众都还习惯称呼它"汉墩"。更有意思的是，这座古烽，确实控制着通过天山连接吉木萨尔与鲁克沁的交通要道。自汉墩沿二塘沟河谷入天山，翻萨尔勒克达坂，即可通达吉木萨尔。这个汉墩的名称，这条汉、唐时期

唐代烽燧遗址，位于二塘沟。残高13.56米。标示着当年天山南北交通线路

一直连接天山南北的天山隘道，总使我在感情深处笃信：这座墩台，这条古道，还保留着东汉时期及唐王朝时期的历史印痕。这里，曾经留下过关宠、耿恭、班勇的身影。耿恭当年告急的烽火曾在这里燃烧，关宠战殁的噩耗也从这里传向远方。汉墩这个名字，可以说是镌刻在当地人民心底的一座历史纪念碑。

公元327年，中心在河西地区的张骏前凉王朝在吐鲁番盆地设立了高昌郡。鲁克沁绿洲，因为有坚实的农业生产基础，加之屯田士卒的功业，自然成了郡属柳中县县治所在。稍后，以吐鲁番绿洲为基地建立的高昌王国，因袭这一历史传统，鲁克沁就成了高昌郡下的柳中县。入唐，成为西州属下的田地县。9世纪中叶以后，属高昌回鹘王国。高昌回鹘王国灭亡以

六 话说火焰山

后,这里成了察合台后王的世袭领地。入清,在吐鲁番地区额敏和卓的统领下,这里很早就归顺了清朝。在平定准噶尔叛乱的战争中,额敏和卓远征四方,为清室立下了汗马功劳。鲁克沁,这处花果飘香的美好乐园,一度就是额敏和卓王府的所在地,是当年吐鲁番绿洲上最主要的政治、经济、文化中心。

无可奈何花落去。随着历史发展,鲁克沁绿洲的这一重要历史地位也逐渐消退,最后只剩下一个普普通通的绿洲小村。虽然仍是一个乡政府的所在地,但其政治、经济影响,已绝对无法与当年情势相比了。只是在村落内仍然存在的高峻、森严的城垣,城垣内曾经出土的古代文物,还可唤起人们对这一页历史的记忆。

鲁克沁故城,呈矩形,城墙虽已不完整,但当年的建制,还可以寻觅。依其残迹可以看出,古城东西稍长,而南北略短。粗粗步测,东西长有1000多米,南北不过400米。整个周长近3公里,作为一座中古时期的县城,它相当不小了。城墙保存最好的地段,在古城西南角,仍然高达12米。城墙顶面,宽也在3米以上,底基宽有5米左右,也是采用古代传统的办法夯筑而成。每层夯土,厚不过10厘米,密实坚固。古城范围内,曾经见到具有唐代风格的陶器碎片,也曾出土过高数十厘米的镏金铜佛像。地表还经常可以捡拾到清代小铜钱。这零零散散的残陶碎瓦、古钱佛像,从另一个角度显示了古城悠久的历史文化。

我们在汉代的柳中——唐代称为田地县的古城中漫步,走过现在新疆地区农村中常见的住家小院。平顶的土房掩覆在桑榆之下,拥簇在葡萄架的阴凉之中;院前是成排挺立的白杨,狗在树下憩息,一切都是那么悠然自得;院中,每每有一

柳中城故址。汉代柳中、唐代田地县故址西门遗存

辆很简单的骡车。钉骡马铁掌、擀毡、打制简单农具的铁匠铺,售卖酒、烟、杂货的小店,小饭铺……也都临街并立。路面,仍是最简单的、原始的土路。当年,汉唐时期顶盔披甲的武士们,大概就是在这样的路面上扬起征尘,引发过居民们的惊惶、不安吧;那时在临街小铺售卖的商品,当然与今天是两番景象。少不了的应也有当垆卖酒的胡姬,披锦戴绸,浑身上下焕发着青春朝气。但这一切,这可能存在过的历史画面,再怎样仔细地观察、搜寻,都已觅不见一点痕迹了,余下的只不过是古城的躯壳,包容着20世纪现代农村的实体,它们自然而和谐地结合在了一起。

我想,能在这样一座古城址中,清理出一点古代遗迹,做出科学分析,依之为据,保存或复原起一点古代建筑，也恢复一点当年的建筑内部样貌，使之成为一处别具特色的历史古迹参观点，它所能带给今天人们的精神满足和文化享受，将是不可低估的。

向鲁克沁的居民、熟悉掌故的老人请教关于本地的历史、名胜，他们记忆得还比较清楚的，只是鲁克沁王府非同寻常的规模、不同凡响的气派。王府故址紧贴西城墙，高与城墙平齐的台基，使王府远远高踞于一般民居之上。在王府中，全城居民的动静可尽收眼底。有人要进入王府，必须先经过一座吊桥，吊桥收起，王府就是一个孤立的、坚固的堡寨。据说，当年的王府不仅雕梁画栋、气宇轩昂，而且建筑的顶层，还利用十分厚的覆土，栽植了各种花卉，造就出一座空中花园。五彩缤纷的花草，香气四溢、远近飘扬，使普通的土屋成了一座花团锦簇的宫苑。

在鲁克沁古城的西南，原来还有一座小土城圈，那是浩罕入侵者阿古柏占据吐鲁番绿洲时留下的痕迹。阿古柏在这里，和在南疆广大农村一样，也是奸淫掳掠、搜刮盘剥、敲骨吸髓，给人民带来了无尽的苦难。因此，当清军对阿古柏展开反击后，维吾尔族人民都积极配合清军的行动，递送情报，很快就摧毁了阿古柏入侵者的巢穴。留在鲁克沁土地上的这一城垣，也成了这一历史事实的见证。

鲁克沁绿洲北面2公里左右，也就是历史上的柳中县、田地县县城北郊，是一片茫茫戈壁。我们正是在这片砾石铺地的荒漠上，见到了唐代田地县城居民们身后的归宿地，还有可能是高昌回鹘王国臣民们的墓茔。曾经保留在古城中的遗迹，随着后来的主人们的改造，汉、唐时代的烟云自然早已飘散，但在古城北郊的荒漠上，在当年古城主人们经营的、供死后享受的地宫中，今天的人们却完全有可能寻觅到当年墓主人曾有的荣华、富贵、忧患、欢乐，以及他们的希望、寄托和追求。

离开绿洲不远，高高耸立在戈壁上丛丛列列的墓冢，远远就可以看到。这样的墓冢，在东西五六公里长，南北一二公里宽的地域范围内，断续相继。这广大的墓地，强烈启示任何一个涉足其间的人：当年的柳中、田地县，曾是一个经济繁荣、人口集中的闹市。

一区区墓冢，封土堆高出地表有2—3米。封土堆前，隐隐都见一条长长的墓道。七八座墓冢，也有十多座的，集中在一起，如同高昌城北的阿斯塔那墓地一样，也都围着"甲"字形的土梁。土梁如堤，稍稍高出于地表。茔院向东或者向南开门，左右为一条长长的夹道。这是当年显赫庭院、森严堡寨的象征。就在这样一区区围垣中，葬埋一个小家族的几代、十几代成员，显示着强大、有力血缘纽带的束缚，也显示着不同家族集团间地位的差别。

我们曾在这区墓地内发掘过一批墓葬。与高昌城郊的晋-唐时期墓葬一样，它们也都是深埋在地下的掏洞墓室，墓室前方有长十几米到数十米的斜坡墓道。墓道侧壁，也都见到书写或刻制的汉文墓志，书体规整、娟秀。志文清楚说明了死者的身世、地位。我们曾选择发掘了几座封土相当高大的墓葬，志文清楚地说明，墓主人们生前曾经分别是田地县内主管逻捕盗贼、掌管水利工程的官员。官职是并不高的，但高耸的封冢、长长的墓道、宏大的墓室，都使人们有一个强烈的印象：这些墓葬的规模，远比高昌城郊同级官吏的墓葬为大。我们曾满怀兴趣地进一步工作，希望在积土清理完以后，也会出现更丰富、更引人注目的随葬文物，但结果却大失所望。尸体骨架尚

六 话说火焰山

保存完好，男主人在妻妾的簇拥中，安卧在墓室内。供死者享用的各种食品、果品，也都还在食案上摆放得整整齐齐；陶、木用器成组成列，双手持握的"握木"上，仍然见到彩色斑斓的锦绸。但更易朽烂的纸质、丝绸质衣物，却都已在一次想不到的"水灾"中朽蚀成泥了。

这样的山前戈壁，何来"水灾"？原来是不明事理的主事人，在"大跃进"的热潮中，决定要利用山前戈壁修建一座平地水库。他们选择了一处开阔地段，用推土机推出了一道拦河坝，准备秋冬蓄存闲水，供农业需水时引用。用心不能说坏，毕竟是想做一件于农业有利的好事，但知识却实在有限。殊不知库底坝下均有古墓。蓄水一年，不仅渗漏严重，而且坝体很快坍塌。于是所蓄洪水，四溢漫流，墓地成为泽国。

我们在此发掘的1978年，已是水库解体以后的好几年了，墓穴内仍是潮湿异常，不断塌方。晋–唐时期的老祖先，原是选择了一块地势较高、干燥的戈壁，作为身后理想的埋骨地，以求不朽，断然没有想到1000多年以后，却会遭到这么一场灾难。

应该是回鹘时期的墓葬，也错杂在这片墓地之中。一座深深的竖穴，深入2米多的地下后，再向一侧挖出偏室。死者穿衣、着鞋，平卧在偏室之中。同样，为了死者的需要，也在墓室内随葬了梳洗、日用物品。出土的多种棉、麻织物，在边襕处装饰一道织金锦边，这是过去未见的一种服装款式。宋、元时期的回鹘民族，以善织"纳失失"（一种织金锦）而闻名于当时。墓葬中这些标本，不仅加深了我们从文献中得到的印象，也深化了我们对古代回鹘民族，在织造工艺上曾取得辉煌成就的具体认识。

类似鲁克沁村北戈壁上的古代墓地，在绿洲附近一些其他

狩猎纹织金锦,鲁克沁出土,残长71.5厘米、宽24厘米,元代

地点,也都有发现。从鲁克沁绿洲,沿库姆塔格沙漠西缘,斜向东南行,不仅可以看到晋-唐时期这种斜坡墓道方式的墓葬,而且还有古代的城堡、佛寺、烽墩。穷阿萨、克切克阿萨就是人们已经注意到的两个遗址点。在这里,古代遗迹依然展现在人们眼前,遗址内的碎陶断瓦,唐、宋时期的钱币,也随处可以寻觅。它们标示着柳中、高昌,古代通向河西走廊、敦煌地区的一条小道,也标示着在严酷的大自然、敌对的社会力量面前,吐鲁番绿洲的古代居民们曾经做出过的顽强努力。不言而喻,这些遗迹、遗物,对今天的人们认识鲁克沁绿洲开发、建设的历史,都是无可替代的珍贵资料。

火焰山中名胜——柏孜克里克石窟

在佛教势力强大的唐代，高昌城中佛塔林立。宋朝使节王延德在公元10世纪末到高昌城，还看到城内有佛寺50余区，佛寺都有唐王朝所赐的匾额。寺内收存有《大藏经》《玉篇》《经音》等文献。但是，这些佛寺的规模、气势，比起高昌城郊的"丁谷窟寺"与"宁戎窟寺"来，又要稍逊一筹。所以，在唐代文献《西州图经》中，述及高昌佛教名胜时，总会提到前面的两处窟寺。而"宁戎窟寺"，就是保存至今的柏孜克里克石窟。

《西州图经》是唐朝人当年留下来的记述吐鲁番盆地历史、地理、文化名胜的方志类书籍，有图有文。它对"宁戎窟"的记述，是我们今天认识柏孜克里克石窟难得的第一手资料：

> 宁戎窟寺一所□□□右在前庭县界，山北二十里，宁戎谷中。峭巘三成，临危而结极；嶒峦四绝，架回而开轩。既庇之以崇岩，亦猥之以清濑。云蒸霞郁，草木蒙茏。见有僧祇，久著名额。

根据上引的唐代文献，想象一下当年的宁戎窟寺，确实说得上环境清幽，寺宇轩昂。它背依崇岩，面临清川，树木葱郁，掩覆了回转曲折的高架楼阁。窟寺所在的沟谷，称"宁戎谷"，谷中佛寺也就称为"宁戎窟寺"。宁戎谷，地属西州属下的前庭县，因为接近西州，所以是重要的佛教中心，寺内僧人众多，久负盛名。

唐代文献中留下这有限的记录，结合今天柏孜克里克石窟进行分析，引发我们无限的感慨：在1000多年的时光中，柏孜克里克石窟寺，经历了何等巨大的沧桑变化。

从高昌城到火焰山中的胜金口，再到石窟寺，唐里二十，纵车驱马，一两个小时可达，不算远。但当年的高昌，今天已成废墟。如今从吐鲁番市中心出发前往石窟寺，里程有四五十公里，没有汽车就有点困难了。

出市区，东北行，大部分路程都是火焰山前的漫漫戈壁。黄沉沉、大大小小的沙砾石，拥抱着一条笔直的柏油路。景色单调，没有什么变化。炽热灼人的热风，使人感到十分的沉闷、压抑，昏昏欲睡。这种景观，直到折入胜金口峡谷，才陡然一变：木头沟水，从火龙似的火焰山中奔突而出，沟谷两岸，绿树成荫，与火焰山前荒漠的世界形成了鲜明的对照，一派生机盎然的景象。

大家都说，佛教思想家是很精通宗教宣传艺术的。认真考虑、分析一下柏孜克里克石窟寺的选址、设计，就能体会到这个说法有其道理。信徒们虔心礼佛，不避艰难前来礼拜。走过了火焰山前漫漫戈壁长途，定是疲惫不堪；到达胜金口，凉风习习、水色清幽，心情会立即变化，感到接近佛祖清净世界，一切都较尘世凡俗为高。接着，沿木头沟曲折前行，在岗峦拥抱的沟谷中，差不多20里地，上下左右，都是起伏的岗峦、怪异的山石，通体赭红、红里透青、层层叠叠，就如件件布匹，或齐齐整整地平置，或折曲如弓，但不论如何展开，它总是井然有序，丝毫不乱。古代人对地球地质变化尚无了解，在这种神奇造物的拥抱中，内心肯定会渐渐充满了神秘、困惑之感。

粗粗划分，火焰山这一巨型背斜，确可区分为三大组系，唐人在《西州图经》中称"峭巘三成"，就正表现了对这种地质景观的关注。佛教信徒们，在这充满了神奇色彩的环境中，每深入一步，心灵就会受到更深一层的震动。在这种极度的震动、惶遽之中，在火焰山主峰的背后，突然看到了"宁戎窟寺"微露的瓦顶，听到了隐隐的木鱼及诵经声，真像是看到了佛祖的极乐世界。一刹那，它会给予单纯而疲惫的信徒们以怎样的心灵撞击，真不是今天人们所能想象的。

"柏孜克里克"是维吾尔语，有"山腰"之意。这对石窟寺所处地理位置，是一个相当准确的形容。建窟的地点，正是选择在火焰山主峰北坡的山腰中，深处于木头沟峡谷之内。最初的营造者们，从峭壁上开辟出来一块大的平地，利用背后无尽的山体，凿出一洞洞岩窟，或在岩坡上，以土坯建窟。窟群高踞在峭壁之上，脚下是静静流淌的木头沟水。沟谷对岸，是蓝天陪衬下，缓缓铺展开去的土红色岗峦，似无限深远。确实是一处远离尘世、修身养性的理想场所。

柏孜克里克石窟寺，现在还可以见到洞窟88个。其中，既有供僧侣坐禅修行的"毗诃罗窟"，也有供信徒们礼拜的"支提窟"，纪念功德过人的高僧们的"隐窟"，及供僧侣住宿休息的"僧房"。

窟群中，尚存壁画的洞窟有40多个，大多残毁比较严重。即使如此，保存壁画面积仍有1200多平方米。从洞窟形制、

唐宁戎窟寺故址——柏孜克里克石窟遗存。初建于高昌王国时期，唐代香火旺盛，回鹘高昌时期成为王室寺院

壁画风格，结合有关文献记录，可以得出的结论是：这一区石窟寺，始凿于高昌王国时期。唐代，据前引《西州图经》，这区窟寺已有相当的规模。9世纪中叶，回鹘从蒙古高原入居吐鲁番盆地，建立了回鹘高昌王国。最初，回鹘仍然保持在漠北草原时期信仰的摩尼教，甚至在木头沟中的柏孜克里克，也修建过尊奉摩尼的窟寺。现存第38号窟后壁，绘画生命树，树下有穿白色衣服的男女信徒，并绘有翅的羽人形象，就是表现着摩尼教的信仰。但不到100年，高昌回鹘王国的统治者又皈依了在当地居民中占统治地位的佛教，成了虔诚的佛教徒，还把这区石窟寺，扩建为王室佛教寺院。回鹘国王、王后，一样在这里开拓洞窟、虔心供养，利用佛教进一步维护、加强自己的统治地位。

10—11世纪中，柏孜克里克石窟寺在回鹘王族的支持下，发展到了顶峰。宽敞、宏大的窟室，辉煌、斑斓的壁画、塑像，大多是这一时段回鹘王朝的

六 话说火焰山　235

柏孜克里克石窟出土的斗拱

遗物。人们都把这一阶段的柏孜克里克石窟，作为研究高昌回鹘时期宗教、艺术、文化的宝库，是一点也不错的。12世纪以后，回鹘王国势力趋衰，这区佛教圣地也受到影响。13世纪以后，石窟渐趋没落。

在柏孜克里克进行的小规模石窟遗址的维修中，考古工作者在石窟下的积土中发掘了早期废弃的窟室，发现了回鹘文、西夏文、汉文、梵文、婆罗米文、粟特文残经及世俗文书。其中有2件粟特文摩尼教信函，表示了远方信徒对教主的尊崇、祝福，收信者为摩尼教东方教区主教摩尔阿晋·曼普夫尔。摩尼教最后的东方教区中心，竟在佛教圣地的洞窟中。此外，还有不少已成碎块的塑像、壁画残片及珍贵雕版印刷物。出土木质斗拱16件，拱径75厘米，斗长21厘米。相当宏伟、外表涂漆成朱红色的巨型木拱部件，可以清楚地说明：唐、高昌回鹘时期，柏孜克里克石窟寺在依岩开凿的窟洞外面，还有过十分高大的殿堂、回廊，形成相当轩敞、曲折回环的架空廊道。虔心的修行者，或慕名而来的巡礼者，都可以凭借这种架空回廊而登达危岩，远眺四方。《西州图经》中说宁戎窟寺"临危而结极""架回而开轩"，正是对这一景象的描写。晋北高原上的"悬空寺"，则可以启发我们对此建筑形式的认识和思考。

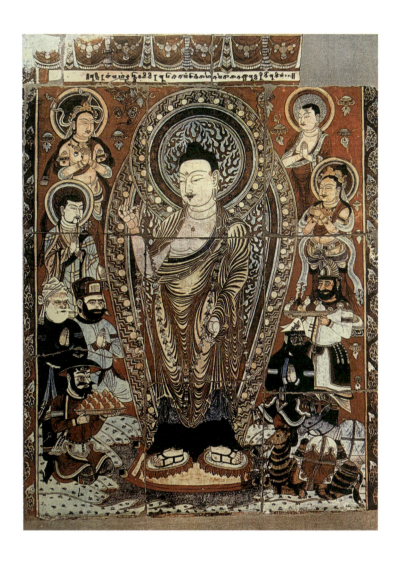

佛本行经变图,柏孜克里克第20窟,高昌回鹘早期。立佛驻足在船上,河边跪、立供养人,或托盘,或合手礼拜。衣饰、形态各异。驼、马负厚重资财。回鹘文题铭大意为"商船主以舟渡佛"

凿岩而成的窟洞中,保留至今的主要是唐代及高昌回鹘时期的壁画。塑像几乎全部被毁。早期的壁画,也多被后期重绘的壁画所覆盖,难窥全貌。

高昌回鹘时期的壁画,在柏孜克里克保存既多且好,是值得人们认真注意的主要遗存。这时期开凿的佛窟,主要形式是长方形、纵券顶。窟顶绘满千佛,洞窟侧壁绘画佛传。身躯高大、披红色袈裟的立佛,配饰环钏璎珞,形象慈祥而庄严;脚着草鞋,踏在盛开的莲花上。立佛周围,簇拥着天部、菩萨、比丘、婆罗门、国王等人物形象。并根据不同的内容,饰绘了道具。还有城郭、庙宇、塔寺等,显示了丰富的社会生活画面。第33窟后壁,一幅表现佛祖涅槃后众弟子举哀的图像,艺术表现了各种不同身份、不同民族的佛弟子,肤色各异,发式、服装不同,极度哀伤地围侍在涅槃后的佛祖身边。通过这一画面,可以多少窥见作为丝绸之路要冲的西域大地,历史上曾是人种各异、民族众多的社会图景。

柏孜克里克石窟寺中,画面完整、色泽鲜丽的高昌回鹘国王、王后供养礼佛的图像,是国内外普遍关心的艺术瑰宝。这类图像有多幅,但保存最好的一些图像,目前并不在柏孜克里克,而是早就被切剥并运到了柏林。它们,连同其他一些最精美的壁画,已被第二次世界大战中的炮火无情毁灭,留给我们

1 举哀图,柏孜克里克第33窟
2 举哀图(局部)
3 回鹘王供养像,柏孜克里克第31窟

的只是柏孜克里克石窟中，令人伤心的斑斑凿痕。

　　从印刷物看，勒柯克从编号第9窟（现为第20窟）窃走的回鹘高昌国王、王后的画像，算得上是描绘高昌回鹘王族最为精美的图画。画幅完成于公元10世纪，高昌回鹘国王头戴莲瓣形宝冠，身着圆领宽袖长袍，中腰束带，脚着黑色长筒靴。腰带上佩系小刀、火石、砺石、针筒等日常用物，是当年回鹘贵族共同具备的一种带饰。王后形象丰满，头戴桃形宝冠，身着翻领窄袖大衣，茜红色。这种茜红色窄袖大衣及宝冠造型，正是《唐书》中所说回鹘王后的冠服。这类图像旁的回鹘文榜题也具体说明，他们是"勇猛如狮、快捷如鹫"的回鹘国王及高贵的王后的形象。

　　高昌回鹘王国强大的10—11世纪，佛教势力很盛。在柏孜克里克石窟寺，见到了这一时期为佛寺高僧修建的小型纪念窟。新编82窟、83窟，就是这类性质的建筑物。窟分前、后室，其中放置陶质舍利匣，并绘画丰富的图景。以82窟为例，前室正壁中间，绘画了山丘，山下鲜花盛开、山上树木葱郁、飞鸟入林。而裸身、饰璎珞的持弓武士，正注目拉弓作射猎状。这类绘画不止一见。王延德在高昌时，说当时高昌居民的习惯之一，是在春天风和日丽之时，群聚遨游于寺院之间，"游者马上持弓矢射诸物，谓之禳灾"。

　　1980年考古工作人员清理、维修坍塌损坏的柏孜克里克洞窟时，发现800多件古文书。其中有晋人写本《汉书·西域传》；写于高昌王国建昌五年（559）的《妙法莲华经观世音菩萨普门品》，是姚秦时期翻译家鸠摩罗什的译本；还有十分珍贵的宋刻本《金藏》的残帙、回鹘文雕版印刷品残页、西夏文木刻印本残页、粟特文手写本残卷等。其中一件佛教信徒使用

1. 金箔包装纸,出土于柏孜克里克石窟。高昌回鹘王国时期,寺用金箔来自南宋都城杭州。包装纸兼具广告功能,朴素说明了金箔店的具体位置。泰和楼大街在杭州似已无迹可寻,但浙江、新疆这一页经济交流史及商品广告的形式会长留人间,启迪人们思考
2. 龙泉窑瓷盘,出土于高昌故城。来自龙泉窑的龙纹瓷盘也提示了回鹘高昌王国与宋王朝经济联系的一斑
3. 高昌建昌五年抄写的《妙法莲华经》(局部)

1
2
3

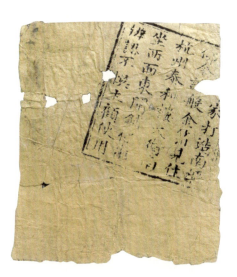

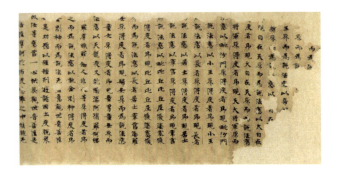

六 话说火焰山 241

的金箔包装纸，上面还保留了墨色印记，说明了金箔是来自宋朝的杭州泰和楼大街上的一家商行，铺面坐落在"泰和楼大街南，坐西面东"，专门制作、销售"佛经诸般金箔"，希望主顾要"辨认不误"。这件具有商标、广告性质的包装纸，很好地说明了在公元11—12世纪高昌回鹘王国势力强盛之时，与宋王朝也保持着经济贸易的往来。产于杭州的商品，在木头沟深处的石窟寺中，受到僧人们的欢迎。

9世纪中叶，新疆大地的高昌回鹘王国政治稳定，经济繁荣，文化事业蒸蒸日上。人们以吸收新的知识，丰富自己的文化生活为时尚。在柏孜克里克发现的一首回鹘文诗歌，就表达了一位回鹘老人鼓励自己在柏孜克里克的孩子勤奋学习、取得成果的心愿。译成汉文，大意是："离别远去勿骄傲，儿要多思勤学习。待吾善儿结业归，幸福荣誉属于你。"诗后附言："我对你寄托着希望，特写此诗劝学。"这些零星的、珍贵的出土文物，不仅使我们对高昌回鹘王国时期的王家寺院柏孜克里克的宗教生活，有了更为丰富的认识——它们还兼承着文化教育的功能；而且对当时的吐鲁番社会，也有了更加具体、准确的了解。

柏孜克里克石窟走向衰落、废弃，是在14世纪末叶。随着蒙古铁骑来到吐鲁番大地，伊斯兰教也逐渐在这里扩大自己的影响。到15世纪，在经过不算短的、痛苦而剧烈的冲突以后，吐鲁番大地上的佛教影响逐渐消退，伊斯兰教义逐渐控制了这里的一切。穆斯林武士们，对利用艺术形象来弘扬、宣传佛法是十分憎恶的。他们在伊斯兰教的圣经中得到的教诲是：绘画有生命的人物、动物，是一种亵渎真主的罪行。因此，破坏、消灭异教徒色彩斑斓的绘画，是穆斯林武士们自认为义不容辞的责任。柏孜克里克石窟寺，在吐鲁番地区逐步伊斯兰化的过程中，会经受怎样的劫难，是不难想见的。

虽然经过这场浩劫，但是直到19世纪，吐鲁番地区这些著名的佛教圣地，还是保留着不少艺术珍品。不幸的是，这些珍贵的艺术珠宝，又遭受到非宗教性的破坏，这些破坏是以拯救人类历史文明自诩的帝国主义冒险家们造成的。

在勒柯克的著述中，他对自己曾经对吐鲁番地区佛教文物破坏性的掠夺，有过十分得意、丝毫不加掩饰的陈述。从他的著述中，我们可以了解：在1903年，他和巴塔斯不顾顶头上司格伦威德尔的阻拦，来到了柏孜克里克废墟。在遗址南端的一座庙宇中，他们安置了行装。然后，他们请来工人为一些被流沙部分覆埋，却还可以看出规制的洞窟清理沙土。刚刚清理了小部分积沙，勒柯克就惊呼："我蓦然看见，在露出来的、我的左右两边的墙壁上，有各种颜色绘画的、光彩夺目的壁画。画是那样的鲜明，好像艺术家们刚刚完成似的。"他告诉人们，根据他的研究，这些上千年前的壁画，并不是如模型刻版那样的陈规老套，而是犹如真人般惟妙惟肖。在一组石窟的中间大殿，他见到了各种形象的神灵：六手魔神；一只抓着一个小孩、长有人头的鸟，正被猎人驱赶着；许多侍从护卫着正在狩猎的国王；两旁伫立的施主、供养人像，附有可以辨认清楚的文字榜题。对这组保存得十分完好的壁画，勒柯克自述："凭借长时间和艰苦的工作，我们成功地把这些壁画都切割下来。经过20个月时间的运输，最后安全地把它们全部运到柏林。在那里，它们整整填满了博物馆的一个房间。"对这一破坏性的掠夺行为，他得意地自我标榜："这是一个佛堂中的全部壁画！能把一个佛堂的全部壁画运到柏林的，还为数不多。"勒柯克、巴塔斯在寂静、无人的火焰山佛寺中，就这样"考察"了整整一个多月。

这一个多月中，巴塔斯凭借过人的体力，首先用极为锐利的钢刀，在壁画边沿切开一条深缝。然后用鹤嘴锄、铁锤、凿子沿切缝挖出一个足以使狐尾锯进入的缺口。再使用狐尾锯切开土石，取下壁画。较大的壁画，必须分割成数块，尽量使切线绕开关键性的人物面部或其他具有鲜明艺术特点的部位。用这样的办法，勒柯克那次运回柏林的文物（包括一些其他地区的文物在内），达到128箱！

勒柯克的"考古"，给柏孜克里克石窟寺带来了巨大的劫难，真可以说是：无数壁画柏林去，空留石窟在火洲。至于柏孜克里克的壁画精粹，在离开吐鲁番之后，命运如何呢？除了在剥凿、运输过程中的损坏以外，运到柏林的一部分最精美的大型壁画，在勒柯克担任柏林人类文化博物馆馆长时，被用铁框架固定在墙壁中，供人们观览。第二次世界大战中，其他较小型、能移动的文物，都安全转移了，而那些来自柏孜克里克的最大、最好的壁画，共28幅，因不能搬动，都在飞机轰炸中化成了灰烬。据一位学者估计：在勒柯克窃去德国的620幅壁画中，大概还有不到50%，即300幅左右，不同程度地保存下来。窃走的290尊泥塑像，尚存175尊。其他还有陶塑、铜像、木雕像、钱币及丝、纸、木板绘画等，在战争中遭到的损失不小。幸存的一部分，不断诉说着这一页历史的沧桑。

世界各地的游客们，今天来到吐鲁番，来到柏孜克里克石窟寺，面对一窟窟斧锯痕迹仍然清楚的空白石壁，一定会感慨万千。

七 吐鲁番文物血泪史

吐鲁番文物失落在世界

近代中国,中华民族饱受的苦难,在吐鲁番大地留下同样的印记。

今天,如果有人要通过吐鲁番出土的古代文物、手卷,来认识这块土地上曾经有过的古老文明,只到吐鲁番,是绝对不够的。除了必须亲临吐鲁番大地,还必须去印度德里、法国巴黎、英国伦敦、俄罗斯圣彼得堡、德国柏林、瑞典斯德哥尔摩、日本东京、美国堪萨斯……有人做过粗略的统计,吐鲁番的古代文物,通过各种手段,被窃夺、收藏在12个国家的博物馆和文化机构之中。这是令人无法回避的事实,它包含我们绝不应该忘却的历史。自然,它也刻印着吐鲁番大地一段痛苦的记忆。

19世纪末20世纪初,祖国大地到处受侵侮、被劫掠。深处亚洲内陆的新疆,也逃脱不了被帝国主义列强侵凌、掠取的命运。在天山南北,在荒凉的戈壁、大漠之中,匆匆来去的英国人、俄国人、日本人、德国人、瑞典人、法国人、美国人……不绝于途。在这片土地上,他们打着最不引人注目的"考古考察"的旗号,但实际活动却远远超过了考古学的范围,调查关注内容涉及山脉、峡谷、冰川、隧道、河流、大小绿洲、地质矿产资源、动植物标本,直到民情民俗、语言、宗教，以至新疆相关民族的历史文化，这些无一不是他们调查分析、考察、研究的课题。上至天文观察点，下到荒漠深处的一条不知名的小路、一个稍有价值的泉眼，都会被记录在案、测绘入图。活着的准噶尔野马、罗布荒原上的野驼、沙漠深处的古城、戈壁上的荒冢……所有的一切，都是搜掠的目标、窃取的对象。

和新疆其他地区比较，吐鲁番地区由于位置偏于东部，冒险者的车轮马迹出现得稍晚几年，但它蒙受的劫难，却同样深重、巨大。

在19世纪以来的外国人"考察"洪流中，第一个踏上吐鲁番大地的，是沙皇俄国的植物学家雷格尔。雷格尔当时担任彼得堡皇家植物园主任。他呼应着沙俄侵吞新疆北部大地的战略思想，于1876年踏上了伊犁的土地。第二年，他又从伊犁穿过天山，进入了喀什地区。"考察"的丰硕收获，刺激了他更大的欲望。1879年7月，他深入天山腹地，从伊犁上溯喀什河河源，抵达巩乃斯河谷，涉足尤尔都斯草原，而后直下吐鲁番盆地。在昏庸腐朽的清王朝统治背景下，他穿山入谷如入无人之境。其他地区暂且不说，只说吐鲁番盆地，他不仅在这里充分进行了干旱区植物调查，采集了大量的珍贵植物标本，同时也向欧洲学术界第一次介绍了绿洲内保存着完好的古代城市废墟。在他的报告中，有今天闻名中外的高昌故城，他当时称之为"塔克由努斯"古城。

1885年5月，英国人凯里和他的助手达格列什也到了吐鲁番。在英帝国的殖民扩张大计中，新疆，尤其是其南部，具有重要地位。他们在新疆的活动，有两点可以一说。一是他们曾绕行塔克拉玛干大沙漠一周，沿途进行了详细的地理调查。这一活动,可说是19世纪英国在新疆地区地理考察的高潮,它的政治性是很分明的。第二点,是在欧洲世界广为流行的"鲍尔手卷"的故事,与这个达格列什有直接的关联。

凯里和达格列什在吐鲁番盆地活动一通,并没有留下什么特别值得一提的事,只是通过对塔克拉玛干周围及吐鲁番盆地的踏查,对这里的经济资源取得了比较梗概,但相对全面的了解。考察活动结束后,达格列什索性定居在了塔里木盆地中最大的绿洲——莎车县,以便对塔里木盆地展开深层的、全面的研究。他借着英帝国的地位,利用新疆的经济资源,对英国、印度开展贸易活动,很快就积累了相当的财富。3年后的1888年,在达格列什从列城(今拉达克)返回莎车的货运途程中,随行的仆人见财起意,与浩罕人帕坦合谋,将他杀害在少有人烟的喀喇昆仑山中,凶手潜逃。这对英帝国在新疆活动的气焰是一种伤害,他们自然无法容忍。为此,英国驻印度总督,立即命令当时正在喀什进行秘密测量工作的英国军官鲍尔,全力缉拿凶犯。鲍尔受命,穷追细访,经历了不少时日。最后,在喀什找到并逮捕了凶手。英国当年在新疆地区为所欲为的活动,此为生动一例。

在英国军官鲍尔追查、缉捕杀害达格列什的凶手的过程中,还在库车意外得到了一份古梵文桦树皮文书手卷。手卷被带到欧洲,经过考释,发现它竟是公元5世纪时的作品,弥足珍贵,对了解、认识古代中国、印度的关系,具有重要价值,于是立即被冠以"鲍尔手卷"的称号。消息不胫而走,轰动了欧洲的学术界。据说,斯坦因先后三次深入新疆腹地,其最初的诱因,就是受"鲍尔手卷"的刺激。

在这些发生在150年前的事件中,西方列强无视领土之主人，在新疆大地上肆无忌惮地横行，令人难以想象，也叫人愤慨。

在凯里、达格列什吐鲁番之行以后，到过吐鲁番的，还有担任过英国皇家地理学会主席的扬哈斯本（中文名字叫荣赫鹏），俄国人格鲁木·格里施买罗（1888年），俄国人罗波洛夫斯基、科兹洛夫（1893年）等。科兹洛夫在鄯善县鲁克沁设置过气象观测站，收集了大量的气象资料，以及动物、植物、矿物、粮食籽种标本。差不多同时，沙皇俄国地质学家奥布鲁切夫，也踏足吐鲁番盆地，进行地质调查。

在吐鲁番盆地内，首先对文物古迹进行了较大范围、破坏性掠夺的，是沙俄的克列门兹。1898年，克列门兹来到了高昌、交河故城，也进入了相当偏僻的柏孜克里克、吐峪沟千佛洞。当年，不论在古城的寺院废墟中，还是在沙埋土封的千佛洞遗址里，不仅可以见到保存良好的壁画，还能寻找到用汉文、回鹘文、梵文及其他语文资料书写的古代经卷文书。对于认识古代西域文明来说，这些价值无可比拟的珍贵资料，使克列门兹惊诧不已。他自称：曾经在吐鲁番地区调查了130个佛教洞窟，割剥了其中一些精美的壁画，盗取了不少数量的古代手卷。克列门兹可以算是在吐鲁番地区古代佛教洞窟中，第一个用刀子进行"考古"的人。只是，这批珍贵的文物运到了俄国后的下落、命运，至今仍少为人知。

一个又一个关于新疆大地有大量珍贵文物的消息，为西方列强文化精英所知，催生了又一个更大的、有组织的行动计划。

1899年10月4日，第十二届"国际东方学大会"在意大利罗马召开。在这次大会上，俄国学者拉德洛夫介绍了克列门兹在吐鲁番的考察及收获，引起了极大的轰动。这尤其对德国考古界产生了十分重大的影响,因为克列门兹在吐鲁番工作的报告及随后的一部著述,都是用德文出版的,书中的附图清楚标示了有关遗址的确切位置。这样,俄国人就把欧洲人的注意力吸引到了遍地文化珍宝的吐鲁番。

欧洲文化界的福音,给新疆文化遗存带去了更为苦难深重的命运。

克列门兹的冒险成功,引发了格伦威德尔、勒柯克对吐鲁番进行考察的强烈欲望。3年以后,在德国汉堡召开了第十三届"国际东方学大会"。经过几年的酝酿、准备,"中亚远东历史学、考古学、语言学、民族学国际学会"在这次大会上成立了,总会设在圣彼得堡。顾名思义,这个学会关心的重点,就是对中国西部地区的考古学、历史学、语言学、民族学资料的搜集及研究。随后,俄国学者拉德洛夫主持成立了这一学会的"俄国中央委员会"。这个"俄国中央委员会",虽在遥远的异国,但对新疆乃至吐鲁番的文物古迹的命运,关系实在重大。事实表明,这个委员会后来实际成了组织窃夺新疆珍贵文物的指挥中心。在它的策划、指挥下,仅仅在1902年到1918年间,派到新疆地区来的就有别列佐夫斯基、杜金、鄂登堡、马洛夫等人。这批人中,和吐鲁番关系最为密切的,要算鄂登堡。他在1909年受俄国外交部派遣,完成别列佐夫斯基没有完成的任务,率领着一支考察队到了吐鲁番。在以他为首的这支以"考古"为主要目的的考察队里,既有为掠夺文化艺术珍宝而配备的艺术鉴赏家,也有为掠夺矿产资源而准备的采矿工程师。在吐鲁番,他们竭尽全力,对高昌故城及故城中的许多佛教寺院,对高昌故城附近的石窟寺,进行了相当全面的调查,绘制了遗址地图,拍摄了大量照片。返回时,自然也带走了不少文物。

曾经给吐鲁番地区历史文物造成巨大破坏的，除沙皇俄国外，还有德国柏林民俗学博物馆的格伦威德尔和勒柯克。格伦威德尔是研究佛教艺术的专家，是博物馆印度分馆的馆长。他在1902年率领乔治·休士、西奥多·巴塔斯到了新疆，选择吐鲁番作为他们主要的"工作"基地。之所以选择吐鲁番，既源于俄国学者克列门兹从吐鲁番劫得的文物、壁画的介绍，也因为1901年斯坦因在塔克拉玛干南沿丹丹乌里克、尼雅遗址等处窃取文物所取得的巨大"成功"。斯坦因回到伦敦后，大肆宣扬了他的"考察"成果。这轰动了当时的欧洲学术界，认为"在世界的后院（指新疆大地——引者），有一种前所未知的、具有卓越的艺术性与文学性的佛教文化，一直未受到人们的注意"。为此，1902年，在德国汉堡举行的第十三届"国际东方学大会"通过了一个特殊决议，将斯坦因的这种罪恶性掠夺事业，称为"伟大发现"，并表示祝贺。在如是的祝贺、鼓动之下，巴黎、柏林和圣彼得堡的东方学家们都随之骚动。在汉堡会议结束2个月之后，格伦威德尔就踏上了前去吐鲁番的遥远路程。所需经费则来自军火大王弗特里·克虏伯的资助，他们强大的经济实力，使斯坦因也感到眼红。

格伦威德尔在吐鲁番搜掠了5个月，装载了46箱文物，包括佛教壁画、古代手卷、雕塑。这46箱文物，比起随后的德国三次探险所获，实在是小巫见大巫，但当时已轰动了柏林，甚至引起了德国皇帝的关注。因此第一次劫掠刚完，第二次远征的准备随即开始。由于格伦威德尔劳累得病，休士因病死亡，领队的任务落在了阿尔伯特·冯·勒柯克头上。勒柯克学习过阿拉伯语、突厥语和波斯语，还研究过医学、梵文。

1904年9月,他和巴塔斯离开柏林,直奔吐鲁番。此行的费用,除了克虏伯掏腰包以外,还有德国皇帝本人的资助。11月中旬,他们到了高昌故城旁的农村集镇。不久,就在高昌故城一座古代寺院中,找到了一块大型摩尼教壁画。壁画的主体,被认为是摩尼教的创始人摩尼,仪表堂堂,头上环绕着圣洁的光环,四周有男女侍僧伴随。这幅被视为从未见过的摩尼的画像,被他们切割、剥离,带到了柏林。除了这幅大型壁画外,他们还窃夺了不少手写文稿、壁画、布画,如真人般大小的佛塑像,其他各种塑像、钱币、丝绸织物、纺织物碎片,还有20多种不同书体的各种文书。

在高昌故城的4个月里,他们早晨4时即开始发掘,使得病中的格伦威德尔也不禁要奔到吐鲁番来。他指示勒柯克,一些最有希望的遗址,必须等他到现场后才能动手;但巨大的诱惑,使勒柯克顾不得这些

1 2

1 摩尼教壁画。教主摩尼头戴华丽高冠,信徒白衣白帽随从
2 柏孜克里克第48窟窟室后部

约束。1905年，他还是不顾格伦威德尔的指示，奔向了木头沟中的柏孜克里克千佛洞。勒柯克和巴塔斯，在柏孜克里克用铁锤、鹤嘴锄、凿子，还有锐利的钢刀，加上特制的狐尾锯，十分"辛苦"地"工作"了一个月，切割了大量的珍贵壁画，并把它们运到了遥远的柏林。

在柏孜克里克劫夺得手以后，勒柯克又转到了吐峪沟。在吐峪沟一处石窟密室中，他窃得了两麻袋古代文书、经卷，其中大都是公元8、9世纪的珍贵文献。除了这些文书外，还劫走了一些他自己形容为"惊人的"刺绣珍品。

德国人这么肆无忌惮地在吐鲁番进行劫夺，与他们和俄国人达成的"君子协定"有关。格伦威德尔第一次到吐鲁番，经过圣彼得堡时，曾经和俄国人互相约定：德国人的活动区域，在吐鲁番；而俄国人则在库车。这是他们互相认可的势力范围，都希望以此束缚对方的手脚，而自己则可以充分地掠夺。实际上，在勒柯克第二次大掠吐鲁番之前，俄国人已在吐鲁番地区盗窃了他们能找到的一切文物，只是没有切割壁画而已。这使勒柯克十分愤怒，所以他和巴塔斯在吐鲁番的"工作"告一段落以后，又到库车县库木吐拉及克孜尔、塞木森姆进行了一番新的劫掠，正巧与这时也赶到库车的俄国人毕里索夫斯基兄弟相遇，彼此话不投机，双方几至动武，充分暴露了强盗们的丑恶嘴脸。这时期清王朝已经腐朽透顶的本质，也暴露无遗。他们知道鱼肉人民，但却把祖国、民族的权益置于脑后，任人践踏、听人宰割。这一页历史，不仅记录着新疆历史文物蒙受的浩劫，也记录着中华民族，尤其是新疆各族人民的苦难，是我们应该常记不忘的。

对于勒柯克和巴塔斯的这种野蛮劫掠方法，作为其领导的格伦威德尔，当时还曾提出了不同的观点。他认为，这根本不是科学。把文物、壁画窃走，妨碍了把遗址作为一个整体进行研究，"除意味着猎奇与盗窃以外，不会有别的什么意义"。

在勒柯克的盗窃产生巨大社会影响以后，斯坦因也急匆匆地从敦煌到了吐鲁番，想看看他的德国同行在这里究竟干了些什么。他巡视过格伦威德尔、勒柯克工作过的现场，也对那种"粗野的方法"感到"十分惊愕"。在给友人的信件中，他说这些德国同行根本不是"考古"，而是"挖宝"。在看到焉耆锡克星现场后，他还说："他们留下了多么使人痛心的痕迹，把优美的、粉饰塑像的碎片，不是扔得到处都是，便是堆在垃圾堆上；把无法搬走的、太大的塑像，扔在外面，任凭日晒风吹和过往行人的任意糟蹋……对他们所遗留下来的东西，是这样的漠不关心。"在这里，费了这么多的笔墨，引了斯坦因的大篇议论，意在说明一点：在明白这一切事实以后，再看勒柯克们（包括斯坦因在内，只不过是做法稍有不同而已）到处宣称，他们不过是为了从盲目的破坏之中拯救珍贵的古代文明，才把新疆大地上的古代文物搬到了欧洲、美洲的博物馆，以便长期保存。听其言而观其行，这一说法显得是多么伪善、虚假。

上面的引文也表明，斯坦因在评论勒柯克时，说得很是堂皇；但他在敦煌莫高窟窃夺文物的行为，比之于勒柯克，实在是有过之而无不及。不仅在敦煌，即使在新疆，也有不少古代壁画，就是在他的指挥或直接动手之下被运到了伦敦。在这里，真要找出点他和勒柯克、巴塔斯的不同，最大的一点不过是使用的工具、切割的方法、包装的形式，彼此有点差异而已。而在将新疆的文物，包括古代壁画窃运到欧洲各国这一点上，并无不同。

我们这里提到的斯坦因，大家自然是并不陌生的。在谈到新疆历史文物近百年来曾经遭到的厄运时，人们总会与他联系在一起。他和新疆地区的文物考古、古代西域文明研究，确实说得上是关系重大。他是一个出生在匈牙利的犹太人，后来加入了英国籍。对东方语言文字如梵文、波斯文、突厥文等，有相当的素养；对考古学、古代希腊艺术、田野测量，也都具备专业的知识。作为一个匈牙利人，他曾接受了一个古老的信念：他们是古代匈奴人的后裔。据说，这个信念及自身对亚历山大的东方远征事业的研究兴趣，将他吸引到中亚腹地来，并在这里度过了一生中的主要时光。

斯坦因在新疆大地活动的时期，正是中国人民处在半殖民地半封建的统治下，帝国主义列强对新疆怀有强烈的侵略野心，极力攫取各方面权益的阶段。这种历史背景下，在新疆活动的斯坦因，带有深重的时代印记。当时的俄国政府——如当年俄国驻喀什总领事——就说，他是"伪装的考古学者"，"而实质上是英国的间谍"。英国、印度政府极力支持斯坦因到塔里木盆地活动，强调的则是"中国的土耳其斯坦的南部属于英国的势力范围"，"我们决不容许其他的人得到本来属于我们的荣誉"，殖民主义者扩张势力的野心，彼此尖锐争夺的嘴脸，在这里显露得清清楚楚。

自1900年到1930年，斯坦因曾先后四次深入新疆进行考察。其中，除第四次因中国知识界觉醒，掠夺之举未能如愿外，其他三次都是相当成功的。第一次，1900年到1901年，他主要活动在和田地区，在丹丹乌列克及尼雅遗址盗掘了大量文物珍品，尤其是大批佉卢文文书。他的"成功"曾刺激了格伦威德尔、勒柯克深入吐鲁番地区劫夺文物的欲望。第二次，

1906年4月到1908年11月，他主要到了敦煌，在敦煌骗盗文物得手后，顺路到了吐鲁番。对勒柯克在吐鲁番野蛮的盗窃，斯坦因发表了那一通冠冕堂皇的议论，随后就来到鄯善县鲁克沁东南克切克阿萨这个小小的废墟。在这里的一座小庙宇中，他掠取到壁画、塑像残片，及汉文、回鹘文、吐蕃文文书。5年以后的1913年，他组织了第三次新疆考察活动，又一次到了吐鲁番盆地。这次，他的明确任务是要进行地形测量和考古发掘。发掘地点最初选在世界知名的高昌故城。在这里，他得到一批佛教塑像残片、壁画残片及不少汉文、回鹘文、吐蕃文文书，以及一些宋代钱币。在高昌的发掘结束后，他转入了吐峪沟。在这处幽深、偏僻的峡谷中，他又掘取了不少壁画和塑像残片及汉文、回鹘文佛经残本。在勒柯克割剥过许多精美壁画的柏孜克里克，斯坦因不甘落后，也连续不断地"工作"了两个月，窃取了不少壁画。数量究竟有多少？据记录，当年足足装满了100多箱。最后，都运到了新德里。

在柏孜克里克实现窃取文物的计划后，斯坦因又把手伸到了阿斯塔那墓地。他自称：先后"开掘了无数的坟墓"，得到不少墓志、各类唐代文书及种种殉葬文物：俑、

带有供养人画像的回鹘式旗幡，高昌故城出土，现存德国

石幢，高昌故城出土。形体小巧，镌刻精致，反映佛教与黄老道教融为一体。现存德国

食品、织物、仿罗马金币、波斯银币、绢画等，难以尽说。20世纪60年代，新疆考古工作者在阿斯塔那墓地进行发掘时，见到了斯坦因当年已经完成编号、包装，准备带走却又失落在墓道中的五六块墓志。这些墓志，不仅是当年斯坦因在吐鲁番盗掘文物的实证，也是当年盗掘中情况混乱，毫无科学性可言的证明。

谈到过去吐鲁番地区文物古迹遭受劫掠的命运，也不能不提到日本的大谷光瑞探险队。大谷光瑞，是日本净土宗西本愿寺的法主，曾先后三次组织人员来到新疆地区。1908年，橘瑞超和野村荣三郎经蒙古高原到达新疆，由奇台、吉木萨尔、乌鲁木齐到达吐鲁番。在吐鲁番，对高昌故城及城北的阿斯塔那墓地进行了盗掘。1910年10月，大谷光瑞组织第三次对新疆的探险，主要成员就是橘瑞超，主要目标之一就是吐鲁番地区。在吐鲁番，橘瑞超再次盗掘了阿斯塔那墓地，得到不少珍贵的古代文书以及泥木俑、丝织品及其他文物。目前，收存在日本龙谷大学的7000多件古文书资料，相当一部分就是橘瑞超等从吐鲁番掠去的。

从19世纪末到20世纪初，在吐鲁番大地上，来自欧洲、美洲、亚洲的探险家们穿梭来去，返回时装载得盆满钵满。包括吐鲁番在内的新疆大地，蒙受了深重的劫难，难以计数的古代文物珍宝，被破坏、分散到四面八方。好一点的，今天已刊布成书，世人可以使用；也有不少，至今仍深锁在密室、箱箧之中，鲜为人知。面对高昌、交河、柏孜克里克、吐峪沟中的断垣残壁，世界各国不远万里来到吐鲁番大地探寻古代西域文明真实面目的人们，经常会发出深深的感叹和遗憾。今天的人们，包括收存大量吐鲁番文物的前述国家的人们不妨想一想，采取什么积极有效的措施，才能弥补这一缺憾？

大谷探险队天价贩卖新疆文物

面对近代新疆吐鲁番大地历史文物被西方列强、东方日本随意掠取、破坏的故实,不少年轻读者会感到难以理解、无法平静。可它正是近代中国主权沦丧、中华民族无力自保、为他人鱼肉的悲惨命运的写照。

以斯坦因为代表的、在盗掘掠取新疆文物罪恶事业中曾威风八面的一群人,在将相关文物携归时,也总有让人不齿的种种理由,其中之一就是反复申说:他们是在为更好地保护文物而尽力,是尽保护人类文明的责任。这真是"既当婊子,又立牌坊"。要推倒这种歪理邪说、掀掉这层虚伪的外衣,还得要让他们不会轻易示人的事实来说话。

日本大谷光瑞考察团在新疆的活动,及其拿新疆文物卖大钱,就是一个可以帮助我们思考的实例。

在近代新疆文物遭劫的大潮中,并未有韩国人去过新疆,但韩国国立中央博物馆却收藏着相当一批新疆文物,其背后的故实与大谷团队的活动密切相关。

为对有关大谷文物有接近实际的了解,必须首先准确把握大谷探险队的缘起、历次考察路线、发掘地点及方法。这并不是一件容易完成的任务,因为有关人员的行记、日记等,这方面的记录均极其简单。但我们还是要首先厘清这方面的头绪，以便分析文物时参考。本节文字的资料根据，主要是大谷光瑞《帕米尔纪行》、渡边哲信《在中亚古道上》《克孜尔踏查记》、堀贤雄《塔里木之行》、野村荣三郎《蒙古、新疆纪行》、橘瑞超《新疆探险记》《中亚探险》、吉川小一郎《天山纪行》《敦煌见闻》、金子民雄编《橘瑞超年谱》、小笠原宣秀《龙谷大学所藏大谷探险队带来的吐鲁番出土文书综述》等（均见新疆人民出版社1994、1998年版），文内不再一一具引。

大谷光瑞是日本天皇的连襟，其妻筹子是贞明皇后之姐，他本人有伯爵爵位，是西本愿寺的第22代法主。

大谷探险队对新疆的考察旅行前后共有三次。

第一次是1902年8月，大谷自己带队，随员4人：渡边哲信、堀贤雄、本多惠隆、井上弘园。5人从伦敦出发，经俄罗斯，抵喀什，至塔什库尔干。在帕米尔高原，大谷光瑞率本多惠隆、井上弘园，经明铁盖入吉尔吉特，到印度。渡边哲信、堀贤雄自帕米尔入和田。在和田，二人考察并发掘不少佛教遗址，其中有"被斯坦因称为赞摩寺遗址的索密阿麻扎"。和田工作告一段落，他们循和田河北上，穿越塔克拉玛干大沙漠，进抵天山南麓阿克苏，及于巴楚、麻扎塔格。主要是集中力量调查、发掘库车地区的古代城镇、佛寺、石窟寺。"在库车约逗留了四个多月，其间可以说把附近的地方都跑遍了，该发掘的地方都发掘过了，收获也相当大"，"主要是一些佛像、佛画、古代奇异的文书、唐代文书、古钱以及古器类。这些东西全部都被带到日本"。他们涉猎的佛寺遗址有9处之多。库木吐拉、克孜尔、苏巴什、都勒杜尔·阿胡尔、通古斯巴什等遗址，是主要的发掘地点。库车工作结束后，沿天山南麓东

1 树下人物图，壁画，阿斯塔那古墓出土，现存日本东京
2 释迦太子出游图，纸画，吐峪沟石窟出土，现存日本东京

行，经库尔勒、焉耆、托克逊、乌鲁木齐、吐鲁番、哈密，至兰州、西安。其间重点发掘了吐鲁番阿斯塔那、喀拉和卓晋－唐墓地。1904年5月回到日本，整个考察时间共23个月。第一次考察所获文物，被寄存在京都博物馆，后入东京国立博物馆。

第二次考察始于1908年4月，成员为橘瑞超和野村荣三郎，前后历时18个月。1909年10月，离开新疆，抵印度列城。这时的橘瑞超，年方18岁，但颇得大谷光瑞之器重。他们由京都取海路到上海，转北京，抵张家口，入乌兰巴托。自东而西横穿蒙古草原。沿途考察鄂尔浑河畔突厥、回鹘的史迹，经乌里雅苏台、科布多。越阿尔泰山，入准噶尔，抵达并发

七 吐鲁番文物血泪史

掘了天山北麓吉木萨尔北庭都护府故址。在北庭工作结束后，抵达乌鲁木齐，进入吐鲁番盆地。对高昌、交河故城，木头沟、伯孜克里克、吐峪沟、胜金口石窟寺，阿斯塔那、喀拉和卓古墓地，以及七克台、斯瑞克普、奇康湖等处遗址均曾进行过调查、发掘，切割壁画。吐鲁番盆地，是这段时间集中工作的地点。今天，在伯孜克里克石窟中，还留有野村荣三郎当年的题字。1909年2月，结束吐鲁番工作，到库尔勒。

在库尔勒，橘瑞超与野村荣三郎分手。橘瑞超进入罗布淖尔沙漠，找到了楼兰。橘称，斯文·赫定"博士所发现的古城址，我第一次探险时曾去考察发掘过，并发现了一份极为珍贵的古文书——李柏文书"。楼兰发掘后，南下若羌，沿昆仑山北麓西行，入和田，抵喀什。自库尔勒分手后的野村荣三郎，沿天山南路西行，抵库车，在库车地区再一次进行发掘，于1909年7月经阿克苏抵喀什。两人会合后，计划去印度。但是，不走大谷光瑞第一次考察时已经走过的帕米尔明铁盖大坂路线，而决定翻越另一条"生命禁区"喀喇昆仑隘道，最后进入印度列城，与时在印度斯利那加等待他们的大谷光瑞会合。在印度时，橘瑞超向学术界公布了他的考察活动，展示了"李柏文书"，在学术界产生重大影响，并被接纳为"英国地理学会"会员。

第三次考察，起始于1910年8月16日，由伦敦出发。成员有橘瑞超及后来加入的吉川小一郎。橘瑞超与大谷光瑞在1909年10月在印度会合后，随大谷经埃及、意大利到伦敦。在伦敦得知野村荣三郎再次进入西域考察的计划因未得到英国、印度政府的批准而告吹，决定由橘瑞超再去西域。为了进行这次活动，橘瑞超在伦敦拜访了斯坦因，到斯德哥尔摩请教了斯文·赫定，还拜会了伯希和、勒柯克，广为听取意见。而后橘瑞超由伦敦起程。出发时，请了一个英国助手霍布斯。路线仍然是经俄国进入乌鲁木齐，首先到吐鲁番地区进行了一个月的发掘。然后又一次进入罗布淖尔沙漠，再一次调查、发掘楼兰古城，出罗布沙漠后，抵达若羌，剥取米兰壁画。斯坦因在《西域考古记》中说，他的这一活动是"有考古学热忱，而缺少准备和专门技术以及经验的少年日本旅行家，用一种很坏的方法，打算把壁画搬走。这种企图，结果只有毁坏。这从硬泥版画残片在南半边过道下狼藉满地，即可清楚证明"。

米兰工作完成后，到且末。由且末北向，纵穿塔克拉玛干沙漠，进入塔里木河流域，入库车，到喀什、和田，经于田进入西藏，在西藏高原北部经历了十分困难的旅程，无法进一步深入，折返于田。沿昆仑山、阿尔金山北麓东行，经且末、若羌，进入敦煌。1912年1月在敦煌，与久久不见橘瑞超音信、被派来寻找他的吉川小一郎相会。两人重又返哈密、吐鲁番进行发掘。橘瑞超遵命取道西伯利亚回日本，吉川小一郎则留在新疆，继续进行吐鲁番地区之发掘。1913年2月，吉川由吐鲁番入焉耆、库车，调查库木吐拉、苏巴什，再西进喀什、和田调查、发掘。更由和田再一次纵穿塔克拉玛干沙漠，抵阿克苏。由阿克苏翻越天山，抵伊宁。再回乌鲁木齐，经吐鲁番、哈密过河西走廊，回到北京，返日本。时间已到1914年7月，回到神户，标志着第三次考察的结束。这次，带回了行李86件，主要是新疆的文物。

自1902年大谷光瑞决定进行中亚考察，至此，先后三次在中亚、新疆的考察活动，历时12年。足迹及于新疆各主要城镇、重要文物古址，天山、昆仑山、帕米尔的重要山隘，穿越了塔克拉玛干大沙漠，可以说，到达了可能到达的所有地点，更及于周围的中国境内的蒙古高原、西藏，并涉及尼泊尔、印度。在新疆境内，用橘瑞超自己在《新疆探险记》中的话说："我对这一地区是走得最多的，几乎没有没到过的地方"，"因为对于我来说，对这一地区必须进行更充分的调查"。这期间进行过考古调查、发掘的地区，主要有和田、罗布沙漠、库车绿洲、吐鲁番地区，其他还有许多地点，如北庭、巴楚、焉耆、哈密等。但留下的行记，记述都十分简略，措辞也很含混。1924年，因兴善寺失火，橘瑞超在吐鲁番地区的发掘日记还大半被毁，具体工作资料化成灰烬，这更使许多工作的细节成了无法准确把握的谜团，给今天的考古、历史研究增加了许多难以想象的困难。但综观已刊资料，我们还是可以获得不少结论：

首先，考察队的活动，面十分广，路线十分复杂。从帕米尔高原到喀喇昆仑山区，浩渺无际的塔克拉玛干大沙漠，从准噶尔戈壁到蒙古草原，他们都曾经不避艰危，深入探险。新疆与印度半岛的道路，大谷光瑞走过明铁盖大坂，橘瑞超、野村就走喀喇昆仑山口。新疆与西藏的交通路线，与蒙古高原的交通路线，与河西走廊交通的几条路线，他们也都进行过考察。应该说，在20世纪初叶危机四伏的新疆大地，大谷探险队的活动是密切呼应着当年沙皇俄国、英国在这片地区活动的节拍而进行的。它确实显示着日本对这片地区十分不一般的关切。英国情报机构视他们为间谍，俄国政府当年对他们的活动也十分警惕。这都在一定程度上透露了当年那种微妙形势。

其次，大谷光瑞既是日本天皇的内弟，又是西本愿寺的法主，有浓厚的佛教文化情结，同时又有着十分强烈的政治热情。考察队员们的行记在在说明他们确要寻找佛教东传过程中的遗迹。因此在考察活动中，他们对塔克拉玛干沙漠周围的古代城镇、石窟、佛寺遗存，不仅倾注力量探寻，而且所到遗址、遗迹，无不竭尽力量发掘，包括切割石窟中的壁画，甚至搜罗古代墓葬中的干尸。这里，不少古迹、文物，实际是与佛教文化遗迹无涉的。这一工作实际表明，他们的兴趣远远超越了对佛教文化的巡礼、考察、探索。他们的兴趣及于西域的各个方面，甚至包括了天山地区的植物标本。

最后，大谷探险队对西域的兴趣是极其浓烈的，他们绝不是只求对有关遗迹的一般了解。在吐鲁番盆地，他们先后涉足六次，广为发掘，其发掘面之广，为任何人所不及。这一考察活动在1914年突然停止下来，并不是他们减弱了对中亚、新疆的兴趣，而是吉川回到日本的1914年，西本愿寺内部发生变故，大谷光瑞被迫离开了法主地位，归还了伯爵称号，隐退于私邸。这种情况下，以西本愿寺大谷为中心展开的西域探察，也只得画上了句号。

这批新疆文物得以收存在韩国，是一系列历史机缘的产物。

1914年2月，大谷光瑞主持的西本愿寺发生了一件涉及财产的讼案。5名僧人被捕，其中之一为随大谷光瑞第一次考察西域的本多惠隆。这导致不少不利于大谷光瑞的舆论出现，最后终于使大谷光瑞离开西本愿寺法主位置，回到二乐山庄私邸。不久，大谷光瑞移居旅顺，二乐山庄部分文物出售。这件事，大谷委托给了橘瑞超。橘瑞超则通过久原房之助与驻朝鲜总督府博物馆协商。最后的结果是在1916年元月，将部分文物以21万日元的巨价，出售给久原房之助，久原房之助又把这些文物捐赠给了他的同乡、时任朝鲜总督的寺内正毅，因此文物得为朝鲜总督府博物馆所拥有。我们十分认真地检视过有关原藏文物卡片，可清楚了解，文物分两批运抵汉城（今首尔）。第一次是1916年4月30日，第二次是同年5月15日，保存至今的卡片上有"久原房之助寄赠"这样的文字。从上述这一过程及文物进入汉城的时间，可以说，这批文物是大谷考察队从新疆获取并运回日本后，还没有来得及整理、分析、研究，更不可能向公众展示，就被变卖转运到韩国的。所以，这批文物虽然在新疆出土已近百年，但实际还如新近出土一样，是一批有待整理、认识的新的考古资料。

我们在韩国国立中央博物馆遗物保管部看遗物入藏卡片，自3813号至4179号，均为大谷文物。共编366号。但同一编号下，文物往往是几件、十几件。我们据卡片进行了粗略统计，文物总数达1660多件，韩国中央博物馆《中央亚细亚美术》中，称文物总数达1700多件，当更接近实际，说明卡片并不完善。但不少编号文物，从实物观察，实际是同一件文物的局部，如陶器的碎块、陶俑的局部等，最典型一例，一件出土于吐鲁番的镇墓兽（人首兽身），就登录成了"武人塑像"及多件泥俑碎片。因此，若全面修整、复原，文物总数应当还会变化。

根据初步观察，对有关文物可以得到如下粗浅的印象：

印象之一，文物入藏韩国之时，虽然距大谷探险队第三次考察结束时间不久，而且西本愿寺内部变化来得突然，很快决定变卖部分西域文物，售与韩国的文物应该接近于出土时的原始面貌，但实际并非如此。经手这件事的橘瑞超，对文物处理大概确立过一个原则，如：比较珍贵的出土文书资料，不论是

人首兽身镇墓兽,阿斯塔那古墓出土,现存新疆博物馆

佛经还是世俗文献,无论汉文、回鹘文、梵文、西夏文等,均留存在二乐山庄。售给久原房之助、现藏韩国的文物中,既不见古文字资料,也不见比较精美的丝织物,且没有完整的佛教塑像、壁画。入藏韩国国立中央博物馆的主要文物,是大量陶器、陶塑、泥俑、佛教塑像及壁画残片,多量木器,及砖瓦、6 方高昌唐代墓表墓志,女娲伏羲图像,铁器、铜镜及小件铜器,还有回鹘至辽、元时期的铜壶,少量皮革、草编、丝、棉织物,并两具干尸。其中也不乏精品,如元代纳失失残片;一些文物甚至是目前新疆也没有见过的标本,在学术研究中的重要价值不能轻估。出土文物的地点,多为吐鲁番、库车、和田,少量来自罗布淖尔地区。

印象之二,文物出土地点记录多有错乱。这是一个很大的问题。要使考古资料充分实现其科学文化价值，明确其出土地点、时代、共生文物等，是必要的前提。从这一角度去要求大谷探险队在新疆各地所得文物，不论是现存韩国，还是旅顺博物馆，或龙谷大学、东京国立博物馆的，恐怕都有相类的出土地点不清、共生关系不明等问题。这些问题，在大谷探险队成员发掘、收存这些文物时，即已存在。有关文物，在出土现场并没有及时留下准确的记录。这一推论，通过近些年学术界关于"李柏文书"的出土地点之争论，即可以得到说明。通过遗址照片进一步的分析，今天已可以肯定，"李柏文书"采自罗布淖尔LA遗址。而当年如果有很准确、具体的关于文书出土地点、出土情况的介绍，学术研究就会少走许多弯路。这一缺失，与当年这些青年僧人的科学素养不足密切相关，他们注意着搜求文物本身，欠缺对文物应有的记录。经年累月，到了很多地方，看到许多相近、相似的古代遗址、废墟，印象自然淆混。回到西本愿寺，面对这些文物，要说清楚每件文物的出土地，就成了十分困难的事情。

我们十分粗浅、简单地观察现藏韩国国立中央博物馆这1600多或是1700多件文物，因为有着几十年一直在新疆从事考古工作的体验，对各地不同时代的文物，尤其是一些具有强烈个性特征的，有比较深刻的印象，所以一眼看去，即可捕捉到其中存在的一些明显差错。最显目的实例之一，是把大量特征十分鲜明的和田约特干陶塑小件，均标注为"吐鲁番发掘出土"，或者根本不说明文物的出土地。而与此相关联，不少文物明显为高昌王国至唐代西州阶段风格，却被注明为"和田"。还有一件绳纹板瓦，编号为3904，原标签说明为"和田"，而从目前已见新疆出土之砖瓦类物看，出自和田的可能性极小。

1 2

1 陶塑水注，1976年和田约特干遗址出土
2 尖顶毡帽，2003年小河墓地出土

一件苇草编席，编号为3978，其上见唐代文书，这是吐鲁番阿斯塔那、喀拉和卓多见的资料，但原始卡片却说明为"库车"。似这类张冠李戴的例子，为数相当不少。

印象之三，一些文物学术价值重大，但准确地点、获得文物的途径等均不见说明，或说得十分含混。如多件相当精美的草编小篓、尖顶毡帽等物，文物出土地标为"楼兰"，就是一例。这些文物，据古墓沟及小河五号墓地资料，可以肯定是罗布淖尔荒原上青铜时代的文物，绝对年代可早到去今3800年前，主要分布地点也不在一般概念上的"楼兰"。将这些文物一般说明为"楼兰"，既隐没了准确的出土地点，也十分易于误导研究。其实，关于橘瑞超1910年前后在罗布淖尔地区的活动，学术界是早有关注的。

七 吐鲁番文物血泪史　269

斯坦因在其1928年出版的《亚洲腹地》中就曾说，他1914年曾在若羌听说，在他1906年离开若羌后，罗布猎人曾在荒漠中发现一处新遗址，叫麦得克古城，所得文物卖给了橘瑞超，这使斯坦因一直抱憾，因为他未得可能去过这处遗址。而所谓"麦得克"，实际就是小河。稍后，斯坦因、瑞典青年考古学者贝格曼，在1939年发表的《新疆考古记》中，同样提到这件事：1910年前后，橘瑞超在罗布猎人手中收买过小河五号墓地文物。贝格曼看过当时刚刚出版的《朝鲜总督府博物馆中亚发掘品图录》，看到了有关草篓、毡帽、生牛皮鞋的图像，十分明确地说，"这些物品与我在'奥尔得克古墓群'出土的物品是那样地相似，以至我感到它们实际就是源于那里"。《新疆考古记》中记载，罗布猎人奥尔得克向贝格曼说，正是根据当年若羌县按班的命令，才去"搜索这片墓地的"。至于若羌县按班的命令是得之橘瑞超的授意，还是他为利所惑，自己主动适应橘瑞超购买文物的要求，今天无法确知，但这些信息表明：这批文物可以肯定出土在小河；对研究罗布淖尔早期文明关系至巨的小河五号墓地，最早被破坏、乱挖，原动力正是来自橘瑞超。从20世纪初延续至今的新疆盗掘古墓之风，屡禁难止，最大原因何在？此为典型一例：外有好者重金以求，内必有人闻风而走险。现藏韩国国立中央博物馆的小河文物，可以在这一点上给我们以最好的说明。

  印象之四，总体看文物保存状况很好，但在20世纪50年代的战争中，也损失了一些珍品。见诸目录说明的有"3870经堂砖""3871铁锅""3900石雕刻佛座残片"等，但未见文物。一盒残碎文物中，有刻有楷体汉文的青石碎片，似为碑石之剩余物，或与劫毁之文物有关。

但是，不论出于怎样的原因，导致文物研究存在怎样的困难，在经过近一个世纪的种种变故后，还有1600—1700件古代新疆文物，完好保存在韩国国立中央博物馆，总是一笔重要的研究古代西域文明的文化财富。目前，紧迫的任务是由韩方出面，抓紧时间，利用已有的新疆考古知识，组织人力对这批文物进行清理、修复，辨析其出土地点，判明其时代。在条件允许时，更与现藏中国旅顺博物馆、日本东京国立博物馆、京都龙谷大学等处的文物进行综合分析，它们所蕴含的历史文化内涵，当有可能得到更充分的阐发。这对古代西域文明研究、丝绸之路文明研究，会是重要的贡献。

大谷探险队，在新疆的所谓考察活动，可以说是实际工作时间最长、考察地域最广；对新疆与蒙古高原、印度（包括今巴基斯坦）之间的交通路线，调查最细；对新疆境内各绿洲的交通路线，包括穿越塔克拉玛干沙漠，纵穿来去一次不够而两次，也调查最认真，所掠文物也属最多之列。

1916年，在因不法经济活动遭到查处后，为弥补漏洞而通过橘瑞超出卖给朝鲜总督的1600多件文物，只不过是他们意识最混乱且记录不明的一小部分；重要的文书、佛经、珍贵艺术品，是一点也没放手。

他们既深知这些资料的文化科学价值，也深知其无法估量的经济价值。否则，就这样一批被视为无足轻重的文物，橘瑞超怎么会以当年堪称巨额的21万日元高价，向久原房之助售出呢？

这21万元是什么概念？

我们以1914年橘瑞超一行在新疆的资用账为例，稍作解析：橘瑞超在新疆工作期间，曾雇用英国青年霍布斯为助手。

对英国助手,日本雇主自然不会怠慢,支付月薪170日元。他和霍布斯两人,一天的住宿费不过10文,10天100文——才合1日元。两相比较可以看出,21万元,确实是一笔天文数字一样的巨款。

橘瑞超代表大谷光瑞,以出卖掠自新疆的文物填补寺院经济漏洞时,他们所称的什么"保护文物""关心人类文明"的外衣,便已自动脱得干干净净了!这就是大谷探险队的一例,代表的是所有帝国主义文物盗窃犯们共有的本质。

八 火洲与水

坎儿井：别具特色的灌溉事业

坎儿井，吐鲁番盆地内的一大名胜。

在以干旱少雨闻名于世的吐鲁番盆地，形成今天这样富饶美丽的绿洲，坎儿井曾起到重要的作用。我曾有过一次机会，坐上直升机，在吐鲁番盆地上空低飞盘旋。当飞机越过了天山，进入火洲后，突兀于盆地中间的火焰山，好像一条火龙；黄漫漫的戈壁、荒漠，一处处满溢生命绿色的村庄，都尽收眼底。它们似曾相识，虽与平日地面上观察时稍有不同，并无特别的差异，但当坎儿井出现在机身下方时，感受就完全不同了：在浩瀚戈壁上，它们像一枝枝巨大的糖葫芦串，成行成列，散射向远方。有的地点，几道串珠似的链线，还彼此交会；又从交会点上四面展开，形成了一种难以名状的几何图形。而在它们散射的前方，总有绿色的、像一颗颗翡翠似的镶嵌在戈壁上的田园。在严酷的、没有一点生命绿色的戈壁滩上，凭借着最简单的工具，主要是一双勤劳的手，吐鲁番人民在大地上绣出了美丽庄严、撼人心魄的历史图画！那一瞬间产生的强烈的感情震动，至今也没有忘怀。

从掌握的并不完整的统计数字看，吐鲁番地区的坎儿井有992道（另有两种数字，一说是1300多道，一说是1158道，这里采用了最小的一个统计数

从空中俯视，坎儿井如长串链珠延展，条条向远方

据)。其中,吐鲁番县(今高昌区)有436道,差不多占了一半。鄯善县有396道。托克逊县,得河水灌溉之利较多,坎儿井数量最少,但也有160道之多。这近1000条坎儿井,它们的年总出水量,达5亿立方米以上,超过了火焰山水系的总径流量。这流淌着5亿立方米清澈水流的坎儿井,有如铺展在吐鲁番大地上的一条条血管,把养育绿洲所需要的各种营养,输送到盆地的四面八方,使干热炙人的土地,成了浓荫覆盖的绿色世界。

对干旱缺水的吐鲁番盆地,坎儿井曾经做出特殊的贡献。坎儿井的设计,显示了在没有现代化水利设施条件下,劳动人民的智慧。坎儿井工程,也说明了劳动人民敢于战胜艰苦环境、临万难而不回的英雄气概。

新疆俗话说:"地靠水,树靠根;没有水,地不生。"水,是绿洲的生命之源。四周高山环绕、地势低凹的吐鲁番盆地,由于全年几乎没有任何地表降水,只能凭靠北面天山、西面喀

拉乌成山的雪水资源。水，就显得更加宝贵。

　　天山和喀拉乌成山区，年降水量在100—500毫米之间。吐鲁番北缘的博格达山，海拔3500米以上的高山区，年降水量达到800—900毫米。而山顶部分，则是终年雪盖冰封，被人们喻为"固体水库"。横空出世的天山、喀拉乌成山，无情地截留了高空大气中来自遥远北冰洋、大西洋的宝贵水汽，使吐鲁番成为一片干燥的荒漠；但同时，它们又把截存的水汽转化为雨、雪、冰霜，积集在山顶、山腰；当大地转暖之时，冰雪点滴消融、汇聚成河，滋润山下干渴的土地。吐鲁番盆地上数得清楚的几条小河川，坎尔齐、东柯柯牙、二塘沟、黑沟、塔儿朗沟、煤窑沟、大河沿、白杨沟、阿拉沟等，都是依靠着有限的山地降水及消融的冰雪，获得了十分有限的水源。而这有限的水源，不少还是来自夏日降雨。吐鲁番人对水的强烈愿望，在这里又受到大自然极度的嘲弄：入夏，山区降雨，洪水暴发、水势汹涌，急需的水源成了令人心悸的洪水祸患；而夏天过去以后，尤其是冬、春季节，道道河川往往又只剩得一弯细流，甚至变得滴水俱无；大地复苏的洋洋春日，正是一年农作期间需要用水的关键性时节，却也正是大多数河川见底的时日。这严酷无情的大自然规律，是多么的悖逆人意，给吐鲁番地区人民的生活、生产造成了多少困难，带来过多少灾难啊！

　　困难，磨炼人们的意志；实践，使人迸发智慧的火花。不利的自然地理形势，迫使人们寻找另外的出路，通过另外的水源，解决生产、生活中的困难。坎儿井，就是这样应运而生，并在吐鲁番盆地扎根落户，造福于人民。

　　水和人的关系太密切了，没有水，人类将失去一切，包括人类自身。因此在实际生活中，劳动人民对水有着绝对不次于其他任何事物的关心。在长期的劳动实践、实地观察中，人们明确无误地观察到一个现象：自天山或喀拉乌成山上奔腾而下的湍急水流，出山后就很快消失了。它们还未流到适宜于人类居住、生产的黄土地带，就大部分渗漏在了山前砾石之中，转化为地下的潜流。水利工作者曾经测量了坎尔齐河，上游的流量为 0.73 立方米/秒，水量并不小，但下流 9 公里以后，就全部渗漏进入了地下。这些现象，古代人当然也会同样观察到。取得这些水，保护这些珍贵的水源不被沙砾吸收，就必须修建防渗、防冲渠道。但像凹底锅一样的吐鲁番地理形势，地面坡降很大，水势十分湍急。修建明渠，对防冲、防渗要求很高，没有长达数十公里的坚固渠道，就不能将水引到绿洲农耕地带。这在古代，当然也是不容易实现的工程。如能避开这一困难，利用盆地地形及下流的水势，修建暗渠，使地下潜水顺一条人工的、相对比较平缓的渠道下流，到盆地深处，就可以很方便地将水引出地面。这是很聪明的设想，古代人所发明的坎儿井，正是这一设想的结晶。

坎儿井，是一种地下暗渠。它的使命，就是吸引地下潜流，并将水引向盆地深处，进行自流灌溉。它利用盆地地势，把深层地下水逐渐变为浅层地下水，用人力改变地下水的埋藏条件、运行规律。在这一工程中，主要的设施是一个个竖井及联通竖井之间的地下暗渠。有经验的水工，选择丰富的山水溢出地带，依次开凿竖井，利用竖井作为出口，掏挖地下暗渠。竖井、暗渠，自然也成了吸引、汇聚戈壁砾石层中点滴渗水的所在。每隔 20—30 米，掏挖竖井一口，彼此之间，暗渠相通。这样，坎儿井沿线四周沙砾中的渗水，可以不断地被吸纳进来。地下水愈汇愈多，愈向盆地深处延伸，竖井也愈来愈

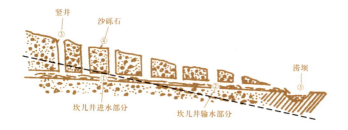

浅。地势高处最深的竖井，可以深到60—70米，而到出水口附近，竖井就差不多接近地面了。

这一地段竖井的作用和山前地段的竖井也不一样了。由于竖井很浅，达不到地下水的含水层，它自然也就失掉了汇聚地下水的功能，而只剩下输水的作用。进到盆地深处，地下渠道已到达地面。这时不用任何提水工具，清澈、洁净的地下水，一年到头都可以源源不断地缓缓流出地面，汇向一个储水的涝坝，再通过条条小渠进入千家万户，流入果园农田。

这样的坎儿井，一般长度有三四公里，也有长达10公里以上的。按照常理，坎儿井井线愈长，竖井愈多，汇聚、吸引的地下潜水就愈加丰富，盆地深处的出水量，也就愈大。

与其他种种灌溉形式相比较，可以看到，坎儿井存在许多明显的优点。它的结构是简单的，原始的挖土工具就可以完成这一水利工程。它不用什么动力设备，水流可自行流出地面，而且常年流水、水量稳定。它经过了天然的过滤，水质良好。冬暖夏凉，不论人畜饮用，还是农田灌溉，都十分适宜。在吐鲁番盆地这样一处干燥、高温地带，滴水如油，坎儿井有

1 | 2

1 坎儿井结构示意图
2 坎儿井出水口。清凉的井水沁人心脾，是火洲居民夏日追求的境界

力地防止了水量的强烈蒸发。这些优点,自然使它具备了强大的生命力,长时期为人们所接受,难以取代。

坎儿井的作用是明显的,它在历史上、现实中的贡献是巨大的,但这一工程,也是十分艰巨的。掏挖一口深数十米的竖井,出土量就有上百甚至数百立方米。一条坎儿井,有数十座、上百座竖井,加上绵延数公里的地下渠道,该是多大的土方工程。而在遥远的古代,这些土石都得靠人的两只手,一锹一镐挖出、一筐一筐提起。唯一的机械,就是一具辘轳。只说吐鲁番盆地,这1000条左右的坎儿井,光是地下渠道,长度也在3000公里以上,加上竖井工程,这是怎样浩大的工程、辉煌的创造!有人曾将坎儿井与在宇宙空间可以看到的地球标志——长城,以及贯通祖国南北、从北京到杭州全长1794公里的大运河相比拟,称它为我国古代三大工程之一。从工程规模,从其中显示的人民的智慧,人们在与大自然、社会斗争中表现出来的坚强毅力和无畏的精神来看,应该说,坎儿井是当之无愧的。

坎儿井,究竟从什么时候开始出现在吐鲁番大地?它是新疆人民在实践中的创造,还是得之于和周围地区积极的技术、文化交流?这是人们普遍关心、怀有强烈兴趣的问题,也是还没有得到完全解决的问题。

目前,根据记忆,吐鲁番地区仍在使用中的坎儿井,最古老的也不过200多年。但这当然不足以说明,在吐鲁番盆地内就不存在更为古老的坎儿井遗迹。新疆著名水利专家王鹤亭曾经介绍说,在鄯善县鲁克沁西北,曾经修建过一座水库,储水后发现,由于库区地层深处有早已废弃的坎儿井,水库渗漏、决口,最终导致水库塌毁。这和我们在鲁克沁北郊古墓地的发掘体验，似乎也存在关联。吐鲁番木头沟目前并不使用坎儿井，但却也有两道已经不用的古井，名字是钱生贵坎、光头坎，据传说已有近300年的历史。这些例子可以说明，一些认为吐鲁番坎儿井的历史不过一二百年的结论，并不全面。

清朝末年，著名历史学者王国维在他的名篇《西域井渠考》中，曾经提出一个有名的观点：新疆的坎儿井，早在2000年前的汉代，已经出现。它的技术源于中原地区的井渠。主要根据是《史记·河渠书》的相关资料。《史记》记述：汉武帝刘彻曾命令士卒万余人，自徵（今陕西省澄城县）引洛水到商颜山下（今陕西省大荔县北），因渠岸经常崩塌，于是凿竖井，使"井下相通行水"。工程完成以后，水流通过暗渠流到了商颜，使10多里的地域范围内，得到了灌溉之利。有意思的是，考古工作者也确实在这些地区找到了当年的一口口竖井。这说明《史记·河渠书》的记载，是可靠的史实。这道2000年前出现在陕西黄土高原的井渠，被称为"龙首渠"。认真分析一下龙首渠工程的特点，可以看出，它的引水源是明水，与吸引汇聚地下潜流存在差别；但凿井穿渠的方法，确明显与坎儿井的工艺相通。汉代新疆，与陕西联系十分密切，接受这种井渠技术，因地制宜、变通使用，当然存在可能。

王国维在《西域井渠考》一文中，还阐明过这种"井渠"技术西传的时间、路线。公元前1世纪中叶，因争夺王位继承权，乌孙王国发生内乱。汉王朝一面派人告谕乌就屠不能擅夺王位，必须尊崇汉王朝册立的元贵靡；同时，又命令熟悉西北地理的破羌将军辛武贤，率师待命，准备应付事变。辛武贤深知西北地广人稀，缺水少粮，远征乌孙十分不易，所以预以准备，主要工作就是命人沿疏勒河谷探明路线，建立交通标志，并令人"穿凿卑鞮侯井以西,欲通渠转谷,积居庐仓以讨之"。所谓"卑鞮侯井",据三国时孟康注释,是"大井六,通渠也。下泉流涌出,在白龙堆东土山下"。根据这一注释,卑鞮侯井与今天的坎儿井,大同小异。根据这些记录,王国维的考证,可谓言之成理,持之有故,逻辑上是站得住脚的。

还有人说,民族英雄林则徐在流放新疆时才引进了坎儿井,这实际是一个误会。林则徐谪戍新疆时关心人民疾苦,确曾在兴修水利、发展生产上尽过力量,但坎儿井却不是他的发明。他保留至今的日记描述了如下一段见闻:在路过吐鲁番盆地时,沿途见到许多土坑,很是奇怪,问老乡,说是坎儿井。"水在地下穿穴而行",林则徐认为,这实在是不可思议的奇迹。足见在林则徐之前,坎儿井早就在发挥它的灌溉作用了。

另外一个值得注意的现象:吐鲁番盆地内,不论是哪个民族的掏挖坎儿井的工匠师傅,有关工具、劳动术语,不少都是沿用的汉语、汉词。挖土用的工具,称"镢头""刨锤";提土用具叫"辘轳";支撑竖井、暗渠的木板称"棚板""架子""板闸"。进行水下作业,称"水活";水上部分作业,称"旱活"。这些都是很有意思的例子,有力地表明在吐鲁番地区,掏挖坎儿井的技术,确与汉族工匠密切关联。汉族工匠,在建设吐鲁番坎儿井工程中,曾经贡献过力量。

这些因素使得不少学者都认为,新疆地区的坎儿井,受到过中原地区的井渠技术的影响。

在吐鲁番地区,还有一个流传很广的故事说到坎儿井的起源。说是年轻的牧人驱赶着羊群,在漫漫戈壁上跋涉,寻找着水草。终于在一片地势比较低凹的地方发现了一片葱绿的草地,却不见任何水源。常年在戈壁荒漠活动的年轻牧人知道,

上世纪70年代末,季羡林、任继愈二位老师在吐鲁番考察坎儿井

没有水,不会有草,于是他决定在草地上向下掏挖。挖了两三米深以后,戈壁砾石中突然喷出一股清澈、甘甜的泉水。聪明的吐鲁番人就是根据这个经验,挖井取水,并在井间凿通了暗渠。从此,一道道坎儿井就在吐鲁番盆地上生根、开花。这个平淡的传说故事,很具体地说明了劳动人民找水的经验、方法。在周围井渠技术的启示下,创造出有自身地区特点的坎儿井,当然也完全可能。因此,也有学者主张:坎儿井,只能出现在特别需要坎儿井这一水利技术的土地上,包括吐鲁番盆地在内的新疆,是坎儿井技术的发祥地。

再有一种意见认为,新疆坎儿井受益于新疆西邻

八 火洲与水　283

的影响。如在古代波斯，3000多年前就已使用坎儿井。笔者在伊朗考察、访问时，曾有机会在亚孜德一处坎儿井宾馆住宿、体验，其工程之宏大，水流之清澈，至今印象深刻。随着丝绸之路的开拓，经济、文化交流日繁，相关坎儿井技术成果也传播到周围地区，如伊拉克、土耳其、阿富汗、巴基斯坦和一些中亚国家，都有坎儿井。中亚大地干旱少雨的地理环境，与古代波斯是没有根本差别的；古代波斯与新疆的关系也十分密切，它成功的地下引水技术被介绍到新疆来，自然也不是难事。

在讨论这种可能性时，水利专家们注意到了一个语言现象：伊朗称坎儿井为"昆那特"，伊拉克也是用这个词。但在中亚五国、巴基斯坦、阿富汗及我国新疆，却都称坎儿井为"坎儿孜"，而不称呼为"昆那特"。如果技术、工艺直接得之于古代波斯，为什么不称呼为"昆那特"，而是"坎儿井"呢？传播的过程，进入新疆后又如何成为"坎儿井"，看来还存在一些中间环节，这也是一个可以深入分析、研究的问题。

比较了解新疆坎儿井特点的苏联水利专家B. H. 库宁曾发表过一个意见，认为新疆的坎儿井在建造和利用的技术方面具有某些与中亚和伊朗不同的特点，证明这里的坎儿井在很久以前的古代就有所发展，而且在一定程度上，没有采用中亚和中东地区坎儿井经营的传统方法，有着自己的特色。

关于坎儿井的故实，目前只能说到这里了。这一闪烁着劳动人民智慧光芒的创造，是值得大书一笔的。没有它，古代的吐鲁番绿洲不会那么明媚多姿。至于它的起源，不论是在新疆吐鲁番本地、在黄河流域，还是在伊朗，总是劳动人民在与大自然斗争中的一个辉煌胜利。

克尔碱祈水岩画

在火洲大地，对水的渴求，是一个久长的存在。

克尔碱，在吐鲁番盆地西缘，托克逊县北部，是一个十分平常的、僻处天山腹地的山村。稀稀落落数十家土坯小屋，屋旁地头是常见的榆、杨、桑、沙枣等小树。不多的牛、羊、驴在地头吃草，田块上种植着小麦、玉米、棉花。

克尔碱山村，依傍一条大概呈南北向的山沟，俗称克尔碱沟。沟谷最宽处可有1公里，两岸是并不密实的沉积砂岩，裸露于地表。沟谷内泉水盈盈，灌木丛生。较多的山泉汇成溪流，成为白杨沟的上游之一。20世纪80年代，在克尔碱发现的一处与水关联的岩画，曾引发国内外学术界的巨大关注。

岩画的具体位置，在克尔碱沟西岸一区堆积煤渣矸石的砂岩上。岩画所在的砂岩，旁临沟谷，因此未被煤渣覆盖。这类表现古代水利的岩画共见两处，一线排列，彼此相距约30米。

主要一区岩画所在的砂岩面积，约30平方米。北高南低，略显坡形。岩画幅面约10平方米。画面形象是在凸起的砂岩北端，刻凿出约30个较深的圆形、椭圆形凹点，自每个凹点向下刻凿出一条条曲折的沟槽，似下淌的泉流。有的泉流单独下流至远处，也有数组泉流在流淌过程中汇流到一处，形成较大的溪流，最后汇入一道与这些泉流垂直相交的较深沟槽中。这一沟槽刻凿得较粗、较深。也有几个泉眼淌出的泉流汇成一个略近圆形的水池，形如涝坝。其中一个泉眼刻凿特深，斜楔入砂岩之中1厘米左右。在这片密密麻麻展布的泉流之中，见到手印、大角羊等，在一只形体特别高大、停立在溪沟旁的大角羊的大角中，还可以见出又一只小羊。在这区砂岩傍河的断面上，刻凿了两列尾随前进的大角羊。

由于这些岩画所在的岩体，是胶结不密的砂岩，且均裸露于地表，凿刻时间又在很久以前，因此，除这些泉眼、泉流、沟谷仍然十分清楚、灼然可见外，还有一些图像已漫漶不清，但画面的基本内容是明晰清楚的。

另一区泉水岩画，在其北约30米处。同样刻凿在河边裸露于地表的一块砂岩上，刻画了两三道曲折的泉流。源头处同样是一个圆形的泉眼，泉流下部可见大角羊、手印，一个个比较显目的圆形图像。与前幅岩画比较，只是规模较小，泉流数量较少。尤其因岩面不平，蚀损严重，虽然还可以隐约观察到另一些图形，但已难于准确辨析清楚。

在我1990年的调查中，据陪同调查的克尔碱镇长伊沙木丁、副镇长阿不利米提及附近煤矿矿长阿克拜尔介绍，这类泉水岩刻及其他一些动物形象的岩画，在旁近砂岩上还曾有所见。只是因为地表堆覆了煤渣，部分岩画已被覆盖，也有一些受到人为的破坏。

这两幅岩画的刻凿技法，是在砂岩上凿点，点径约1厘米。泉眼部分，点凿的痕迹十分清晰。由于砂岩硬度不大，使用较锐利的坚硬岩石或金属工具都可以完成凿点工作。这在新

克尔碱泉水岩刻图。泉水迸发、涌流，寄托着祈水者虔诚的愿望

疆岩画中是使用相当广泛的一种工艺，时代较早。

与这区泉水岩画相距不远，还发现过几处以动物形象为主的岩画。沟谷东西岸均见。表现最多的动物图像为大角羊，角枝高扬，线条流利，形成十分显著的特征。除大角羊外，还有鹿、双峰驼，昂首挺立、斑纹清楚的豹以及狩猎的情景。刻凿技法及画面形象明显可以见出一定差异。距克尔碱泉水岩画约10公里，在托格拉克布拉克（野梧桐泉），也发现过一批以大角羊为主的动物形象岩画。

距该岩画不远处，在克尔碱镇南1公里，发现过一片古代墓地。竖穴土坑墓葬中，出土过彩陶，绘饰倒三角、斜线等几何形纹饰。器型有罐、钵之属。从采集的文物分析，它是一区在吐鲁番盆地中比较普遍存在的春秋战国时期的古代墓葬，是古代车师人的文化遗存。

在新疆考古文化遗存中，应该说，这也不过是一区相当普通的遗迹，并没有十分不一般的个性。但因为一个特殊的契机，它却又成了国际坎儿井学界、新疆水利史研究界十分关注、曾经热烈争论过的一处遗存。

1990年8月，决定要在新疆乌鲁木齐召开"干旱地区坎儿井灌溉国际学术讨论会"。会议召开前，新疆水利史学界有人提出一个论点：克尔碱岩画，"表现的是古代坎儿井"，"时代在距今3000年以前"，因此，"坎儿井灌溉技术起源在新疆吐鲁番"。媒体刊布这一观点后，那些存在坎儿井灌溉技术的国家中的相关学者，对此十分关注。日本一位研究坎儿井的学者，曾为此而终夜难眠，因为他"一辈子的工作就是研究坎儿井历史，判定它源于西亚，这个新发现使他毕生研究的成果成了没有价值的瞎话"。会议主持方之一的中国科学院新疆沙漠研究所，对此自然也十分关心。岩画，是否表现的就是坎儿井？年代，怎么能准确判定？在坎儿井历史研究中，要求的是科学、准确的资料，不能是任何带有想象的结论。

我在认真、反复考察后作出的判定，当时真是让个别水利史研究者包括水利厅个别官员十分失望。因为我的分析结论是：观察画面，只能说它是古代居民在泉水时丰时枯、水量时大时小的情况下，渴望泉水常流、满足人畜需要的祈水岩画。应该只是古代人祈水巫术的具体记录，与吐鲁番地区的坎儿井并不存在关联。

关于克尔碱岩画的内容、性质、时代，曾是当年水利史界比较关心的一个问题。

岩画表现的只是比较集中的泉流，丰富的泉水满足了人畜的需要。有学者认为，它表现着古代新疆居民对克尔碱沟内泉流比较实际的测绘，是研究测绘历史的珍贵资料。联系沟谷内实际泉眼、泉流的分布，实际也并不是对现实生活中泉流的客观描绘，而主要似乎只是表现了岩画主人的一种虔诚的愿望：祈求存在众多的泉眼、泉流的克尔碱沟，能长时期泉水如涌，四季不断，可以充分满足人们对水的需要。因此，这是一种利用巫术向神灵祈水、求水的记录，表现着一种原始的宗教信仰，反映着在干旱地区生活的古代新疆居民对水的特别关心、渴求。

巫术，是古代先民在与大自然斗争中软弱无力的一种表现，是古代世界中的一种普遍存在。在克尔碱沟中，泉眼很多，这一带居民主要依靠山沟中的泉水维持自身的存在、发展。山泉的荣枯，是否丰沛，关系着草被、林木的生长，关系着牲畜的存活、繁衍，可以说是古代克尔碱地区居民关心的头等大事。而山泉的荣枯，本是一个有规律可循的水文地质现象。但由于古代人们还不认识，更不能掌握、利用这一水文规律，而只是一般地感受到它们的变化难以捉摸，感受到水的变化极大地影响着人类自身及畜群、野生动物、农业生产的生存、发展。那种不可把握的充满机缘的水的变化，使古代居民困惑、猜疑，虔信有不可把握的异己力量在控制着一切。这就成了祈水巫术出现、发展的理想土壤。在自然规律面前显得软弱的古代先民，只能通过巫术手段祈求获得神灵的帮助。他们在砂岩上刻凿出众多的泉眼、丰沛的泉流，实际是表现着对神灵的祈愿，希望主管泉水的神灵会因此受到感应，泉流丰沛的画面，经过他们的祈求，可能转化为生活的真实。

大量资料表明，相当数量的岩画与原始宗教活动如巫术崇拜等关系密切。克尔碱沟砂岩上的泉水岩刻正是在这一信仰的驱使下，为祈求泉水长流而进行过巫术崇拜的记录。

这一岩画，不可能说是表现坎儿井的画面，除画面本身形象、特征不足以论定为坎儿井外，还有一个理由是，克尔碱地区至今仍是凭借克尔碱沟中下泄的流水（其中主要由泉水补给），而并不使用坎儿井。岩画作为一种艺术表现形式，当然必须有其生活的土壤。很难想象，在一个还不存在，也未使用坎儿井的地区，人们会凭空想象、创作出有关坎儿井的图画来。

关于这处岩画的创作年代，是人们都比较关心的一个问题。分析各方面的情况，笔者倾向于断定：因为附近只发现春秋战国时期车师人的古代墓地，而且当年车师民族的社会经济生活，畜牧业居于主体地位，狩猎经济是经济生活的必要补充，这和这片地区岩画（包括这区泉水岩画）中的大角羊饮水、繁育的形象是比较一致的。因此，岩画最大的可能是完成在距今2300年前后，是本地车师族居民的巫术遗迹。这虽只是一个逻辑的推定，但结论并不勉强。

从这片祈水岩画中得到的历史信息是：在较为古远、原始的社会阶段，人们的知识不太丰富，对泉水形成的机理当然并不清楚，感受到的只是泉水丰沛时的欢乐、泉流枯竭时的苦难。"万物有灵"的观点，驱使他们只能在无力控制泉水时，向冥冥中的神灵祈求。在干旱无雨的吐鲁番大地，水与人的关联，是巨大而密切的。在居民稀少时，它或许还不会十分突出；而在人口增加，泉水补给源不足、泉水水量稀少时，人水矛盾就会十分尖锐了。

消失中的艾丁湖

在吐鲁番盆地，最引人遐想的地点之一，是地势极低的艾丁湖。它的水面在海平面以下154米，湖底还要更低一些。从这一测量数据可知，它是仅次于死海的世界第二低地。在中国，它当之无愧是全国地势最低的地点。

不论是什么人，只要在地理学教科书中知道了这个概念，就无法不被一种特殊的悬念所笼罩：海平面以下154米会是一个怎样的景观呢？我在最初得到这个地理知识时就是这样的心情，总是禁不住产生这样那样的揣想，它所在的吐鲁番盆地，自然也就多了一种神秘的色彩。

后来我又知道，艾丁湖的所谓"艾丁"，是维吾尔语的音译。如果翻译成汉语，就是"月光"。"月光湖"，实在是一个撩人情怀的名字。在诗人、作家的笔下，美丽的月亮总是和俏丽的少女联系在一起；清冷、晶莹的月光，古往今来，也总是伴随着对亲人的思念、遐想。很自然，这就给"艾丁湖"增加了另一番诗情画意。

比起富有情思的维吾尔语名称，学者们还给这个湖泊起了一个冷冰冰的、相当不恭敬的大号"觉洛浣"。"浣"的意思，说得通俗一点，就是洗衣池。那位最初替它定下这个称谓的地理学科书生,可能是觉得这个湖泊实在不大,又坐落在觉洛塔格山脚下,根据通例,称之为"觉洛浣"。但这个名字除了在学术著作中偶尔碰到,知道的人并不多。广大的吐鲁番人还是习惯性地称呼它"艾丁湖",可能也是寄托着对这一小小湖泊的深厚情思。

除了"觉洛浣"以外,水文地质界在分析湖泊的形成原因时,也称它"潜水溢出湖"。因为它处在山前最为低凹的潜水溢出地带,主要依靠汇蓄潜水而成湖。水文化学家们分析湖水的化学成分,又把它归于"氯化物型湖",因为入湖的明水也好、潜水也好,都在吐鲁番盆地内流过相当长一段山前含盐地带,水流中已包含了大量的氯、钠、钾等离子。分析一下湖水的矿化度,每一升水中,竟包含氯化物210克,听后不能不使人咋舌。所以,只能实事求是地把它归于"氯化物型湖",也就是俗称的"盐湖"之列。这些与"艾丁湖"有关的称谓,一般只出现在专业的学术著作中,大家对此比较陌生,自然也不奇怪。

艾丁湖的面积究竟有多大?水文地理学家说,这还是一个难以回答的问题。为什么呢?吐鲁番盆地,地形如锅,艾丁湖就坐落在"锅底"。它的湖水,既来自河水的补给,如源自天山的白杨沟,出山后流入吐鲁番盆地,剩余的水流最后就汇入艾丁湖。只是像白杨沟这样的地表河川,可以说屈指可数,水量也十分有限。其他补给则来自火焰山前众多的泉水,山前平原地带星罗棋布的坎儿井水在给了绿洲丰富的营养后,余存下来的水流也都以地下水的形式,汇流向盆地中地势最为低凹的处所——艾丁湖。正因为如此,艾丁湖,就成了一个随时都在变化的低洼水泊。

冬天，农业灌溉用水明显减少，地表气温低，河水、湖水蒸发量大大减少，汇入湖中的水量相对就比较大，湖泊的面积也就稍大。夏、秋农业灌溉用水多，水汽蒸发非常强烈，最后汇入湖中的水量大大减少，湖面自然变小。一年中湖水的变化幅度，根据1958年的观测统计资料，就达45厘米。同一年中，冬天的艾丁湖，比起夏天的艾丁湖来，要大出许多。而从更长的历史时间进行观察，湖泊面积就更难说清楚一个比较准确的数字。

在过去人口稀少、没有现代工业生产、农业开发程度也比较低的情况下，湖水面积当然要比今天人口大量增加、工农业空前发展、用水数量猛增的情况下大得多。20世纪50年代初，曾经有过一个考察、测量数据：湖盆东西狭长近40公里，南北最宽处8公里。湖盆面积差不多有152平方公里。而在1958年，根据航空照片观察、计算，湖面差不多近椭圆形，东西长7.5公里，南北宽仅3公里，湖水面积只有22.5平方公里了。湖水深度，平均也不过80厘米上下。真是一个既不算大，也不算深的小水泊了。

我曾经有过几次机会，来到艾丁湖边。第一次，当我的双脚踩在原是湖面、当时却是一片盐碱滩的荒凉土地上时，带路的友人提醒"已经到了艾丁湖"，我却不能接受这个现实：这和我感情深处已经形成的概念太不协调了。在我的概念中，它是美如处子、静若月光的一处仙境；与面前这白花花的碱滩，没有树、没有草、没有诗情画意、一片荒凉寂寞的土地，相去太远了。

艾丁湖今天的形象，虽说有点丑陋，但却真实地、朴实无华地展现了它的面目，也刻印着吐鲁番大地被人类无尽汲取

消失中的艾丁湖。只剩下一湾小水,吐鲁番盆地用水形势令人不能乐观

的历史。这片盐碱滩,在历史上不也曾经有过清水泛波,映着蓝天白云的湖色吗?随着人口的增加、经济的发展、用水量的增加,汇入这一洼地中的水流日益减少,渐渐地它就变成了今天这样一个形象。迈过这片盐碱滩,还可以见出不久前曾有过积水的湖岸。它沦入这一干涸的境地,似乎不是太久。偶然水流注入较多,它们就可以感受到流水的滋润。新暴露出来的湖床,是湿软的、泥泞的,人们还不敢随便涉足。但是,不要很长时间,它们大概也会转化成新的碱滩。真正有湖水的一角,是在湖盆的西南,那里地势更低,远远可以看到水色,但我却未能走到它的身旁。

在看过湖畔碱滩后,我对"月光湖"这个多情的名字,算是有了进一步的了解。在清冷的月色下,狭长的湖盆、环绕湖盆的白色碱滩,与月亮、月光联系在一起,自然也是并不勉强的。维吾尔族人民真是热情而乐观的,把这么一片碱滩围绕中的浅水,冠上了这么一个诗情画意的美名,显示了一种豁达、美好的胸襟。其中,自然也寄托着对故土家园无限的恋情乡思。

艾丁湖的命运,看它的过去,也就知道它的未来了。地理学家说,今天的艾丁湖是吐鲁番盆地中的大蒸发盆。据估算,湖盆,加上四周的盐光板地、盐沼泽区在内,每年的蒸发量差不多达到2亿立方米。而每年能提供给艾丁湖的补给水源,不过是这种蒸发量的几十分之一。随着生产事业的发展、人口的增加,这一可能提供的补给,还会逐步减少。这样一分析,艾丁湖能够生存在吐鲁番大地上的岁月,也就是屈指可数的了。

全国地势最低的湖泊,总有一天要从吐鲁番大地上消失,这是科学家分析后得出的结论。看到这样的文字,心里总有一股说不出的滋味，模模糊糊地感觉着：这种变化，是不是还意味着一些其他值得注意的问题，让人们深一层思考呢？

我不知道艾丁湖在地球上已存在了多少时间，按一般情理设想，它一定是出现在人类走上吐鲁番盆地这个历史舞台之前，也有千万年的岁月了。这个水泊开始形成的时候，湖水是碧蓝的、甘甜的，在月光下，它是清幽的、美丽的。经过一段相当漫长的年代，湖水逐渐增加着自身的矿化度，湖水中包含的盐分，一天比一天高。青海盐湖研究所的科学家曾经在湖区四周进行钻探分析。带着模糊的认识，我曾向这些专门从事盐湖研究的学者们请教：艾丁湖，在地球上究竟存在了多少时间？经历过怎样的路程，才变成今天这般模样？钻井一直打到深51米的地下，专家们对取得的岩心进行了科学分析，发现在井深51米至11米处，岩心显示为淡水湖的沉积。艾丁湖四周见到的淡水螺类化石，可以与这一结论相印证。而在深11米处至今天的地表，则完全是含盐地层；这一层段的盐湖地质，又经历了硫酸盐至氯化物这样一个变化。在艾丁湖岩心11米处，开始出现少量的钙芒硝晶体，而这一层段的绝对年龄为距今24900年。也就是说，从去今2.5万年前开始，艾丁湖地带的淡水开始盐化。而到岩心深10米处，见到了成层的钙芒硝，是稳定的盐类沉积，这一层的年龄是去今21530年。将艾丁湖与青海柴达木盆地的察尔汗盐湖作比较，它们年龄相差无几，都出现在晚更新世晚期。这一时期内，大西北地区干冷多风，面积广阔的艾丁湖蒸发量大而水量补充少，湖水的矿化度不断升高，湖面日见缩小，终于演化成了今天这一景象。

人类，万物之灵，曾经通过创造性劳动，使普普通通的吐鲁番旷野成为充满无限生命欢乐的沃土。他们大概没有想到，在这漫长的历史征程中，也会有一些不断变得丑陋、变得不如初现时那么美好的事物，其中之一，大概就是艾丁湖。它盐化的过程，自然是与大的地理气候条件密切相关；但在人类出现后，随着人类建设步伐的加快、用水量的增加，又促使它不断老化、不断收缩，更快地走向了灭亡。

我也曾遐想，天山上的雪水，或转化成河川，或入地为潜流，形态虽在改变，数量却不会有很大的不同。它能养育的儿女，一切的生物、包括人类在内，大概也该是一个常数，或者有一个极限吧。那么，这个极限在什么地方呢？数学家华罗庚教我们运用数学原理，对任何事物都进行优选，优选的数限是最能揭示事物内部规律的一种数限。借这个道理，在吐鲁番盆地这个历史舞台上进行怎样的生物活动，才是一种最合理、最科学、最足以保持良性生态环境演化的活动呢？艾丁湖走向死亡，是不是在向人们提示一个严肃的问题：在它消失之日，也就是吐鲁番盆地中的所有水源——一切生命的源泉，被使用到极限之时？到那时，任何一点可以补给艾丁湖的剩余之水，都已不存在了。当吐鲁番成为一根极度紧绷的弓弦，是十分脆弱而危险的。

这么无情的推论，本来是应该留给地理学家去探讨的，但常识又不能不使人有这样的联想。曾有学者指出，繁荣过很长时间的玛雅文化，最后的衰落就是因为过度使用了一切生物的生命之源——水，违背了自然规律，于是无可挽回地走向了灭亡。在干旱的亚洲内陆，这对我们是一个值得吸取的教训。

艾丁湖的生命历程，从一个点上，记录了吐鲁番盆地的历史变化。在它快要最后消失的日子里，更使人产生对它往昔的怀恋。它今天的面容，即使不是如想象中的月光那么美丽，还是值得人们去进行探望的。当我们来到它的身边，踯躅在碱滩广布的艾丁湖畔时，可千万不能忘记，它曾经也有过旖旎、诱人的风光，只不过是韶华早逝而已。在科学发达、人类完全可以掌握自己命运的今天，我们有没有什么办法，使艾丁湖也能生命永驻，使这块盆地地势最低的一角，保留它曾经有过的湖光水色呢？

古道白水涧

今天，前往火洲吐鲁番旅游的客人，相当大部分是先乘飞机到乌鲁木齐，再从乌鲁木齐换乘汽车，通过蜿蜒在天山峡谷中的乌吐公路，去到吐鲁番。置身在有空调设备的旅游车中，行进在平整、光洁的柏油路面上，看天山雪峰晶莹、高山湖泊旖旎、白杨沟天山雪水奔流、草场上牛羊悠然自得，在这如诗似画的环境中，人们无不为这自然怡人的风景倾倒、折服。但是，他们往往不会想到，行进中的道路，是在新疆历史上具有十分重要地位的一条古道，有许多重大的历史事件，曾在这条古道上发生。这条古道，差不多与新疆大地的开发历史同步。在这条古道上，原始社会的狩猎人，曾来往奔驰。塞人、车师、乌孙、匈奴、鲜卑、突厥、回鹘、契丹、蒙古、准噶尔以及古代汉族的骑手们，曾在这条峡谷中穿梭来去，演出过无数大大小小的历史活剧。沿着这条古道缓缓前行，巡礼古道边一处处遗迹、遗址，在尽情享受自然风光的同时，还可联想到绚丽的历史画卷，汲取到有益的历史知识营养。

古道，在很长的历史时期中，并没有自己的名字。只是进入唐代，才因应着古道的自然地理形势，被称为"白水涧道"。

70年前，英籍匈牙利人斯坦因，从敦煌莫高窟中骗走了不少珍贵的唐代古籍。其中有一部残籍，就是《西州图经》。从斯坦因刊布的残本中，人们可以了解到唐代西州，也就是从唐代吐鲁番盆地通向四面八方的交通路线。其中提到白水涧道的具体路线、走向，是"出交河县界，西北向处月以西诸蕃。足水草，通车马"。处月部，是唐代西突厥王国中的一个部落，活动地域及于今天的阜康、乌鲁木齐地区。根据这一历史资料，从吐鲁番斜向西北，到达处月部的这条交通路线，不仅可以走马，也可以通车，地势比较平坦。可以说，只有穿越天山白杨沟峡谷，到达坂城、盐湖、柴窝堡、乌拉泊，进入乌鲁木齐的天山谷道，能与此相当。而这条路线，也正是今天因地势而铺展的乌吐公路。

　　白杨沟峡谷，宽处不过两三百米，狭窄处才只三五十米。左右山峰夹峙，重峦叠嶂。谷底，水流终年不断，水色清澈见底。两山之间的流水，古代称"涧"。大概正因为如此，唐代曾给这条峡谷溪涧冠以"白水涧"之名。而通过这一峡谷的古道，因应着环境、景物，就自然有了白水涧道之名。自吐鲁番穿过白杨沟峡谷后，达坂城即在眼前。这里，草场辽阔、溪流纵横、青山绿水，非常适宜于畜牧业的发展。过达坂城到盐湖、柴窝堡、芨芨槽子，一路地势平坦、草场相连。《西州图经》说，这条古道上"足水草，通车马"，是一点也不错的。

　　这条古道，有《西州图经》的白水涧及沿线古址证明，可以确认。只是，唐代时它已升格成为一条官道，受到注意，并已记录在地理图籍之中。但是，作为沟通天山南北的一条坦途，它的开拓、通行，实际是远在唐代以前的。柴窝堡湖畔的细石器，是距今1万年前后的，早期新疆居民的遗留物，它们

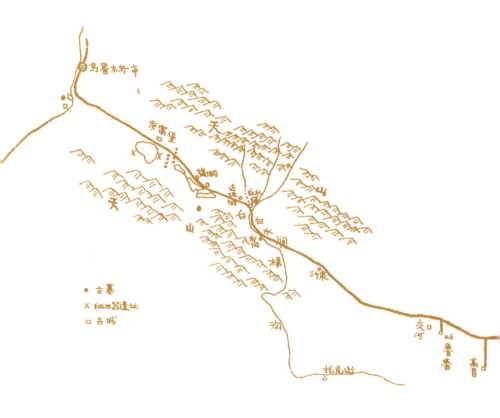

白水涧古道及沿线古址手绘图

的制作工艺、器物造型，与交河沟北、七角井等地细石器遗址上的出土物相近，保留着不少相同、相通的工艺特征，自然是同一区域的古代先民，彼此间曾有联系、交流的反映。他们来去的路线，当然离不开这条天山峡谷。乌拉泊湖畔，近年曾发掘的古代车师人墓葬，与吐鲁番绿洲大地上所见车师文化遗存，有相同的文化特征。这些，都是很好的例子，说明利用这一峡谷而来去天山南北的历史，差不多与乌鲁木齐、吐鲁番绿洲中所见古代居民的历史同样古老！

下面，我们试从唐代西州出发，前往天山北麓的处月部牧地，考察一下"白水涧道"沿线风光和名胜古迹。

离开高昌，经过交河，斜向西、北行，很快，就把吐鲁番绿洲抛在了身后，而进入了天山山前戈壁砾石带。数十公里的地域内，地势是坦平的，视野也十分开阔。但不见水、不见草，没有树木林园。唐代诗人岑参，曾多次在这条路上纵马驰骋过，对这片苍茫荒凉的戈壁，是有不少切身体验的。他曾吟咏过的"寻河愁地尽，过碛觉天低"，大概也有从这片浩瀚戈壁中触发的灵感。我们驱车在这片戈壁中全速前行，回味诗人的吟唱，共鸣油然而生。

进抵天山白杨沟口，景观浑然不同。涧水自天山峡口夺路而出，在茫茫戈壁上奔腾直泻，斜向东南，经过托克逊县，最后进入艾丁湖。涧水过处，在身后留下一条细细的、绿色的轨迹，那是跟着涧水而生的青青小草、丛丛红柳，是清澈的涧水给戈壁带来的绿色生命。我们的公路，与这条绿色的带子平行，转眼，也就进入了白水涧道的大门。

白杨沟峡谷，也就是唐代称谓的白水涧，总长不过26公里。峡谷狭处才数十米，宽处可有200米。谷道曲折回环、峰峦错叠。公路，如一根宽平的带子，随山势而运转。不少地段，正面山峰壁立，似无出处；到近边则总是路径通幽，别有洞天。峡谷内，水流湍急；尤其是暴雨过后，汹涌咆哮，如惊雷轰鸣，有吞噬万物之势。但在平时，则水色清澈，甘甜宜人。涧水最狭处不过10多米。以马、骡代步，随便涉水而过，也绝无什么困难。溪谷中、山岩上，常见羊群散落，悠然而自得。溪谷两岸，榆、杨、红柳，丛丛密密、成聚成簇。夏日一片青绿，入秋以后，满沟金黄，真可以说得上是一幅妙手难及的"白水秋色图"!

对于这一条仍然保留着自然形势的山间谷道,现代公路只不过占了岩石岸边一线之地,依山势拓展,并没有完全改变峡谷的自然面貌。古代人们凭车驱马,沿此沟谷行进,确实是有其方便,而并无很多困难的。

峡谷如此险要,在兵祸连连的古代新疆,自不可不设防驻守。果然在峡谷西口,我们见到了历史的纪念物——控扼谷口的一座古城。

正当峡谷西端出口处,造物主造就了一大片微微隆起的铁黑色山岩。就在这处硗确不平的岩块上,端端正正、对着谷口,就坐落着一区古堡!它利用岩石地势,凭借新添的堡墙,扼住峡谷通道、控制天山南北交通的意图,一目了然。

白水镇城古址示意

这废弃的古城堡,地势十分险要。城虽不大,却有内、外两重。取当地碎砾石夹沙土,夯筑而成的外城墙,随山岩而走,略近方形。步测其周长,总近300米。保存最好的地段,墙垣仍高5米上下。登城一望,远近尽收眼底。屯兵于此,无异锁住了峡谷的咽喉。古城墙的夯土中夹杂着手制的红褐色陶片,用于装饰陶罐、陶盆的附加堆纹、锥刺纹依然清楚。这些凝聚着制陶匠师们心血的陶片,明显具有汉、晋时期陶器的时代风格。它们虽无法说明自身曾经历的岁月,却隐隐告知今天的人们：在出现古城之前，至少在汉晋时期，这片土地上已经有了相对固定的居民。他们在这里居住、建设，辛苦烧制土陶，盛放谷物、饮料，寻求着安定、平静的农业生产生活。偶然的不慎，使土陶破裂成了碎片，丢弃在了村旁野地。不知经过多少年月，激烈的社会动荡，往来奔驰的征骑，给人们带来了骚动和不安。又一些偶然的机缘，使这些陶片又拌和身边的泥土，被夯筑在了土城垣中。面对这区古城、古城墙中掏挖出来的破陶碎片，考古工作者们虽不能据以准确、具体说明古城兴建的年月，但却可以寻觅到相对早晚的历史信息：白杨沟峡谷西口的这座古城，只能出现在晋或晋代以后；古城所在的这片大地，已经得到了垦殖、开发。

历史文献记载，唐王朝出于和西突厥斗争的需要，曾经在西州境内设置过一处"白水镇"。但历史地理学家们只从文献爬梳，却没有能寻觅到它的所在。参证以考古调查资料，结合地理形势，可以判定，最大可能是，它就在这一控扼白水涧道的咽喉口，也就是我们发现的这一古城、戍堡之中。

提起白水镇，知道的人不多，但也不是无迹可寻。清朝初年，敦煌莫高窟发现过一块唐代碑石。碑文中提到，敦煌李姓大族，世代官宦，其子就曾在唐代西州担任过"白水镇将"。但这个白水镇，究竟在吐鲁番的什么地方？因为史籍中从未著录，所以至今人们很难考证，更无以探寻与它有关的史迹。

唐代在边裔设关置镇，是很有讲究的。《唐会要》中说，设"关，必据险路"，"临水挟山，当川限谷，危墙深堑，克扬营垒之势"，这是唐朝政府设置关城的一些基本原则。根据这些要领认识白杨沟峡谷西口的古代城堡，不能不让人感觉，《唐会要》中强调的原则，好像就是对这座古代城堡地理形势的准确描写。

唐王朝统一吐鲁番、设置西州以后，与西突厥的矛盾很快提升到一个新的阶段，直接冲突不时显现。在面对西突厥的主要通道——白水涧道上，设置关城，派兵戍守，保卫西州西翼的安全，可以说是当年的当务之急。而敦煌碑文，又明确提到了当年曾有白水镇。这个白水镇，不在白水涧峡谷中，还能放到什么地方去？

今天人们在这古城关内寻查，除了危岩上的残墙外，地表已难以寻觅到唐代文明的痕迹。唐代以来1300多年的漫长岁月中，这里又经历了许许多多的沧桑变化。即使曾经有过唐代文明的印痕，也都消失在历史尘埃之中了。在寻求白水涧古堡新的历史印迹时，值得大书一笔的，是近代历史上新疆各族人民在这里反击浩罕入侵者阿古柏的光辉业绩。

1877年4月17日，清代名将刘锦棠，曾率兵1.5万余人，与阿古柏手下的重要军事头目爱伊尔达呼里，在这片地区有过一场恶战。清军在达坂城维吾尔族人民群众的支持下，根据群众提供的准确情报，一举歼敌2000多人，生擒了200多人，爱伊尔达呼里也被活捉，这给了阿古柏沉重的一击。古今一理，在刘锦棠这一仗中，同样可以看到，这座控扼白杨沟峡谷古城的险要地位。

自古城西行，经过辽阔的达坂城草场，公路两边古榆、白杨成行，细心的旅行者可以看到，它们都很有规律地、自西北向东南倾斜。这是地处风口、长期受西北风作用，在古树身上留下的痕迹，也是其他地区难见的景观。再行24公里，到达天山腹地的盐湖。在盐湖北岸，一座光裸的小山梁上，可以看到一座仍然耸立的唐代烽燧，公路正穿行其旁。24公里，近唐里60,古代以马代步,差不多是一天驿程。当年盐湖畔、古烽下,大概还有过驿馆。因应着历史的风云,古烽上,也曾一次又一次升腾起烽火、狼烟,给身后的白水镇,传达相关的军事信息。很有意思的是,在古烽对面,盐湖南岸的小山沟里,也确实就发现了分别是唐代、元朝的两位征将的尸体。尸体分别埋葬在山沟中,两座不成规矩的小山洞内。古尸戎装、武备齐全,弓箭仍然在身;鞍具整齐的马匹,也伴葬在侧。一具古尸身着锦绢袍服,朽烂较重,但唐朝团花纹锦清楚地显示了他逝去的年代。元代古尸身着油绢袍服、缂丝长靴,锦缎边缘上是著名的元代织金锦料,片金仍然闪耀着光泽。这两位分别生活在唐朝、元代,前后相去四五百年的战将,都由于这条峡谷在古代军事地理上的重要地位,殁身在白水涧古道之上。戎马倥偬、军情紧急,他们的身份地位虽高,但也只能是马革裹尸,草草埋身在荒僻山沟的野洞之内。古代诗人咏唱为国戍边的英勇男儿,歌颂他们为国献身的英雄气概是"青山处处埋忠骨,何须马革裹尸还"。面对这穷山僻野中的荒冢,不能不叹服诗人感情的真挚、悲切。

盐湖中取之不尽的晶晶盐粒,使亘古少见人烟的白水涧峡谷,在今天出现了一座现代化的城镇,采盐、挖硝,以盐硝为原料进行化工生产。盐硝产量丰富,可供10多省食盐之需。穿越盐湖的一条公路,路基也是盐。

20世纪70年代末,季羡林、任继愈二位老师一道感受西域风情,我陪侍同行,在自吐鲁番返回乌鲁木齐的途程中,曾驾车在盐湖上穿行而过,老师们细问盐湖上公路如何构建,我以"就是利用盐晶为路"作答,老师们叹为奇观,一定要下来手触、目验,拾取了路畔坚如块石的盐晶,包覆纸中,以为纪念。书及于此，这一幕景象，仍如在眼前。

高耸的厂房、学校、商店，栉比的生活区，熙来攘往的车流、人流，使这座湖畔新镇，充满了盎然生气。耸立在小丘上的烽燧，在它们面前，显出一种明显的落伍、寂寞。

又30多公里后，是天山中一处新的旅游点——柴窝堡湖。28平方公里的柴窝堡湖，湖面水平如镜，清可鉴人。游艇来去如飞，惊动了湖底深处的游鱼。湖畔苇丛之中，更成了内河蟹苗的栖息之处。秋日蟹肥，游人面对天山雪峰，荡舟在柴窝堡湖上，把酒尝鲜，可一品"横行将军"的美味。这波平如镜的湖水，千万年来涨落起降，总也没有过今天这样美好的情趣。

柴窝堡湖水，今天已微呈咸味。但在遥远的过去，当也是甘甜宜人。最能证明这一点的，莫过于保存至今的湖畔细石器遗址。遗址有两处，一处在湖的东北，一处在湖的西南。遗址区内，打制石器的石核，细长锋利的小石叶，刮削、切割用的小石片，随处可见。原始的工艺，表明它们已经历了近万年的悠久岁月。当年，吸引这批古老的新疆居民在湖畔栖息、活动的最大力量，大概要算这片甘甜的湖水。

在公元后的几个世纪里，这里也曾是人类理想的住地。湖的东北，至今仍然有呈南北方向铺列的座座高大土冢，透示了这一历史消息。我国考古学家黄文弼先生，20世纪30年代单身匹马，为寻求新疆历史发展的实际，与当时泛滥如潮的种种歪曲新疆历史的谬论相抗争，曾经在这里进行过发掘。古冢中出土的黑陶瓶，它与中原地区类同的造型、风格，曾经使胸怀壮志的考古学者，感到无比的兴奋。如今这一切都已被静静淡忘。但是，进行适当规模的发掘，使深藏在古冢中的人类文明史迹，在今天人们的面前充分显示其内涵，仍然是有待我们完成的一个任务。

更前行,我们到了乌鲁木齐南郊的乌拉泊水库。乌鲁木齐河故道,就在旁边穿过。在这片地区,不仅见到、发掘过战国到西汉时期古代车师人墓冢,也还能见到唐到元代时期一座宏伟的古城。高及4米的古城墙垣,周长2000多米。外垣略近方形,但内部却以土墙分割为三。城垣中,马羊枯骨散布,小口深腹小底的灰陶瓶、瓮、盆、莲纹方砖、三足铁盆、铁马,均有发现。这座乌鲁木齐南郊的古城,就是唐代西域名城——轮台故址所在。

在从吐鲁番到乌鲁木齐的白水涧道上,真正是古迹漫布。汽车行驶在平整的公路上,1万年以来的历史画面,在脑海中一幅一幅慢慢划过,不由令人感叹往事如烟。看身边随车行后退的如画山景,想一幕幕逝去的纷争场面,不知不觉中,宏伟、壮丽的边城乌鲁木齐已近在眼前。

九 吐鲁番风情

话说额敏塔

元代以后，高昌故城被毁，城内居民流散。今天的吐鲁番市，逐步取代了过去高昌的地位，成了吐鲁番盆地中的政治、经济、文化中心。只是这里明、清时期的建筑，保留至今的已不多见。而额敏塔，作为清初吐鲁番盆地中实际统治者额敏和卓的一组纪念性建筑物，还长留在人间。

额敏塔，吐鲁番群众习惯称呼为"苏公塔"。

凡到吐鲁番游览的中外客人，几乎没有一个不登额敏塔；而只要到过额敏塔，也总能对它留下比较深刻的印象。

这印象，仔细想一想，大概不外乎两个方面。一是古塔的造型，具有强烈的建筑特色，庄严、朴素、美而不俗，用的是平平常常、随处可见的普通灰砖，造就的古塔却那么高峻、艺术，给人以一种凛然不可侵犯、稳定而不能动摇的印象；其二，看似没有生命的普通砖塔，却通过它的造型、形象，向今天的人们传达了一个强大的历史信息。它告诉人们，处身在200多年前的吐鲁番地区的维吾尔族人民，通过这组超俗不群的建筑物，不仅为自己的民族领袖建造了一座宏伟的纪念碑，而且对他维护国家统一、民族团结的正义事业，表示了完全的肯定和热烈的支持。这崇高而美好的感情，令人赞颂。

额敏塔，坐落在吐鲁番市东南3公里左右，一处地势相当开阔的台地上。有平展的柏油路，能驱车直达。如果有雅兴一览田园风光，则安步当车，自市区信步而行，半个小时左右也能来到它的跟前。沿途是鳞次栉比的村居农舍，它们被水渠环绕，掩映在果树与浓密的葡萄架下。除了屋顶伸出的电视天线像蜻蜓一样伫立，显示了新的时代气息外，恬静的园林式土屋和千百年前的情调，与清初大概不会有太大的差别。这情调、意趣，对苦于现代化城市中扰攘、紧张节奏的人们，有相当的吸引力，让人感受到安适、静谧，心境自然为之松弛。

古塔是灰砖结构，除了顶部窗棂外，基本不用什么木料。塔身浑圆，自下而上，逐渐收缩。塔基直径达10米，通高有37米。塔身中心是用灰砖砌起的，粗粗实实的一个圆形柱。缘柱蜿蜒向上，同样是用砖块砌成的阶梯，它们呈螺旋形铺展，凭阶拾级而上，可一直登临塔顶。这一纵贯上下的巨型塔柱，使塔身十分稳定，但也毫不含糊地吞噬了差不多整个建筑的空间。塔身内部是十分幽暗的，隔相当距离才洞开一个小孔，透射进来的一点点光线，简直不足以看清脚下的虚实，自然而然，会使人产生一种神秘感。直至塔顶，有一个大约10平方米的小小阁楼。四周，是敞开的大窗，游人从长长的幽暗中，突然笼罩在一片光明之中，会感到重新获得敞亮的自由，禁不住一阵激动。

从额敏塔顶看吐鲁番，与在平地上直接触摸吐鲁番灼人的土地相比较，其感受完全不同。不仅使人心旷神怡，而且使人感到灵魂震颤。北面，逶迤远去的火焰山，犹如一条火龙。但在火红色的岩石中，你也能清楚看到几条劈山而过的沟谷，直

额敏塔，高37米，清代建筑

插盆地之中。沿沟铺展的葡萄、桃杏榆桑，好像一条条翠绿的绒毯，展开在漫漫的戈壁上……它们是千百年中，水流不断滋润、营养所显示的神奇力量。向东、向南，远远近近，你能看到一道道坎儿井，那密密麻麻、很有规律如直线般延伸向远方的簇簇土堆，是坎儿井的道道竖井口。它们是那么多、那么长，展开在广大无边的荒漠之中。而在井线的前方，总会有一片郁郁葱葱的绿色，满溢着青春的活力，它们是吮吸了坎儿井乳汁而形成的绿洲。这景色，显示着吐鲁番人和严酷的大自然的艰苦搏战，凝聚着他们世世代代的追求和奋斗，也显示了人类的胜利和欢乐！回头向西，眼皮底下就是蓬勃发展中的吐鲁番城，幢幢高楼正拔地而起，与尚存的上一时代古老土屋相比，它们是高大的；但从高塔下视，总还是显得渺小。想象一下，要是在200年前，吐鲁番还都是低矮的土屋时，和高塔对比，它们会显得更加卑微、更加怯弱吧。曾经站立在高塔顶端的额敏和卓或苏来曼，作为当时吐鲁番大地的主宰者，大概也曾因这一高塔，而更加感受到自己的权威和力量，绝不同于凡俗。

我不太知道，是不是像"音乐语言""艺术语言"一样，也有"建筑语言"这个词。修塔的维吾尔族匠师们通过塔体，显示了维吾尔族优秀的建筑艺术传统，也表现了他们的聪明和智慧，以及对美好生活的追求和向往。

试想一下，高达37米的砖塔，自底到顶，一色灰黄、平淡的土砖，该会使人感到多么沉闷、单调。但是，我们站在塔身前，却只是感到朴素、庄严、洁净、神圣。这一感觉，与聪明过人的维吾尔匠师们的精湛技艺、对型砖巧妙的处置密切相关。他们砌叠每一块型砖时，几乎都在变换着手法：或横、或竖，或平置，或斜砌，或凸起，或凹进……于是，本是普普通通的砖，却自塔底到塔顶，形成了10多种格调的几何形图案：波浪、菱格、团花……循环往复，变化无穷。立身塔下，抬头仰视，就如置身于一幅复杂而变幻的装饰画前，使你不能不流连忘返，不仅不会感到沉闷枯燥，而只觉得多姿多彩；丝毫不悖于宗教建筑应有的庄严，又达到了十分理想的装饰效果。

建造古塔的原委，通过塔基下的一块石碑，可以看得很清楚。碑额雕镂着盘龙、花卉，纹饰说不上精细。其下是一块汉、维两种文体书写的碑文。汉文碑记为：

> 大清乾隆皇帝旧仆吐鲁番郡王额敏和卓，□扎萨克□苏来曼等，念额敏和卓自受命以来，寿享八旬三岁。□□上天福庇，并无纤息灾难，保佑群生，因此报答开恩，虔修塔一座，费银七千两整。爰立碑记，以垂永远，可为名教，恭报天恩于万一矣。乾隆四十□年端月吉日立。

碑记清楚说明，它是额敏和卓晚年为庆寿、感念乾隆皇帝的恩宠、报答安拉的天恩而修建的纪念塔。额敏和卓死于乾隆四十二年，因此，此塔当建成于乾隆四十一或四十二年，即公元1776年或1777年，距今已240多年。

与汉文碑并列的古维吾尔文刻石，在说明建塔原委与建塔过程时，与汉文刻石稍有不同。碑文极力颂扬了真主安拉的功德，并对苏来曼极力吹捧。文字似乎也有不够顺畅之处。其译文是：

> 安拉是我们的主人，人人需要他的帮助。他是时代的皇帝、时代的统治者之一，是公正和开恩之源，是和平和安定的缔造者，光芒四射的神人。发展宗教法的苏来曼，宇宙之皇，作为额敏和卓王眼目的英雄好汉苏来曼，在安拉的允许、恩赐和帮助下，在年满八十三岁时，为了感谢安拉，以善良的、无限尊敬的心，建造这有福祉的、美观华丽的教堂和苏公塔，向安拉赈济。这个教堂和苏公塔，是苏来曼自费七千两银子，建于回历一一八一年。

汉文、维吾尔文合璧的碑文既显示了额敏和卓对乾隆的尊崇,也倾诉了对真主安拉的虔诚

回历一一八一年,相当于公元1767年,与汉文碑刻说明的乾隆四十一年或四十二年,相差9或10年。同一座塔,碑刻也基本上完成在同一时间,为何相差这么多年,令人费解。推敲有关情况,人们倾向结论,汉文碑刻的纪年可能比较接近于实际。

额敏和卓在汉文碑记中强调了对清王朝乾隆皇帝效忠的感情,这有它的历史根据。额敏和卓在80多年的生命岁月中,经历过多次重大的事变。他深深体会到:他的前途、吐鲁番人民的命运,只有和统一的、强大的祖国结合在一起,才能得到安定。18世纪前期,准噶尔部的统治者曾多次派兵袭扰南疆及吐鲁番盆地,额敏和卓组织本地军民,配合清军一道进行抗击,保乡安民。1731年,准噶尔部再次侵扰吐鲁番,他在清朝政府的统一调度之下,率领吐鲁番地区维吾尔族人民万余人,全部徙居到甘肃敦煌,垦地自养。20多年以后,清朝政

九 吐鲁番风情　315

府把握住准噶尔内乱之机，发兵平息准噶尔上层头目发动的叛乱。额敏和卓也在清朝政府的统一指挥下，编练本部人马为"旗队"，任命了各级指挥，参加了平叛斗争。他发挥自己熟悉新疆地区民情风俗的有利条件，帮助清朝政府进行宣抚活动，为平息准噶尔叛乱立下了汗马功劳；继后，在平定喀什地区大、小和卓木的叛乱中，他又任清"参赞大臣"，帮助清军统帅运筹帷幄，再次为维护祖国的统一做出了贡献。因为这些功绩，他受到清王朝及乾隆皇帝的特殊恩宠，被册封为镇国公、郡王，得到"世袭罔替"的殊荣。自18世纪60年代起，清王朝政府将在吐鲁番地区的官屯土地大多授给了额敏和卓所部的维吾尔族人民，使他们在迁居敦煌30多年后重回故土，得到了一个比较合适的生产、生活环境。正是上述的原因，额敏和卓在他自觉功成业就的晚年，把感恩的情思，向天上的安拉和人间的乾隆申述，就不令人感到奇怪了。

而应该在同一时期完成的维吾尔文碑记，除极力颂扬着安拉外，就是大力称颂苏来曼在建塔工程中的奉献，对奠定了家族光荣地位的额敏和卓，也只是一笔带过。这些差异，发生在同一座纪念塔、同一块碑石之上，是很可以推敲、认识的细节。

塔下的清真寺宽敞、宏大。这是一区在新疆地区生活惯了的人们往往忽视，但实际却很值得总结、研究的生土建筑物。可容千人以上的礼拜大厅、穹形的拱顶、造型美观的马蹄形券顶、众多的壁龛、幽暗的布道小室，都显示着伊斯兰建筑的风格和浓烈的宗教生活气息。它们都是用阴干的生土坯建筑起来的。

以阴干生土坯砌墙盖顶、建屋造房，在干燥少雨的吐鲁番地区是十分普遍，而且有悠久历史的建筑方法。保存至今的交河、高昌故城，随处可见这种土坯建筑物。现在的农村土屋，也无不是这类土坯建就的房舍。它们省工、省料，就地取材，花费不大，却同样耐用。土坯自然阴干、不经煅烧，既节省燃料，又没有污染，不破坏吐鲁番盆地内珍贵的树木、柴草，也节约了建筑的成本。交河、高昌故城中不少建筑物的木架已被后人取走，但土坯墙、券却依然挺立。在干燥少雨的新疆，这种生土建筑实在是一项值得总结、研究的工艺。据说，国内外的建筑学界已经对这类生土建筑方法产生了浓厚的兴趣，举行过相当规模的学术讨论会。

额敏塔即将建成或刚刚建成，额敏和卓随即谢世。兀立在吐鲁番市郊的这区古塔，成了额敏和卓的纪念碑。维吾尔族的优秀建筑匠师们，在这一成功的纪念建筑中，也深沉地寄托了自身对伊斯兰教的信仰和对艺术的追求。建筑史的专家们都同意一个观点：最好的建筑作品，不仅是统治阶级，而且是全社会都在其中印刻下了自己的理想和愿望，是那一时代中最重大事件的纪念碑。面对额敏塔，认真品味这一思想，说得确实不错。

沙疗：特殊的医疗手段

不少次，听去过吐鲁番的朋友说，盛夏酷暑，在沙堆里埋上鸡蛋，不到一个小时就可以熟吃。清代诗人萧雄，客居新疆多年，他在《西疆杂述诗》中谈及吐鲁番气候，说"火风一过，毛发欲焦。曾试以面饼贴之砖壁，少顷烙熟，烈日可畏"。萧老先生自做试验，夏天在砖墙上烙饼，言之凿凿，自然也是事实。这些风俗趣谈，虽早有所见闻，因为是在"火洲"之中，所以也没有觉得太奇怪。

后来，又听说吐鲁番的沙子可以治病，而且还只有吐鲁番的沙子具有如是功能。远在和田、莎车，同样是盛产沙子之地的新疆老乡，也会不远千里，在大热的夏天奔到吐鲁番来用沙子治病，这就让人感到有点奇怪。因此，在亲眼见识吐鲁番可以治病的沙子之前，脑子里就总留着这么一些悬念。因为这个缘故，我曾借工作之便，专程访问过吐鲁番的沙疗所。

有一年夏日，最热的8月，我到了吐鲁番县城西边不远的五道岭，看到了两座并无特色的小沙梁。稍稍令人奇怪的是，它孤零零地被包围在林带、田园之中，而不像其他沙漠那样成片连绵、无际无边。在似火骄阳下，有五颜六色的布棚，散乱地布满在沙梁之上。布棚下，有男有女、或老或少，将身体的大部分或某一局部,覆埋在灼人热沙中;出露的部分,汗水涔涔。身边,放着水壶、杯子、毛巾,或者有人陪护在一旁,正不断为埋沙的亲人供应着食物,尤其是奶茶。身体置于热沙中的病人,好像并不因这热沙的灼炙而痛苦,照样谈话、说笑。

我们几个人忙着摄取这少见的镜头,似乎又带给病人们一点欢乐。他们亲切叙说,已经感觉到病痛的减轻,并给我们讲解沙疗的功效。随在我们身后的几位德国朋友,也十分有兴趣地通过翻译详细询问他们的病情。怎么埋沙?烫人不烫人?效果怎么样?听着翻译的回答,他们面部的表情十分丰富地随时变化:奇怪、惊诧、无法理解、难以置信。离去时,彼此间还在继续讨论,专注而认真。

据沙疗所的医生介绍,埋沙治疗的办法,在吐鲁番已有相当长的历史。对各种类型的关节炎、类风湿性关节炎、腰腿痛等病症,疗效十分显著,治愈率可以达到90%。最快的,埋沙不过10天左右,即可见愈。老病,治疗周期自然要长一点。其他病,如坐骨神经痛、脉管炎、轻度高血压等,也有一定的疗效。确实也有来的时候让人搀扶着,回去却行走自如的病例。那患者绘色绘声的介绍,更使周围有同类病痛的患者,坚定了来此求医的信心。因此,每到夏日沙疗期间,这个小小的沙漠疗养所堪谓门庭若市,颇有应接不暇之势。

为什么这里的沙子,对治疗一些慢性病效果比较显著?疗养院的医生分析,有几个原因。一个原因是,经化验分析这里的沙砾中含有多量磁铁矿屑末;加上这里环境特别干燥,地面温度非常高,七、八月份沙丘表面温度经常有70℃,还曾测得过沙层表面82.3℃的记录。在这样的高温下埋沙,通过沙层的压力,把热量向人体内部组织传导,从而使末梢血管扩

沙疗，是人们因地而用、舒缓病痛的手段

张、血流加快、改善患病部位的新陈代谢功能。实际就是日光浴、热疗、磁疗和按摩的结合，是一种综合性的理疗手段。而从中国传统医学角度分析，这种理疗方法，具有通经、活络、祛湿、去寒、活血化瘀、清肺止痛的功能。

夏日沙堆表层、浅层温度十分高，烫伤皮肤怎么办呢？这实际是一种多虑。因为沙子十分干燥，几乎不包含任何水分，所以不会烫伤皮肤。据说，对干燥的沙子，人体具有十分惊人的耐烫能力。而如果沙子含水，情况就完全不同了。40—50℃的水，就可以把皮肤烫伤，使人不能忍耐。而在40—50℃的沙子中，人却不会受到任何伤害。

在现代医学手段还没有能够普遍地造福于全人类，一些慢性痼疾还不能被征服时，人们会从自己生活的环境中寻求各种解脱痛苦的办法。吐鲁番地区的埋沙治疗关节、腰腿痛，看来就是这样在人们的探索、实践中取得的成果，闪耀着人类实践的智慧。

吐鲁番古代饮食文化

民以食为天,吃什么,如何吃,与人民生活关系密切。吐鲁番独具特点的自然地理环境、政治历史格局,不同的宗教信仰,对生活在这片土地上的各族居民的饮食习惯,饮食文化制度的形成、发展、变化,均产生过程度不等的影响,最终形成目前的饮食格局。本节主要依凭考古文物资料,对吐鲁番地区的饮食文化作一粗略的勾勒。

吐鲁番大地上人类历史悠久,但考古直接提供的饮食文化资料,最早不过于距今 2400 年前后的车师文化时期。

在吐鲁番盆地内,已发现并经清理发掘的车师文化遗址约有 10 处,主要为喀格恰克、艾丁湖、英亚依拉克、奇格曼、苏贝希、三个桥、喀拉和卓、交河沟西、交河沟北等,遗存虽经盗扰,但出土文物还是不少。关乎居民日常饮食,则以苏贝希遗址、墓地为典型。

苏贝希,先后已清理过一处居住遗址、三处相去不远的墓地。由于环境极为干燥,居室、墓穴内外,遗物大多保存完好。墓穴人体不少成了干尸,随身衣物不朽,随殉的食品等大都还保持完好,可据以大概认识当年吐鲁番大地农牧业生产及在这一基础上形成的饮食习惯。

苏贝希墓地出土的食品主要为饼、"面条"、糊状食品积淀遗痕及已干瘪的羊肉。

饼，有大小两种。小饼直径约5厘米，大饼直径约7厘米，手制，规格不一，厚不足1厘米，饼之中心压成圆窝状。观察饼底，不见焦煳痕迹，似乎不是在过热或导热迅速的金属器上烤成。成分为研磨比较细的粟米粉。这种含水分极少的饼类食品，易于较长时间保存。新疆地域辽阔，即使较小的吐鲁番盆地，居民点之间，动辄也在十多公里、数十公里以上。远地放牧，来往也相当不易，随身食品既要便于携带，也要利于保存、不易霉变。烤熟脱水的面饼就成了满足这两大要求的最好形式。时间已过去两千多年，这类烤制饼食，至今仍长盛不衰，其生命力之强，大概在此。它们可被视为新疆大地上目前仍十分流行的烤馕类食品的滥觞。

有灵魂观念的人类，事死如生。墓穴中必须为死去的亲人准备食物。这类烤饼，有的盛满一陶罐，置于死者头前、身侧，以备其需。这一送殉方式，可以说明这类烤饼在日常生活中居于主要地位。

与面饼并存，有一种"面条"类食品。面条粗如木筷，长不过寸。粉质较细，其成分究竟为小麦粉还是黏性较大的黍粉，尚不得知。与饼类食品相比较，这是适宜于家居的人们与汤水共进的一种食品，可视为面条类的前身，原料虽同为麦面之类，但可加入调味料。在吐鲁番这样干热的环境中劳作后，饥疲交加，稀食类的面条更切合人们的需要。因此，这种短"面条"较之烤饼虽原料一样，口感却完全不同了。吃饭不只

苏贝希墓地出土的盛肉木盆

在于维持生命,也在于享受生活,这当然也是饮食制度形成、发展的一大动力。

还有一种相当重要的食品是粟糊。墓穴出土陶器中,罐碗底部多见这类糊状物在水分挥发后的积淀,干结成糊块。在天气十分干燥的吐鲁番地区,这种糊状物,对于养分的补给、水分的吸收,实在也是不错的形式。新疆农家早餐常有"乌玛希",淀粉煮熬成糊状,可加入菜、果、盐,视口味而定,可稠可稀,用它伴饼而餐,至今仍是新疆农民早餐的主要形式。

此外,在墓穴内,见到黄豆、葡萄籽。

与粮食类食品并存,木盆内见羊腿、羊肋。也有穿刺在木杆上的羊头、羊肉。虽已干缩,但当年以煮肉、烤肉为佳肴,作为人体脂肪、蛋白质主要补给源的情况,明显可见。联系今日新疆(吐鲁番当然也不例外)烤、煮羊肉实际还是餐饮中最重要的内容,寻求其变化,不过是形式、调味品之改变。地区、民族饮食之内容、形式,受制于自然地理环境决定的农牧业生产;而积以年月,形成传统后,即具有恒久的生命力。

与粮食食品可以互相呼应，在苏贝希人居住房址内，曾发现相当多的粟粒，保存完好。遗址区内，有大量粉碎谷物用的石磨盘。

苏贝希遗址、墓地已经使用铁器，其绝对年代，经过碳十四测年，结论为距今2300—2400年。

据出土粮食籽粒、羊肉干、饼、面条等殉葬食物，可以得出结论：距今2400年前后以苏贝希为代表的吐鲁番地区居民，人们的食品结构主要是肉（可能还有乳）及少量粮食。烹调技术比较原始，只是简单炖煮、烤炙。由于自然条件的局限，只能种植适宜于北方地区的旱地作物粟，可能还有黍、麦。总之，粮食作物品种很少。在经营农业，可以稳定居住的前提下，饲养羊、牛、马。羊肉是主要食品之一，皮、毛、毛织物是衣服之资。马主要用于乘骑，也可用为食品。这样一种饮食构成，是奠基于自种自养、自食自衣、自给自足的农牧业相结合的自然经济。火焰山前后的稳定水源，比较肥沃的土壤，附近的草地是这一自然经济的基础。这种原始、初步的饮食框架，虽然十分简单，但对其后的饮食文化格局，产生过重大的影响。

汉代以后，直到唐代结束在西州地区的统治，吐鲁番地区居民的食品种类及烹调，有过十分明显的发展。相应考古资料，如发掘中出土的文物及墓室壁画，给我们提供了相关素材及合理的想象空间。

在高昌城郊的阿斯塔那-喀拉和卓墓地，晋唐时期的古代墓冢鳞次栉比，墓穴主人上至王公贵族，下及平民百姓。事死如生，在这一传统观念的驱动下，伴随主人入土的随葬品类别不少，其中很重要的就是食品。据不完全统计，食品有：粟米饭及各类面食品如馕、饺子、面条、饼、馄饨，多种多样；有制作精细的点心，还有麻花、烤肉、鸡蛋，各种水果如梨、枣、苹果、葡萄、甜瓜等。随殉的俑类，虽不可以直接食用，却有与食品存在密切关联的猪、羊、鸭、牛、马、驼等，品种丰富。从饮食文化这一角度分析，较之汉代以前有了很大的发展，人民的生活质量有相应改善，这对居民群体身体素质的提高，自然是有很大帮助的。

这里稍作具体介绍。

粟米饭：出土时见于灰陶罐及陶碗中。灰陶罐中满盛粟米蒸饭，罐外有烟炱，说明这类粟米饭是将粟米与水同置于陶罐，直接放置于火上煮熟。另外还见过陶甑，这是源自中原的一种烹蒸器皿。从这一形式看，唐代以前，粟仍是居民的主食。与粟并存，成为日常主要食品的，是各类面食，如饺子、馕，其中馕是主要品种。

饺子：多有所见。一般长约5厘米，中宽1.5厘米。往往一件小陶碗中只装一只，是一种象征，颇可以说明这是食物中的珍品。与饺子同时，还见到馄饨（云吞）。饺子、馄饨类食品虽可称美肴，但不太可能是每餐必备的内容。

馕：1973年出土过一件完整标本。直径约17厘米、厚不足1厘米。其上压印小花。在面坯上压打花印，既美观，也有助于受热，便于烘烤成熟。这种形式的烤馕与现在新疆地区通行的馕类食品造型、制法已无大差异。这种馕，从更大范围观察，颇与风行全球的意大利比萨饼形式相类。馕出现的土壤，只能在干燥地区。因此，颇疑意式比萨饼之造型、工艺，是通过中世纪相当方便的丝绸之路，而传到地中海之滨的。当然，

阿斯塔那出土的小麦及各式花样点心

比萨饼之于馕，饼形虽一样，烤制方法、用料已经完全异趣，更加丰富多彩了。笔者见识寡陋，不知有无先贤就此进行过研究。如果推论可以成立，则不仅可以说明饮食之交流，也可视为吐鲁番食品对人类文明之一大贡献。

各式花样点心：主要为圆形，直径6厘米左右，厚约1厘米。计有七八种。以面粉、植物油为料，用各式花模压制成型，中部凹陷，镶嵌不同果品，或辅以糖料，烘烤成熟，造型相当美观。时代为唐，出土时仍保存完整。

麻花：油炸面点。与现代麻花形状略有差异。

此外，还见黑豆、麦穗，是与制作食品相关的农产品材料。

羊肉类食品：墓内有入殉的羊腿。早期曾多有所见的烤肉串，入殉食品中未见。但实际生活中是肯定存在无疑的。

出土的一枚鸡蛋，说明已饲养鸡。鸡肉、鸡蛋会是日常食品。其他如猪、牛、马、驼等，均只见陶俑、木俑，未见以之制成的相关食品。但这类牲畜已作为主要家畜饲养，既可以在农耕、骑乘、驮运中各施其能，出于生活需要或必须将之淘汰时，也必然是食品的重要来源。出土文书中，发现记有马匹中途毙命，马肉售卖，空余皮张作为死亡凭证的资料，可为一例。至于猪，无法辅助劳役，只能用为日常主要副食。

与粮食共存，高昌国时还见到蔬菜籽粒，出土时与粟同置于一麻布小袋中，表明此时已经种植菜蔬。此外，出土物中有各类果干：葡萄、甜瓜、枣、核桃、梨、杏、桃。文献中见"刺蜜"，唐代时，葡萄干、刺蜜曾作为西州法定贡品，入献长安。

与这些食品实物互相呼应，在墓室壁画及陶俑中，也可以多少透视其生产、烹调工艺。

在1964年发掘之阿斯塔那第13号墓葬，属西晋时期，其墓室后壁绘制着一幅表现墓主人生活的壁画，表现了丰收的田园、粮食脱壳的舂臼、粉碎谷物的石磨。厨房内，铁釜下大火熊熊，其旁食案并列，满盛酒类的陶瓮放置案旁。

唐代墓葬中出土过一批陶俑，分别显示了女性从事舂壳、簸粮、磨粉、擀饼的动作，形象地显示了加工面食的具体过程。

晋唐时期（3—9世纪）屡有所见的食品文物，较突出地说明：这一阶段，人们的食品构成，较此前有了很大的进步、提高；食品种类的丰富，明显得之于与邻近地区间的交流，饺子、馄饨、各式点心，可以清楚见出中原大地的影响；传统的烤饼，发展成了馕，这不仅只是体积大小、形式的变化，馕体变得较

彩绘劳作女俑。舂壳、簸粮、磨粉、擀饼，这一工作流程显示了古代高昌地区以面为主食的日常生活特点

大而薄，烘烤后可以基本脱水，这更有利于保存，便于长途旅行，极好地适应了丝绸之路交通中戈壁、沙漠梗阻，获取食品不易时的需要。

　　已见文物，表现着当年社会生活之一斑，可据之恢复、认识当年的社会物质文化生活图景。但也有另一种情况，即往往曾经在当年社会生活中具有重要地位的物品，因无法保存或虽有保存却并未为考古工作人员所发现，这也是不能忽视的。

　　在吐鲁番古代社会生活、饮食构成中具有重要地位的葡萄酒，就是一个典型例证。

　　葡萄酒，在高昌王国的经济、文化生活中，已具有不可低估的地位。在当年的政治生活中，也发挥过不小的作用。但至今既未见酒类物出土，也未见相关

九　吐鲁番风情

1 阿斯塔那墓地出土的北凉葡萄禽兽纹刺绣
2 洋海墓地出土的葡萄藤，左为实物图，右为清绘图

酿造工具。但在论及吐鲁番的饮食文化时，它却是无论如何也不能忽略的一环。

吐鲁番地区的沙质土、干燥的气候，高温而昼夜温差大，日照长、热量高，虽无降水却又有稳定的人工灌溉，为葡萄的人工栽植提供了十分理想的条件。因此，这里的葡萄种植，不仅时代久远，而且出品亦佳。清人椿园在其所著《西域闻见录》中，盛称"吐鲁番甜瓜、西瓜、葡萄各类甚多，无不佳妙，甲于西域"。清代文人的这一舆论，相当程度上表现着既往历史的真实。

葡萄酒的酿造，即使是最初步的用葡萄汁作一般发酵，一个最重要的前提是相当规模的葡萄栽植。吐鲁番什么时候已经种植葡萄，文献所见记录，已相当晚，不足为据。从现有考古资料看，这里栽植葡萄的历史，不会晚于公元前3世纪。直接证明是在前述苏贝希战国时期墓地中，发现过葡萄籽。在吐峪沟西南的洋海墓地，发现了公元前4世纪或更早一点的葡萄藤。

汉代张骞西使，曾带回西域葡萄的信息。相关文字虽未确指包括了吐鲁番，但吐鲁番这时已有葡萄的种植，当无疑义。

比较直接说明吐鲁番盆地葡萄种植、葡萄酒酿造情况的，是阿斯塔那-喀拉和卓晋唐墓地中出土的大量汉文书残纸。这批文书，涉及葡萄、葡萄酒的时代最早可及北凉缘和年间。晚至高昌、唐代西州时期，相关文书数量则明显增加，包括了葡萄园的租佃、买卖契约，因此而产生的利权纠纷并诉之于官府的讼词、高昌王国对葡萄园的统计及征收葡萄酒税的资料等，相当丰富。我们这里介绍两件时代稍早的北凉时期资料，以见一斑。

这两件文书残纸，出土于1966年发掘的吐鲁番阿斯塔那第62号北凉时期一座墓葬中。此墓出土文书十件，其一为北凉缘禾五年（436）六月二十三日墓主人入土时的随葬衣物疏。缘禾五年，相当于北魏太延二年。据墓中出土文书，可以大概见出墓主人翟疆曾经当过小吏，因受贿入过狱，欠人麦债，家中牛也被人牵走。就是这么一个地位不高，经济实力十分有限的翟疆，与一个名叫绩的人共营葡萄园，因为意外的风灾、虫害、葡萄枯花等自然灾害导致纠纷，最后诉呈官府，请求判处是非。另一件文书也是共营葡萄园事，说明葡萄园面积达6亩。剖析这两件文书残纸，有几点需要注意。其一，葡萄园主为翟疆个人，园地面积广达6亩，规模相当不小。一家无力承担全部劳作，与他人合营有其必要。两家共营，发生利益纠纷，自是意料中事。其二，葡萄园面积大到6亩，如此规模的葡萄园，当然不会只是自身消费，肯定会投入市场或用于酿造葡萄酒。据同一时段内大量见到的有关葡萄酒的文书残纸推论，这类葡萄，进一步用为酿酒，是相当合理的。

《晋书·吕光载记》记述，前秦建元二十年（公元384年），吕光攻破龟兹王国都城，说"胡人奢侈，厚于养生，家有蒲桃酒，或至千斛，经十年不败"。葡萄酒既好且多，竟使吕光"士卒沦没酒藏者相继"。当年新疆葡萄酒之吸引人，于此可见。可以据而推论的是：吐鲁番盆地内的葡萄栽植，至少相当或更盛于龟兹，这不仅因为吐鲁番环境更宜于葡萄之栽植，而且，葡萄酒是当年西域各绿洲城邦统治者的嗜好。龟兹葡萄酒业如此兴盛，邻境之吐鲁番自然也不会差。《魏书·高昌传》明确提到高昌"多葡萄酒"，说明这里的葡萄酒业，与龟兹是可以并驾齐驱的。当年的吐鲁番、龟兹多葡萄酒，大概除了其香醇可口外，文化观念上认为葡萄酒可"厚于养生"，应该是一个重要的思想基础。

在吐鲁番出土的晋唐时期汉文书残纸，已经结集出版。粗略翻检，有关葡萄酒的文书，也有20多件，文字不仅涉及"酒""次酒""酒吏""租酒账"，甚至有高昌王国统计"酒租"的残纸，与酒发生关联的既有普通吏民，也有寺院、僧侣、中下层官员。从中清楚感受的历史信息，是这一时段内葡萄酒在高昌王国、唐代西州居民的社会生活中，确实居于非同寻常的地位。

据历史文献记载，高昌的葡萄酒曾入贡于中原王朝。《太平御览》称"葡萄酒，西域有之，前代或有贡献。人皆不识。及破高昌，收马乳葡萄实于苑中种之，并得其酒法。太宗自损益造酒，为凡有八色，芳辛酷烈，味兼醍盎"，高昌地区葡萄酒酿造法，对唐代宫廷生活产生了影响。

一个世纪来，高昌回鹘王国时期的考古，在佛教与摩尼教艺术、古城及居室建筑、回鹘文字等方面，取得过多方面的收获。但高昌回鹘王朝时期的墓葬少有发掘，在高昌回鹘王国以后，当地居民改宗伊斯兰教，埋葬习俗也有了根本改变，这一时段的饮食内容、烹调资料，考古实物中基本不见一点信息，相关事实必须通过其他途径觅求。

德国突厥学家冯·加班（又名葛玛丽）在其名著《高昌回鹘王国的生活》中，广泛利用了德国考古学者20世纪初在吐鲁番取得的考古资料，部分资料在一定程度上有助于了解公元9—13世纪回鹘入主高昌后，当地居民的饮食生活情况。

这一时期人们的主食除粟、黍外，还有麦面、大米。面食、点心仍然是大家习惯的传统食品。大米不一定是本地区所出产，但它已进入人们的饮食生活之中。这可帮助我们做出推论，这一阶段人们已经食用中亚各地尤其是游牧民族十分喜好的抓饭。这是一种以大米、脂油、羊肉、洋葱、胡萝卜等为原料焖煮而成的饭食。由于大米少，抓饭不是一种什么人、什么时候都可以获得的食品。在实际生活中，往往只是社会上层才得享用的食物。回鹘民族在漠北草原生活时，还是以游牧业为主体的，这种与羊肉混煮的食品，自然成了贵族富豪们食品中的佳馔。

与粮食食品并存，见到的畜、禽、乳品，有羊、牛、马、驼、驴、骡、狗、鸡、鸭、鹅、鸽。还有鸡蛋、羊奶、牛奶。这些牲畜、家禽，当然都是可以食用的。羊奶、牛奶是民众日常生活中的重要食品，出现时间会远早于此。它应该是与牧业

阿斯塔那出土的各种果干

经济共生共存的。只是过去既未见实物,亦未见文献记录,这时始见的明确记录,补充了这一缺憾。

调味品见到葱、洋葱、大蒜、胡椒、醋。

见到的其他食品有蜜糖、芝麻。蔬菜有芹菜。水果除葡萄外,还有桃、李、甜瓜、石榴。

酒类有葡萄酒、果酒。

日常食品较之既往,丰富得多。

人们的饮食生活,随着经济发展、文化交流、历史进步,会日益得到发展与提高。

今天,有机会踏上吐鲁番大地的人们,会随处感受到本来十分封闭的吐鲁番盆地,已迅速改变了自己的面貌。改革开放以来,变化尤其剧烈。风味特殊的粤菜也成了人们趋附的时髦。一种与国内其他地区并不存在多大差异的饮食文化风情，已成为当地的现实。20世纪80年代以后，在地方特色的伊斯兰餐饮中，与烤全羊、羊肉串一道，粤菜系统的鸡爪、鸭蹼，辛辣、浓烈的芥末；北京的烤鸭，四川风味的麻辣、江淮的软甜……都可以在这里各个饭馆菜铺中找到。交通发达，人流往来频繁，文化观念迅速变化，不同口味的人们各有其特别的需要，很自然地推动着地区饮食文化的发展，这是过去任何一个时代都没有遇到的新情况、新风情。

但是，在这大发展的浪潮中，吐鲁番地区特色的饮食传统并没有被淹没，它以自身强大的传统、特有的浓烈芳香，继续吸引着各方面人们的关注：烤全羊、烤羊肉串、清炖羊羔肉、馕坑烤肉、各式抓饭、烤包子、薄皮包子，二十几种各具特点的烤馕，以油和面蒸成的油塔子，随处可遇的拉面，都仍然是吐鲁番本地居民或有机会进入吐鲁番的各方客人希望品尝的地区风味。至于葡萄酒，承继传统，推陈出新，其干红、干白等品种，已享誉国内外。

仔细分析一下这类地方食品的构成及烹调特色，可以见出两点：一是食物构成以肉为主，少量粮食食品又以面粉为主，而且重油、喜酸辣；二是其烹调工艺，烤、炖仍然居于一个重要地位。

十分明显，这是地区饮食传统特色的继承与发展。在此中发挥了最大作用的因素，其一是本地区自然地理因素导致的物质生活资料的生产特色；其二是因袭着具有强大影响力的传统。传统，是一股不可轻视的力量。

经济文化交流在食品构成及烹调工艺中的影响，贯穿在吐鲁番的历史发展过程中。汉晋以前见到的饺子、馄饨、麻花，堪称精美的花式点心，接受着中原大地的影响。抓饭工艺，形式则一同于波斯。在烤肉中不可或缺的孜然，也是原产于西亚。这种烹调工艺上的相互吸收、彼此学习，对丰富、改善丝绸之路沿线各国、各族人民的日常生活曾发挥的积极作用是无法低估的。剖析吐鲁番盆地饮食文化的发展，于此可以得到很好的启示。

从这一角度认识一个地区别具特色的饮食，确可具体感受到在其上同样积淀着这个地区特有的历史文明。奠基在自然地理条件基础上，也深受其束缚而出现、产生的原始的物质资料的生产，基本规定了他们的饮食构成。随着社会发展，任何一个地区再也不可能成为一种孤立的存在，与外界的接触、交往与日增进，新的信息包括物质生活资料生产的新知识，新的作物、蔬菜、牲畜品种会进入既有的传统，于是饮食习惯也会慢慢变化。具体到吐鲁番，汉王朝统一新疆后，这里成了与中原大地交往来去的要冲，沟通亚欧的丝绸之路的开拓、发展、繁荣，更将它抬升到一个不可或缺的重要地位，对这里的社会生活包括饮食带来了多方面的影响。旧有的传统，也在不断地增加着新的成分、新的内容。

弹指一挥近百年

吐鲁番，作为古代陆上丝绸之路要冲，历经沧桑变化。在古代"丝路"上东来西往的商旅们，冒险犯难，曾经历过的种种自然、社会的考验，今天的人们也无法再体会到了。它是一段已经永远消逝在历史长河中的故实，会长久地，甚至永远地令人遐想，但却无法完全寻求到它的痕迹。

历史前进的步伐确实是十分巨大的。

1927年5月到1928年初，国际学界关注的"中瑞西北科学考查团"，在团长徐炳昶教授和斯文·赫定的率领下，从北京经内蒙古额济纳地区，进入了新疆。经过哈密、鄯善、吐鲁番，最后到达乌鲁木齐。他们一行进抵哈密，是在1927年11月。1928年2月4日离开哈密，以驼、马代步，艰苦跋涉到乌鲁木齐，已是2月底了。不到700公里的路程，走了整整24天。可以说，这就是2000多年前丝绸之路上一般旅人的节奏。

考察工作结束后不久，斯文·赫定完成了记述他这次旅行、考察生活的《长征记》。在这本书中，斯文·赫定以其极富魅力的笔墨，朴实、生动又满怀感情地记述了沿途的地理地貌、风土人情、交通运输及考察工作中许多有趣的细节。他们离开哈密后，经三道岭、瞭墩、一碗泉、七角井、盐池到鄯善、胜金口、吐鲁番，穿白杨沟到达坂城、柴窝堡，最后抵达乌鲁木齐。这条路是当时的大路，也是古代丝绸之路的必由之途。《新唐书·地理志》中，从伊吾（今哈密）到西州（今吐鲁番）的唐代交通道路，基本就是这条路线。唐代以前，从汉代的伊吾卢、宜禾都尉治所到柳中、高昌，也是不可轻忽的交通线之一。直到清代，这条路线还在使用。今天，具有重大价值的兰新公路，从乌鲁木齐到吐鲁番、鄯善、七角井、哈密、星星峡、酒泉，前往河西走廊，进入兰州，同样还是这条路线，只不过路况大大改善了而已。

让我们暂时回到一个世纪前，跟随"中瑞西北科学考查团"科学家们的足迹，看看当年从哈密到吐鲁番、从吐鲁番到乌鲁木齐沿途的景观。

当时，斯文·赫定在哈密见到了完好的汉城、回城、哈密王府，完好的哈密王陵墓、左宗棠的纪念祠。在当时哈密社会生活中仍然居于主宰地位的哈密王沙马克苏特，曾在他宫殿一样的王府中会见了斯文·赫定和徐炳昶。"宫殿……四面围绕很高的泥墙，恰好有驴子从这拱门里进来，驮着用作燃料的干草捆和装满了水的小木桶"，"在冬天的花园中开放着玫瑰花、风吕草和夹竹桃"。这位"人称的沙亲王，是一位矮小、丰满、70岁的老人。面色发红、和蔼的眼睛、鹰鼻子、雪白的胡须……他向教徒要一种赋税，比汉人收纳的还要大，因此也不十分受教徒的拥戴"。他用民族特色的鹰猎方式，请斯文·赫定去打了一次猎，捉到了三只兔。在由尧乐博斯出面举行的五光十色的丰盛宴会上，有鱼翅、海参、竹笋及其他种种稀奇的美味。95年后的今天，随沙亲王一道消失的，不仅有当年的王府、城垣、左公祠，还有城中满街的灰土，与现代生活隔绝的封闭生活方式。

斯文·赫定一行离开哈密时,乘坐了8辆高轮马车,这可以比较方便地越过小沟、小坎。他们把70峰骆驼提前送到了吐鲁番,准备在下一段考察时使用。

为了减少一点旅途颠簸之苦,马车尽量用棉花、草束、行李铺垫得很柔软。随身行李,用绳子紧紧地捆在车上。为沿途饮食之需,车上还带了足够的羊肉、活鸡、鸡蛋、面包、甜食、水果等。

> 下午四时,我们不久便离开了城,在杨柳和桑树下碾过,轰然地通过高拱的木桥。桥架在水沟上。暮景很是佳丽,太阳已是接触耀着红黄彩色的地平线了。这一长列重载的车,呈现一幅如画的图像,人们在几千年前,便在这里这样走着……
>
> 徐炳昶和我的车有草束和白棉花做的车篷,镶着三块小玻璃,两边各一块,后壁一块。车夫阿不拉汗老是唱歌,赶着马。他只有一根鞭,没有缰绳,但他的马却服从他的每一声吆喝。我们坐在很柔软的干草、布垫、铺盖、皮袄和枕褥之上。它是这样的必要,因为路径是这样的不平。大家都被凶狠地来回摇颠着、在不长的"航海"中已经晕船了。
>
> 我们这轮转的旅行队……走得很迟缓,在艰难中前进着,尘土卷绕全队。……荒漠的沉寂包围了我们。有时,驴、骡或马和装棉花的车组成的小旅行团和我们相遇,人们可以听到它们彻夜的铃声。夜里三点钟,我们走到头堡……

二月五日继续前进，路经草原，车轴陷入软泥中三十厘米深。沙漠重新在二堡村开始了，村中有一间回回店、一个水池和一条小瀑布。沙漠一直延扩到三堡村。我们在这里三间可怜的草房中，睡在炕上过夜。炕，差不多占了每间房的一半地面。炕前是一座祭坛式的高台，是生火的。火的窒息的烟气弥漫全室。

二月六日，在我们宿夜的三道岭，村里住着两家汉人、一家回族、一家维吾尔。

次日我们又在沙漠、硬石地，有时在小的干沟上走过，沟中长起散漫的草阜……在瞭墩打站的时候，夜已经很深了。

二月九日，我们路过名为图古斯达坂（九条路）的地方，时而走入盘旋的拐角，时而翻过小而崎岖的岩头，穿过红色的岩洞路并且从石堆旁走过。由两间汉人的小庄院构成的一碗泉村，开设一间最简单的客店，我们在那里过夜。它那可怜的暗室中，房顶有烟囱，泥墙上有一个洞和没有门的门洞。从这里到辟展城（鄯善），这地带叫"风戈壁"，因为这里的春天，刮着力能推翻车辆和载重骆驼的暴风。

第二天早晨刮着西北风，天空满是云彩。暴风在车的周围咆哮着，尘土在马和车轮旁边卷起。在我们踏过颇为崎岖的两道岩石后，我们走进了荒山，最后在位于峡谷中的车轱辘泉村驻扎。

光辉的朝日把山谷照耀得出奇，我们便在霞辉中走进有时只有二十公尺宽的盘旋山谷，在高四十至五十公尺的山间伛偻着前行。晚间驻扎的七角井子村里，有一座电报局。

第二天的旅程是四十九公里,再一天甚至是五十三公里。因此我们两点半就得起床,在烛光中穿着我们的皮袄钻入车里,不久便又睡着了。早晨九点钟,车到东盐池。池水则看不见,但却见到一座圣墓——有着圆顶的一座小而圆的建筑物和一座中国式而带有小塔的庙。

在不高不低的山脉间过了一次悠长艰难的旅程后,我们走入了一处浪漫的峡谷,临晚时便在那里打住。此地全是荒瘠的,却有一根废弃破碎的电线杆给我们做柴,在地缝里的一两堆雪给我们做水。水上烹煮豌豆汤和茶,我们便在野外过了一次舒适的夜晚。

当我们前进时,山谷是这样的狭小,两辆迎头的车几乎不能擦过。在作二十小时旅程后,我们开入西盐池村宿夜。

二月十三日,我们继续在山间前进。车辆在石地上作辘轳的响声,车夫在唱着。天气渐渐黑暗,我在打盹。直到第二天早晨到土墩子村才醒来。以后便继续走到七克达木村,一座小堡垒。

十五日我们在拂晓中出发,村前的一段路,地面铺着冰块,被一道缺沟横截过。马跳了一下,滑倒了,再抬起身子,直沉到车轴。幸而是过去了,只是我们和我们的物件着实颠簸了一下。车夫是懂得他的手艺的,可他的伙伴却不能这样容易办妥了,一辆车陷入得很厉害,要八匹马才把它拉得出来。

我在这里不厌其烦地大段摘引斯文·赫定的行记,是想让读者注意到,他的文字写得很轻松,常人难以克服的困难他也处之泰然，并当作平日难以体验的风情。但半夜即起床上路，化地缝中的积雪为水而解渴，从早到晚震动颠簸……这样的旅行生活，实在是充满着艰辛的。

这段从哈密到鄯善的路，差不多近60年后的1986年11月，我曾有机会陪一位同行的法国朋友、考古学家亨利-保罗·法兰克福（Henri-Paul Francfort）教授，还有他漂亮的夫人、年轻的考古学者戴蔻琳，一道走过一次。出哈密市向西，我们的空调越野车在平整的柏油路上飞驰。当年头堡、二堡、三堡间的沙漠已变成连片的丛林，丛林深处是块块条田、栉比的民居、一幢又一幢的楼房。斯文·赫定笔下只有四户居民的三道岭荒村，彼时已经是具有相当规模的现代化工业城。露天开采的煤田、来去穿行的火车、连片的楼群、熙熙攘攘的人流、激人心弦的迪斯科舞曲……使当年荒村边一处距今万年的细石器遗址，也失去了踪迹。瞭墩、一碗泉、车轱辘泉、七角井这一线特别崎岖、颠簸的山路，早已被宽阔、平直的公路掩盖得寻觅不到一点痕迹。只是一碗泉、车轱辘泉所在那一口清澈见底的甘泉（真只不过如车轮那么大小），还静息在那里，可供路人解渴，也可以唤起人们对过去行路艰难的记忆。七角井小镇，有一座设备相当先进的气象站，楼院显目，远远可见。这里的气象资料，每天发送到乌鲁木齐、北京，成为分析气象形势不可缺少的信息。入夜，院内的大彩电，把这个天山中的小村与外部世界联系得十分紧密。

盐池，就是当年斯文·赫定一行借地缝积雪化水烹煮豌豆汤的所在，如今已成了相当规模的盐化城，它们的产品销售全国，并走向了世界。我们在盐湖化工厂暖和、舒适的小宾馆中吃饭，酒菜丰盛、客房温煦如春，窗外虽也是寒风呼啸，却一点也感受不到这令人畏惧的"风戈壁"的威严。斯文·赫定曾经目睹的汉式小庙、圆顶圣墓,也早在连片的屋宇中,消失了自己的痕迹。

斯文·赫定笔下的"辟展"(今鄯善)城,"有四个城门,在南北门间有一条大街。在城内,只住得下三百家人,一大半是汉人,乡间几乎全部都是维吾尔族,只有一位县长和两名军官是这里坐镇的官员"。

二月十八日,我们在群山间浓密的尘烟中走着,最后走进胜金山浪漫而荒野的山谷。右边,有一条颇为足水的河流,河的流水,入地二十五公尺深,荒丘直向岸边窄狭的草木皁降落。路径有时沿着最外的岸边走,人们疑虑,这轻松的土质是否维持得住车的重量或是堕入深渊去呢。一道小桥横过河道,路径便从这里经过。从右面迎来的侧谷,直达封·勒柯克教授那样盛称的柏孜克里克岩洞。在我们这边看见了简单花纹的洞身和隧道。河边立着一两间庄院和一架磨,风景雄伟,在我们两旁耸起红色的沙石岩墙,流水在河中汹涌。经过一道很小的桥,便到了胜金口村。

二月十九日早晨,除我和那林先生外,大家都上柏孜克里克去了。对于他们所见,均觉得异常有趣。在一些大、小洞窟中,也显露着德国吐鲁番考察团工作的痕迹。有些地方还看得见装饰的图画,它们中间的几幅涂上了污泥,使它们不致被毁坏。这些壁画古迹和壮美的自然风景给我们几位先生以如此深刻的印象:他们简直要撕碎封·勒柯克的书。

公道自在人心。看来，勒柯克对柏孜克里克的破坏、掠夺，在他的瑞典友人、与德国科学界关系至深的斯文·赫定教授的心目中，也是十分不齿，视为野蛮的。

将近午夜，我们的车队进入吐鲁番的一间客栈的小院。

吐鲁番的县长和游击办公处设在老城。城内只住有百户人家，共四门，其中之北门，从来就没有用过。新城，是五十五年前阿古柏建立的城，住有六百六十户人。

我们的车从一条无限长的回回街上经过，街上盖着用木柱和茅草做的一幅天篷。街的两侧都是汉人的商店，红的招牌，沿屋椽贴上蓝的、绿的、红的对联。这行列只是被在街的南面耸着灰色圆顶的清真寺所隔断。在这狭小的通衢中，支配着一种异常的热闹和拥挤。我们费尽了力量在骑马的人和车辆、骆驼和驴，商人和行人，僧侣和乞丐，步行、骑驴或坐在蓝色小车中的束着白头巾的妇女之间前进。双轮车搬运煤炭，拥挤着的驴驮着装在木桶里的水，一串骆驼驮载着棉花包。商人坐在他的柜台旁，发卖水果、糖食、烟叶、材料和各种杂货。一瞬间看见了一座中国庙，有些地方，太阳光透过遮幔，在一块汉字招牌上构成一种悦目的光彩斑纹。呼喊的、汹涌的喧哗声，铃的响声充满了这已在薄暮中的隧道。我的卫队强烈地呼喊着在我的车前走，给我们打开一条道，我们的车辆便在这里慢慢地、摇撼着在人群中穿过、前进。

一个半小时以后，吐鲁番最后的树丛和田畦消失在我们的后面。我们又到了荒漠之中，在瘠硗的山丘间向西北行。丘垅是沙石构成的，显出为风和暴风磨削过、袭击过的样子,构成奇异的形态,在落日的光照中像是红色的颓垣。最后我们到了坑坑村——维语是肯迪克,便在这里过夜。

第二天的旅程是沿着山走,地面完全荒瘠了。最后到了三个泉子,终于布置好了我们可怜的住处。

在到苦哥鲁或后沟的路上,当我们从我们寓所的黑洞中走到旷野时,我们惊异四周伟大的风景:山间的一条峡谷挟带着一条澎湃的溪流,嫩的杨柳和深阴的谷底。一队驴的旅行团正装着大的白棉花包,准备开到乌鲁木齐去。

我们上了车,一次着实困顿的旅途便开始了。起初我们艰难地、鳞鳞地碾过河底的沙砾,沿着它那汹涌的水边走去。后来这些马匹直把它们的力量伸张到十二分,才将这重车拖上右侧的一条"蛇肚路",到那里我们还得横过许多立石的门槛,来回地颠簸着,紧张、防备随时会来的凶恶的冲击。

以后又向溪流下行;我们挤着穿过浓密的柳树林,柳树的枝向着车篷和车窗打击。在走完最后的溪流、上了一条斜坡后,攀登就不怎么难了,但还是十分费力,马匹时常只能走十步至二十步就要喘息一下。

第二天夜里在达坂城过夜,第三天的驻地叫柴窝堡,第四天下午才到了乌鲁木齐,走进了一条具有无底泥塘的大街。……街上的无底泥塘,在我们居留的期间溺死两匹马,就是小孩子也有丧命的。

斯文·赫定在他的《长征记》中,就这样绘声绘色地描述了从哈密到吐鲁番、吐鲁番到乌鲁木齐之间的旅途印象。

弹指一挥，几番春风秋雨，换了人间。今天，再走这条路，无论如何努力，也追寻不到当年斯文·赫定留下深刻印象的情景了。鄯善县内已一扫当年一个县长、两名军官、全城300户人的凄凉景象；汽车、火车，使它和全国的空间、时间距离大大缩短了。平整的街道、林立的楼宇、整齐的林带、欢声笑语的人群，哪里还能找到从前鄯善的身影？从鄯善到胜金口的公路，是平展展的柏油路面，当年"考查团"的科学家们，随时都有重载马车"会堕入深渊"的担心，也只能让今天的旅行者产生隔世之感。至于柏孜克里克，今天的人们，倒真还是有与"考查团"先生们一样的感慨，勒柯克在这么神圣的艺术天堂里横施斧凿，真让人要禁不住"撕碎封·勒柯克的书"。

小小的、"北门从来就没有用过"的吐鲁番县城，当年的闭塞与今天就更加不能比较了。当年在县城西北兴起的吐鲁番市，街道宽阔，沿街、沿路铺展的葡萄藤蔓，使人宛若进入了一个葡萄的世界。藤蔓的后面，是栉比的高楼，色彩鲜明的清真寺尖塔、穹顶。集市上、大道边，也还可以找到骡车、马、驼，满足旅游者的怀旧体验，但更多的则是汽车、摩托车及自行车的车流。当年供"考查团"住宿的"客栈小院"，已被既有现代豪华设备，又有民族特色的宾馆所替代。网络、电视、电话可以帮助你随时了解国际、国内大事，随时联系世界的每一个角落。

今天到吐鲁番旅游的客人们，在体验、认识吐鲁番的历史文化、山水风光、民俗风情时，不妨重读一下前面摘引的斯文·赫定先生当年的印象，甚至索性循着当年"考查团"从哈密到吐鲁番，再由吐鲁番到乌鲁木齐跋涉的足迹，以驼、马代步,也这么走一遍。我相信,通过这一活动,任何人都会对当年丝绸之路上开拓者、后继者们的艰辛,为沟通亚欧经济、文化交流曾付出的劳动及奉献,以及新疆大地富饶的资源、瑰丽的色彩、热情的人民有深深的体会。

附 记

《弹指一挥近百年》,既与吐鲁番有点关联,重点又并不是说吐鲁番。但经由它,联系我所经历的几个断片,确实又可以感受到吐鲁番、新疆大地迅捷发生着的变化。

工作机缘,在上世纪70年代末80年代中,我曾在哈密五堡绿洲有过不短的野外工作,发现了特色独具的青铜时代文明,出土的文物可与西部大地联想。

从乌鲁木齐来去哈密,经行路线主要是天山南麓的碛路,斯文·赫定在其《长征记》中有十分生动、朴素的描述。我走过多次,每次都有新感受。既随处可以感触到先祖们留下的迹痕,也目睹许多珍贵的历史、文化碎片随建设大潮而消逝的现实。油然而生的感受是:真应该想尽一切办法,多做一点具体工作,努力跟上变化、发展的现实。

也是在20世纪80年代,落实中法政府间的文化协定,新疆考古所与法国国家科研中心315研究所经过认真努力,最终签订了联合进行新疆考古的协议。1985年,我们应邀访问了法国;1986年,法国国家科研中心315所负责人,在古代中亚研究中享有盛名的亨利-保罗·法兰克福教授偕戴蔻琳博士回访,我伴同他们对哈密绿洲进行了全面考察,目验了我们新取得的青铜时代考古遗存、文物,法国友人十分具体地感受到了中国同行对合作研究的真诚。

由哈密返回乌鲁木齐,我认真考虑,请他们与我一道,借助越野吉普车,重走1928年"中瑞西北科学考查团"同行们走过的路,具体路线不作一点改变。法国友人对斯文·赫定的《长征记》是并不陌生的,十分同意,也真心感谢有这样一个新安排。

赫定当年坐的是马车,我们用了吉普,但沿途的站点、路线不作一点改变。1928年至1986年,过去了半个多世纪,斯文·赫定当年记录、描写的环境、站点还可以清楚寻觅,但在不少地点,已发生了可以说是天翻地覆的变化,一些文物遗址也已消失在了建设大潮中。时不我待,变化迅猛,我们应该努力撑上时代发展的步伐,尽我们对时代、历史、文化研究的责任。

法国友人对我这一安排后面的好意,没有明说什么,但我可以具体感受到,他们是真的满意的。表现之一,是稍后法国政府、315研究所对于哈密地区明显滞后的文物保护设施、欠缺有专业素养的人才等现状,具体表示:可以提供适当的设备,出资帮助培养相关专业人才。这件可以落实进行的好事,后来确实是因为中方工作中的迟、滞,而未能跟进完成,让人遗憾。

1986年底,我们满身风尘,返回到乌鲁木齐。在送别法国友人后,思绪难以平静,匆匆草成了此文,记录下了由哈密返乌途中的感受。背后更深层的、没有明说的是:对一个世纪以来，西方列强在新疆文物考古事业中曾施加过的霸凌，到1928年中瑞西北科学考查团平等待我的考察实践，再到我们与法国国家科研中心315所的合作研究，近一百年中，新疆文物考古事业发生、经历的变化，中国学者有感在心，思来令人难以平静！

时光如流，自1986年至今，不经意间又已过去了近四十年。变化、发展，在哈密至乌鲁木齐近600公里的途程中随处可见。进步、改变，更是让人难以尽说的迅捷。将草成在1986年、曾刊于1987年《吐鲁番古代文明》小书中的这篇小文，重新收录于此，为我们处身的时代，为我们处身的新疆大地，奉上一点低低的吟唱！

2024年4月6日，时在
上海青浦澳朵花园十三号楼

参考文献

1. 中国科学院古脊椎动物与古人类研究所《吐鲁番二、三迭纪脊椎动物化石》，北京：科学出版社，1973年。
2. 中国科学院古脊椎动物与古人类研究所《准噶尔盆地南缘二叠、三叠纪脊椎动物化石及吐鲁番盆地第三纪地层和哺乳类化石》，北京：科学出版社，1978年。
3. 夏训诚、胡文康《吐鲁番盆地》，乌鲁木齐：新疆人民出版社，1978年。
4. 《汉书》《后汉书》《北史》《旧唐书》《新唐书》《宋史》等史籍中有关高昌的传记。
5. 黄文弼《吐鲁番考古记》，北京：科学出版社，1954年。
6. 冯承钧《高昌事辑》，载《西域南海史地考证论著汇辑》，北京：中华书局，1957年。
7. 马雍、王炳华《新疆历史文物》，北京：文物出版社，1978年。
8. 新疆维吾尔自治区博物馆《新疆出土文物》，北京：文物出版社，1975年。
9. 新疆维吾尔自治区社会科学院考古研究所《新疆古代民族文物》，北京：文物出版社，1985年。
10. 新疆维吾尔自治区社会科学院考古研究所《新疆考古三十年》，乌鲁木齐：新疆人民出版社，1983年。
11. 国家文物局古文献研究室等《吐鲁番出土文书》，1—10册，北京：文物出版社，1981—1991年。
12. 黄文弼《高昌砖集》，西北科学考查团丛刊之一，1931年。
13. 黄文弼《高昌陶集》，西北科学考查团丛刊之一，1933年。
14. 解耀华主编《交河故城保护与研究》，乌鲁木齐：新疆人民出版社，1999年。
15. 柳洪亮主编《中国·吐鲁番》，乌鲁木齐：新疆美术摄影出版社，1997年。
16. 新疆文物考古研究所等《交河故城》，北京：东方出版社，1998年。
17. 王炳华主编《交河沟西》，乌鲁木齐：新疆人民出版社，2000年。